主编简介

李　林　经济学博士、教授，高级会计师，硕士生导师。现任重庆邮电大学党委书记，担任"中国工业经济学会"副会长、国家社科基金项目评审专家、"工信部电信经济专家委员会"副理事长、重庆市中国特色社会主义理论体系研究中心副主任、"重庆市信息通信专家委员会"副理事长、"重庆高等教育学会"副理事长、重庆市高校哲学社会科学协同创新团队"数字经济创新与产业发展研究"负责人。长期从事经济管理、教育管理及相关领域研究工作。近年来，主持国家社会科学基金项目、重庆市社会科学规划中特理论重点项目、重庆市科技局技术预测与管理创新项目等省部级及以上科研项目20余项。在《光明日报》、国家自然科学基金委管理学权威期刊《中国软科学》《管理学报》《研究与发展管理》等国家级及省部级党报理论版、CSSCI来源期刊等公开发表学术论文70余篇，主要观点及政策建议多次被人民网、光明网、中国社科网等权威媒体转载。

高校校园文化建设成果文库

理论的味道

主　编◎李　林

光明日报出版社

图书在版编目（CIP）数据

理论的味道 / 李林主编 . ---北京：光明日报出版社，2023.5
ISBN 978-7-5194-7263-4

Ⅰ.①理… Ⅱ.①李… Ⅲ.①中国特色社会主义—理论体系—研究 Ⅳ.①D610

中国国家版本馆 CIP 数据核字（2023）第 093060 号

理论的味道
LILUN DE WEIDAO

主　　编：李　林	
责任编辑：李　倩	责任校对：李壬杰　乔宇佳
封面设计：中联华文	责任印制：曹　净

出版发行：光明日报出版社
地　　址：北京市西城区永安路106号，100050
电　　话：010-63169890（咨询），010-63131930（邮购）
传　　真：010-63131930
网　　址：http://book.gmw.cn
E - mail：gmrbcbs@gmw.cn
法律顾问：北京市兰台律师事务所龚柳方律师
印　　刷：三河市华东印刷有限公司
装　　订：三河市华东印刷有限公司
本书如有破损、缺页、装订错误，请与本社联系调换，电话：010-63131930
开　　本：170mm×240mm
字　　数：386 千字　　　　　　　　印　张：21.5
版　　次：2023 年 5 月第 1 版　　　印　次：2023 年 5 月第 1 次印刷
书　　号：ISBN 978-7-5194-7263-4
定　　价：99.00 元

版权所有　　翻印必究

编委会

主　编：李　林
副主编：敬菊华　代金平　谢　俊　罗　静
编　委：敖永春　周千淇　黄余霞　邱　雪
　　　　尹振永　陈瑞涵　武　蕾　杜　斌
　　　　张钰姐　周　润　周晓萍

品味理论之甜

"真理的味道非常甜。"回望人类数千年文明史、社会主义500多年发展史、中国共产党100余年奋斗史，在那跨越千年时空依然璀璨夺目的中华优秀传统文化里，在那历经近两个世纪风霜依然灿若星辰的马克思主义学说中，在那由弱到强的百年光辉历程里，在那一代代中国共产党人团结带领全国人民锐意进取的生动实践中，真理的香甜，穿越岁月沧桑，扑面而来、沁人心脾。

为了推进习近平新时代中国特色社会主义思想原创化、系统化、学理化、学科化的研究阐释，引领更多更广人民群众共品"理论之甜"，重庆邮电大学高度重视并积极推进党的创新理论研究阐释工作。2016年获批首批重庆市中国特色社会主义理论体系研究中心分中心，2023年获批首批重庆市研究阐释习近平新时代中国特色社会主义思想研究基地。党的十九大以来连续6年以学校党委名义出台专门文件，鼓励专家学者在"三报一刊"、CSSCI来源期刊等发表理论研究阐释文章，开展专项项目资助。

党的十九大以来，重庆邮电大学的专家学者们在学校有力组织下，深学笃用习近平新时代中国特色社会主义思想，立足理论与实践的双重探索、思想与时代的交融共生，着力回答中国之问、人民之问、时代之问、历史之问，奋力以马克思主义之"矢"射新时代中国之"的"，围绕创新理论、价值引领、文化建设、创新发展、社会治理等方面学思践悟，以重庆市中国特色社会主义理论体系研究中心重庆邮电大学分中心名义在《人民日报》《光明日报》《经济日报》《学习时报》等全国重要报刊，《马克思主义研究》等知名C刊，《重庆日报》等省部级党报理论版上刊发理论阐释文章100余篇，承担重庆市哲学社会科学规划中特理论项目等40余项，追加立项校级党的创新理论研究项目70余项，形成一批高水平、有分量、有价值的理论成果，为党的创新理论"飞入寻常百姓家"作出了积极贡献。

马克思说："理论一经掌握群众，也会变成物质力量。"为深入学习宣传贯彻党的二十大精神，坚持不懈用党的创新理论为时代新人凝心铸魂，重庆邮电大学择优选取部分佳作汇编成书出版，以期与更多读者一起，共品理论之甜，共赏思想之美，共聚前行之力。

本书编写组
2023 年 4 月

目 录
CONTENTS

第一篇　理论先声 ·· (1)

　坚定中国特色社会主义的道路自信·····························方海洋 (3)

　加强党的政治建设意涵深远·····································仰义方 (7)

　马克思恩格斯法律思想的当代启示······························龙　钰 (10)

　把政治建设摆在首位　营造良好政治生态············李文清　何　晗 (14)

　加强高校基层党组织建设　培养堪当大任的时代新人·····敬菊华 (16)

　基层党员干部理想信念教育应常抓不懈··············刘秀伦　叶新璐 (19)

　青年党员干部要坚守初心砥砺前行·····························谢　俊 (22)

　坚持党的领导　不断创造新的历史伟业························代金平 (24)

　对中国特色社会主义为什么"好"的深刻诠释················代金平 (27)

　全面理解党勇于战胜一切风险挑战的基本经验···············谢　俊 (30)

　弘扬伟大建党精神要做到"四个一"····························户可英 (33)

　以永远在路上的政治自觉推进党的作风建设·········谈　娅　张　欣 (35)

　走好新的赶考之路要坚持党的领导·····························代金平 (37)

　走好新的赶考之路要弘扬伟大建党精神··············朱方彬　贺　波 (39)

　深刻把握"坚持胸怀天下"的四层意蕴·······················户可英 (42)

　走好新的赶考之路要始终践行初心使命··············刘秀伦　钟　雪 (44)

　年轻干部要在干事创业中勇于发扬斗争精神·········伍安春　丁发英 (46)

　以党的自我革命推进新时代伟大社会革命····················仰义方 (49)

　马克思恩格斯法制思想的三大发展阶段及现实启示·········龙　钰 (55)

1

第二篇　价值引领 (71)

- 中国精神的时代精华　　代金平 (73)
- 增强思政教育"微力量"　　王　睿 (76)
- 思政教育要做好整体规划　　仰义方 (79)
- 发挥好道德教化在立德树人实践中的作用　　方海洋 (81)
- 不断推动思政课改革创新　　郑　洁 (84)
- 思政课教师要有坚定的马克思主义信仰　　李　林 (87)
- 以正确舆论导向为时代新人"立心铸魂"　　罗　静 (90)
- 思政课教师要做有情怀的引路人　　谈　娅 (93)
- 加强网络思想政治教育的四个着力点　　张亚丹 (95)
- 高校思政课要充分利用好红色资源　　郑　洁 (97)
- 加强新时代爱国主义教育的"三个维度"　　罗　静 (100)
- 大力弘扬科学家精神的三个维度　　谈　娅 (103)
- 弘扬红岩精神要用好"三个课堂"　　郑　洁　黄露蓉 (105)

第三篇　文化建设 (107)

- 在理性辨析中树立正确历史观　　郭海成 (109)
- 推进中国话语的国际传播　　龙　钰 (111)
- 牢牢把握网络舆论引导权　　郑　洁 (114)
- 社会主义核心价值观的文化意蕴　　张　能 (116)
- 提高党的新闻舆论传播力引导力影响力公信力　　罗　静 (119)
- 高校文化育人要有时代性　　朱方彬　陈瑞涵 (122)
- 坚定文化自信　建设精神家园　　敖永春 (125)
- 打造文化品牌　助推文化强市　　户可英 (128)
- 弘扬中华优秀传统文化的三重维度　　武　蕾　敖永春 (131)
- 马克思主义在中华优秀传统文化"双创"中的地位与作用　　代金平 (134)
- 要大力弘扬社会主义先进文化　　张　能 (137)
- 移动互联网时代高校意识形态安全教育研究　　郑　洁　徐　强 (139)
- 增强中国网络文化软实力　　徐　强 (153)
- 新时代网络强国战略思想研究　　谢霄男　李　净　李文清 (159)
- 牢牢掌握网络意识形态工作主动权　　郑　洁 (171)
- 新媒体视域下政府话语权构建面临的困境及破解　　敖永春 (176)

第四篇　创新发展 ··(185)

- 高校助力推进新时代网络强国建设 ···················· 李　林 (187)
- 坚持和加强党对科技事业的领导 ················ 谢　俊　罗　静 (190)
- 推进构建高水平社会主义市场经济体制 ················ 李　林 (192)
- 加快实现科技自立自强要贯彻新发展理念 ············ 高新波 (195)
- 抢抓疫情下数字化转型发展机遇 ················ 樊自甫　万晓榆 (197)
- 抢抓战略机遇协同打造数字双城经济圈 ················ 樊自甫 (200)
- 打造高水平科技创新中心要建设高端研发平台 ···· 许光洪　张　能 (203)
- 深度挖掘数据价值　激活新要素活力 ············ 邓维斌　万晓榆 (205)
- 持续提升重庆工业互联网创新能力 ·············· 许光洪　王　平 (208)
- 加快推动数字经济和实体经济融合发展 ·········· 樊自甫　万晓榆 (210)
- 协同推进我市数字产业化和产业数字化转型 ············ 樊自甫 (213)
- 把握好大数据智能化这个科技创新的主方向 ············ 樊自甫 (216)
- 让科技创新成为扩大内需的源头活水 ············ 敖永春　敬菊华 (219)
- 以数字政府建设引领超大城市治理智慧化 ············ 邓维斌 (222)
- 准确把握数字经济发展的趋势和规律 ············ 樊自甫　许光洪 (225)

第五篇　社会治理 ··(229)

- 多措并举提高城市治理现代化水平 ···················· 郑　洁 (231)
- 着力推动双城经济圈智能公共安全产业协同发展 ······ 林金朝　何建洪 (233)
- 要坚持和完善生态文明制度体系 ······················ 许光洪 (235)
- 坚持共享发展理念　深入开展脱贫攻坚 ················ 聂朝昭 (237)
- 创建培育示范点　服务重庆大数据智能化发展 ······ 朱方彬　敖永春 (240)
- 推进国家治理现代化必须坚持"三者有机统一" ·········· 代金平 (243)
- "四位一体"推进个人信息依法保护 ···················· 朱方彬 (246)
- 实现巩固拓展脱贫攻坚成果同乡村振兴有效衔接 ···· 黄　齐　李俊斌 (248)
- 推进乡村振兴要在教育上下功夫 ················ 郑　洁　黄必琼 (251)
- 巩固拓展脱贫攻坚成果需要实现五个跨越 ·········· 钟星星　王连宫 (254)
- 全面推进乡村振兴要大力弘扬脱贫攻坚精神 ············ 田帅辉 (257)
- 充分认识社会设计在乡村振兴中的作用 ················ 徐　聪 (260)
- 川渝两地产业高质量发展需做好四个协同 ·········· 邓维斌　戴　丽 (262)
- 国家治理中大数据智能化的价值、困境与实现路径 ······ 吴朝文 (265)

第六篇　学思践悟……………………………………………（279）

怎么理解"过紧日子"……………………………………仰义方（281）
乡村建设既要重"硬件"也要重"软件"……………………钟星星（283）
推进新时代教育改革发展伟大实践………………………郑　洁（285）
努力为党和人民争取更大光荣………………………郑　洁　徐紫妮（288）
以新时代党的建设总要求为指引办好中国特色社会主义高校……方海洋（291）
基层减负要善于"做加法"……………………………敖永春　陈　猛（294）
强化担当作为　彰显干部本色……………………………伍安春（296）
推进生态文明建设要用好"三个思维"……………………毛丽红（299）
加强理论武装工作要做到"四个立足"……………………敬菊华（302）
开展"两讲"活动要把握四个关键问题……………………张亚丹（304）
乡村治理要在"情理德法"上做文章………………………刘景刚（307）
年轻干部要切实提高群众工作能力………………………谢　俊　石杨娜（309）
要下大气力全方位培养引进用好人才……………………仰义方（312）
互联网扩张背景下的权力监督……………………………龙　钰（315）
全力提升基层党组织组织力　建设新时代坚强战斗堡垒………谈　娅（325）

第一篇　理论先声

坚定中国特色社会主义的道路自信

方海洋

道路关乎党的命脉、国家前途与民族命运。坚定道路自信，是实现中华民族伟大复兴的必然要求。习近平总书记在学习贯彻党的十九大精神研讨班开班式上发表重要讲话时强调：只有回看走过的路、比较别人的路、远眺前行的路，弄清楚我们从哪儿来、往哪儿去，很多问题才能看得深、把得准。① 这一论述为我们站在新的历史方位上，审视、理解并进一步坚定中国特色社会主义道路自信提供了基本遵循，对开创中国特色社会主义事业新局面，具有重要的现实意义和深远的历史意义。

1. 回看走过的路：道路自信源于近代以来中华民族由衰到盛的历史进程

1840年，英国侵略者在鸦片战争中用洋枪大炮击碎了清政府"天朝上国"的迷梦。之后，封建统治日益腐化衰败、西方列强大肆入侵，中国迅速滑入半殖民地半封建社会的深渊。到19世纪末20世纪初，中国已是积贫积弱之国，随时都有亡国亡族的危险。面对千年未有之大变局，无数仁人志士奋起寻求救国救民、振兴中华的道路，但无论是洋务运动、戊戌变法还是辛亥革命，都以失败告终；无论是实施实业救国、改良主义，还是推行君主立宪、民主共和，都无法救中国于水火之中。历史与时代呼唤着新的理论武器与社会力量引领中国赢得国家独立和民族解放。

彼时的中国各种思潮竞相涌现，无政府主义、基尔特社会主义等，与马克思主义同台共竞。十月革命的胜利，吸引人们将目光与期望投向马克思主义，一大批先进知识分子开始如饥似渴地学习、研究、宣传马克思主义，成为马克

---

① 习近平. 习近平在学习贯彻党的十九大精神研讨班开班式上发表重要讲话强调 以时不我待只争朝夕的精神投入工作 开创新时代中国特色社会主义事业新局面 [N]. 人民日报，2018-01-06（1）.

思主义的忠实信仰者，推动马克思主义在中国广泛传播，为中国共产党的诞生奠定了思想和组织基础。马克思主义之所以能够在中华大地生根开花而没有同中华传统文化互相排斥，除了其本身的科学性以外，也源于二者在革命精神、社会理想、价值观念、目标追求上的高度契合。这使得中国共产党人能够成功把马克思主义普遍原理同中华传统文化结合起来，以坚定的理论自信与文化自信开启马克思主义中国化的历史进程。

毛泽东同志在党的六届六中全会上首次提出了"马克思主义中国化"的命题，要求将马克思主义与中国实际、中国国情、中国文化结合起来，用中国化的马克思主义指导中国的革命斗争。在马克思主义中国化第一次飞跃——毛泽东思想的指导下，中国人民推翻了帝国主义、封建主义、官僚资本主义三座大山，实现了国家独立与民族解放，真正站了起来。面对改革开放后新的历史条件，邓小平同志作出要"把马克思主义的普遍真理同我国的具体实际结合起来，走自己的道路，建设有中国特色的社会主义"①的明确要求，指明了改革开放新时期党和人民的前进方向，成为开创中国特色社会主义的标志，开启了马克思主义中国化的新征程。正是在中国特色社会主义这面伟大旗帜的指引下，我国经济发展突飞猛进、社会面貌焕然一新、人民生活显著改善，实现了从"站起来"到"富起来"的伟大跨越。

习近平总书记指出，改革开放以来，我们总结历史经验，不断艰辛探索，终于找到了实现中华民族伟大复兴的正确道路，取得了举世瞩目的成就。这条道路就是中国特色社会主义。中国特色社会主义不是从天上掉下来的，而是从改革开放40年的伟大实践中得来的，是从中华人民共和国成立70年的持续探索中得来的，是从我们党领导人民进行伟大社会革命97年的实践中得来的，是从近代以来中华民族由衰到盛170多年的历史进程中得来的，是从中国人民对中华文明5000多年的传承发展中得来的，是党和人民历经千辛万苦、付出各种代价取得的宝贵成果。在习近平新时代中国特色社会主义思想指引下，沿着中国特色社会主义道路，"近代以来久经磨难的中华民族实现了从站起来、富起来到强起来的历史性飞跃"。②

---

① 邓小平. 邓小平文选：第三卷［M］. 北京：人民出版社，1993：3.
② 习近平. 习近平在省部级主要领导干部"学习习近平总书记重要讲话精神，迎接党的十九大"专题研讨班开班式上发表重要讲话强调 高举中国特色社会主义伟大旗帜 为决胜全面小康社会实现中国梦而奋斗［N］. 光明日报，2017-07-28（1）.

2. 比较别人的路：道路自信基于同其他国家发展历程的鲜明对比

众所周知，世界上本不存在适合所有国家、所有民族以及所有发展阶段的一成不变的制度，只有符合本国发展进程中形成的历史逻辑、理论逻辑、实践逻辑以及现阶段国情实际的制度才是最好的制度。一些西方学者否定中国特色社会主义道路的社会主义性质和实践成就，或是认为中国特色社会主义道路走不通，这些论调在中国特色社会主义的伟大成就面前不攻自破。

西方在批判我国的发展道路之时，不妨先看看自身的发展困境。仅就经济方面而言，2008年国际金融危机起源于资本主义国家，对全球经济造成了严重的冲击和影响。这场金融危机的最根本原因，就在于马克思所揭示的资本主义社会的基本矛盾，即生产的社会化与生产资料的私人占有之间的矛盾，这一矛盾无法从资本主义制度内部加以解决，正是这一基本矛盾使得社会主义最终取代资本主义成为必然。

在以习近平同志为核心的党中央的坚强领导下，我们不为邪路所惑、不为老路所蔽，团结一心、直面困难，脚踏实地、埋头苦干，着力推进经济社会各项事业健康发展，人民的获得感、幸福感、安全感不断增强。站在新的历史起点上，我们可以自信地宣告："中国号"巨轮正在中国共产党的引领下，沿着中国特色社会主义道路破浪前行，驶向实现中华民族伟大复兴的光明彼岸。

3. 远眺前行的路：坚定不移沿着中国特色社会主义道路实现中华民族伟大复兴

道路问题是关系党的事业兴衰成败第一位的问题，只有举什么旗、走什么路确定之后，理论、制度和文化的构建、发展与创新才能有所依附、有所遵循。站在新的历史方位上，必须不断坚定中国特色社会主义道路自信，紧密团结在以习近平同志为核心的党中央周围，坚定不移地沿着中国特色社会主义道路走向中华民族伟大复兴的美好明天。

习近平新时代中国特色社会主义思想是我们进一步坚定道路自信的理论依据。习近平新时代中国特色社会主义思想是马克思主义中国化的最新理论成果，是指导我们进行新的伟大实践的行动指南。坚定道路自信，就必须坚持用习近平新时代中国特色社会主义思想武装头脑、指导实践、推动事业。

坚定道路自信才能不断取得新的成就。看一个国家的道路通不通、理论对不对、制度行不行、文化好不好，最终必然要落脚到发展成就上来。党的十八大以来，中国特色社会主义不断取得的重大成就再一次有力地证明：基于我国的历史与现实，我们的理论是正确的、制度是可行的、文化是先进的、道路是光明的，必须毫不动摇地坚持下去、发展下去。党的十九大报告指出，新时代我国社会主要矛盾已经转化为人民日益增长的美好生活需要和不平衡不充分的发展之间的矛盾。这意味着中国特色社会主义在不断取得举世瞩目的成就之后，进入了新的发展阶段，对我们在新时代取得新成就、实现新作为提出了新的更高的要求。为此，我们必须以习近平新时代中国特色社会主义思想为指引，着眼事业发展、着手群众关切，不断推动创新发展、协调发展、绿色发展、开放发展、共享发展，在发展中不断坚定道路自信。

（作者时任重庆邮电大学党委书记、重庆市中国特色社会主义理论体系研究中心副主任；本文刊载于《光明日报》2018年8月6日第06版）

加强党的政治建设意涵深远

仰义方

党的十九大报告指出,"党的政治建设是党的根本性建设,决定党的建设方向和效果"①。新时代党的建设要以党的政治建设为统领,把党的政治建设摆在首位。这些论述突出了政治建设在党的建设中的重要地位,提出了党和国家事业发展对党的建设的新要求,为新时代党的建设指明了发展方向。

第一,加强党的政治建设彰显与时俱进的理论品格。不断满足时代和社会发展的需要,及时将党建工作经验上升为思想理论创新成果,是我们党与时俱进理论品格的生动展现。在中国特色社会主义进入新时代这一新的历史方位下,党的建设伟大工程必须紧紧融入中国特色社会主义事业与实现中华民族伟大复兴中国梦的进程中,从而不断提高党的执政能力和领导水平。

长期以来,我们党在思想建设、组织建设、作风建设等方面积累了宝贵的经验。党的十六大将制度建设纳入党的建设总体布局,党的十七大提出"切实改进党的作风,着力加强反腐倡廉建设"②,党的十八大提出了全面加强党的反腐倡廉建设。党的十八大以来,我们党进一步加强自身建设,党的建设制度改革深入推进,党内法规制度体系不断完善。党的建设总体布局的深入发展,反映出我们党对于自身所处历史方位的清醒认知。新时代党的建设要有新气象新作为。党的十九大从提升党的建设质量要求出发,把党的政治建设纳入新时代党建总体布局,明确政治建设在党的各项建设中的统领性和根本性地位。这是十九大作出的重大理论创新,进一步回答了新时代建设什么样的党、怎样建设党这一历史性课题,从而深化了对马克思主义执政党建设规律的认识。

第二,加强党的政治建设体现新时代党的建设丰富内涵。以党的政治建设

---

① 习近平. 决胜全面建成小康社会 夺取新时代中国特色社会主义伟大胜利:在中国共产党第十九次全国代表大会上的报告 [M]. 北京:人民出版社,2017:62.
② 胡锦涛. 高举中国特色社会主义伟大旗帜 为夺取全面建设小康社会新胜利而奋斗:在中国共产党第十七次全国代表大会上的报告 [M]. 北京:人民出版社,2007:54.

统领新时代党的建设,蕴含着政治逻辑、历史逻辑和现实逻辑的统一,是新时代中国特色社会主义发展的必然要求。

从政治逻辑上看,政治属性是马克思主义政党的根本属性。政党的政治纲领、政治路线、政治目标等关系到一个政党的生存与发展。党的十九大进一步确立了党的政治建设在党的各项建设中的地位和作用,强调保证全党服从中央,坚持党中央权威和集中统一领导,是党的政治建设的首要任务。从历史逻辑上看,旗帜鲜明讲政治是我们党一以贯之的优良传统。例如,毛泽东同志提出过"政治工作是一切经济工作的生命线"①"没有正确的政治观点,就等于没有灵魂"②;邓小平同志强调"到什么时候都得讲政治"③等。可见,注重从政治上抓好党的建设,是我们党一直坚持的原则。正如习近平总书记所指出的,"讲政治,是我们党补钙壮骨、强身健体的根本保证,是我们党培养自我革命勇气、增强自我净化能力、提高排毒杀菌政治免疫力的根本途径。"④ 从现实逻辑上看,注重党的政治建设具有很强的现实针对性。近年来查处的一些党员严重违纪违法案件,大都涉及违反党的政治纪律和政治规矩的问题。在新形势下,我们党要经受住"四大考验"、防止"四种危险",必须进一步加强党的政治建设,推进全面从严治党向纵深发展。政治问题任何时候都是根本性的大问题,全面从严治党必须注重政治上的要求。

第三,按照新时代的要求不断加强党的政治建设。以政治建设统领新时代党的建设,要将政治上的各项要求贯穿于党的各项建设。首先,坚决维护党中央权威与集中统一领导。中国共产党是根据自己的纲领和章程,按照民主集中制组织起来的统一整体。党员在思想行动上与党中央保持高度一致,直接关系到党的政治目标和政治使命的达成。我们要自觉维护以习近平同志为核心的党中央权威和集中统一领导,用习近平新时代中国特色社会主义思想武装全党,牢固树立"四个意识",并使之成为党员干部的思想自觉、党性观念、纪律要求和实际行动。其次,严守党的政治纪律与政治规矩。在党的纪律中,政治纪律是最重要、最根本、最关键的纪律,遵守党的政治纪律是遵守党的全部纪律的重要基础。组织严密和纪律严明是我们党作为马克思主义政党的根本要求。各

---

① 中共中央文献研究室.毛泽东文集:第六卷[M].北京:人民出版社,1999:449.
② 中共中央文献研究室.毛泽东文集:第七卷[M].北京:人民出版社,1999:226.
③ 邓小平.邓小平文选:第三卷[M].北京:人民出版社,1993:166.
④ 习近平.习近平在省部级主要领导干部学习贯彻十八届六中全会精神专题研讨班开班式上发表重要讲话强调 以解决突出问题为突破口和主抓手 推动党的十八届六中全会落到实处[N].光明日报,2017-02-14(1).

级党组织和广大党员干部要将纪律意识和规矩意识转化为内在约束，外化为自觉行动，绝不触碰政治纪律与政治规矩的红线。严守政治纪律和政治规矩，就要做到在大是大非面前保持政治定力，自觉抵御各种不正之风的干扰与诱惑，时刻做政治上的明白人。再次，坚持正确选人用人导向，突出政治标准。党的政治路线确定后，干部就是其能否贯彻落实的关键因素。我们要把准选人用人"方向盘"，强化选人用人政治标准，匡正选人用人风气。为此，必须突出干部选拔任用考核的政治立场、政治表现，真正使政治过硬的优秀干部得到褒奖和重用。同时，要加强基层党组织带头人队伍建设。基层党组织是党全部工作和战斗力的基础，政治功能是基层党组织的灵魂，必须切实增强基层党组织的政治责任意识，确保坚持政治方向的原则性，提高执行方针政策的自觉性，增强坚守党的阵地的战斗性。最后，坚持加强党性锻炼，不断提高政治觉悟和政治能力。党员干部旗帜鲜明讲政治既是一种责任担当，又是一种能力素养，党的十九大报告以"增强政治领导本领"对党员干部的政治能力提出了明确要求。广大党员干部必须摆正角色定位，站稳政治立场，坚定理想信念，敢于发声、勇于亮剑、善于担当，切实加强党性锻炼，提升政治素养，使自己的政治能力与肩负的政治职责相匹配，在经受党性考验和磨炼中锻造过硬的政治素养和政治能力。

（作者单位：重庆市中国特色社会主义理论体系研究中心重庆邮电大学分中心；本文刊载于《中国社会科学报》2018年4月19日第01版）

马克思恩格斯法律思想的当代启示

龙 钰

马克思恩格斯法律思想以促进人的全面而自由发展为旨归。人的全面而自由发展是贯穿马克思恩格斯法律思想形成发展全过程的主线,也体现在马克思恩格斯法律思想的方方面面。

马克思恩格斯把人的全面而自由发展作为研究经济现象和社会问题的动因与目的。他们对人的全面而自由发展的追求,来自对现实的人的发展状况的批判。资本主义为获得价值的增值,无所顾忌地驱使人们为生产而生产。作为手段的财富成为社会生产的目的,而作为目的本身的人则沦为生产、积聚财富的手段。资本主义对物质的追逐,不仅加剧了资产阶级对劳动者的剥削,压制了劳动者的发展,而且导致了资产阶级的迷失,制约了资产阶级自身的发展。

马克思恩格斯指出,资产阶级和无产阶级都是人的自我异化,资产阶级在这种异化中获得人的生存的外观,无产阶级则完全丧失了一切人性的东西。在他们看来,法、法律、法制与人的全面而自由发展紧密相关。在追求人的全面而自由发展的过程中,马克思恩格斯认识到"现有之物和应有之物的对立"①,察觉到资产阶级法律和资本主义政权的反动,以及黑格尔、费尔巴哈等人的法哲学的唯心主义实质。于是,他们对黑格尔、费尔巴哈等人的法哲学进行无情的批判,对资本主义压迫人的法制进行猛烈的抨击,从而揭示人的全面而自由发展的现实之路。

早在《莱茵报》时期,马克思就提出了"法典就是人民自由的圣经",鼓励人们为自由和发展而斗争。同时,他强调法律不应当保护特权,"当特权者不满足于制定法而诉诸自己的习惯法时,他们所要求的并不是法的人类内容,而

---

① 马克思恩格斯全集:第四十七卷[M].北京:人民出版社,2004:7.

是法的动物形式"①。马克思恩格斯无论是对资本主义法制的批判,还是对社会主义法制的建构都贯穿着对人的全面而自由发展的追求。

马克思恩格斯主张以暴力革命来推翻资产阶级的统治,以建立自己的政治统治并获得解放。然而同时,马克思恩格斯也强调,无产阶级解放运动绝非暴力革命这一条路。在资产阶级借以组织其统治的国家机器中,有许多东西可以为无产阶级所用,以此反对国家机器本身。无产阶级争取解放的斗争,可以采取多种多样的形式,包括和平的与非和平的。马克思指出,无产阶级必须将压迫自己的工具转变为争取权利的武器;恩格斯则强调利用普选权开展议会斗争是一个有效的斗争策略,能给工人阶级带来诸多好处。

合法斗争的节节胜利,也在无产阶级中滋生了机会主义,严重威胁了无产阶级解放运动。对此,恩格斯指出,街头巷战和议会斗争都是无产阶级夺取政权、争取解放的手段。具体采取哪种手段,必须根据当时的具体情况而定。针对那些"议会迷",恩格斯还专门强调和平过渡只是一种可能。像德国这样行政权力强大到几乎无所不能,议会成为一种装饰,和平过渡只是一种奢望。这也就说明,无产阶级不可能通过资本主义法制来实现自己的解放。无产阶级要获得真正的解放,必须以多种手段推翻资产阶级的统治,建立属于自己的法制,以此镇压敌人、保护自己,从而迎来自己的解放。

马克思认为,在阶级社会中,法律是国家生活肯定人的自由、保障人的发展的必然形式。"法律上所承认的自由在一个国家中是以法律形式存在的。法律不是压制自由的措施,正如重力定律不是阻止运动的措施一样。"② 国家认可的自由权利越多,人们就越可能获得更高程度的发展。国家对人的自由权利的认可以及对人的发展的保证,必须是肯定的、明确的,而法律正是这样一种肯定自由、保障发展的特殊行为规范。

马克思严格地区分了"真正的法律"和"形式上的法律",强调"哪里法律成为实际的法律,即成为自由的存在,哪里法律就成为人的实际的自由存在"③。可见,马克思不仅认为真正的法律应当保障人的自由和发展,而且将对人的自由和发展的保障程度作为判断"真正的法律"的标准。他批判"形式上

---

① 中共中央马克思恩格斯列宁斯大林著作编译局. 马克思恩格斯选集:第一卷[M]. 北京:人民出版社,1995:249.
② 中共中央马克思恩格斯列宁斯大林著作编译局. 马克思恩格斯选集:第一卷[M]. 北京:人民出版社,1995:176.
③ 中共中央马克思恩格斯列宁斯大林著作编译局. 马克思恩格斯选集:第一卷[M]. 北京:人民出版社,1995:176.

的法律"是对剥削阶级特权的肯定,"取消了公民在法律面前的平等"①。"不是国家为它的公民颁布的法律",这种法律本身就是"使之成为法律的那种东西的直接对立面"②,是压制自由、阻碍发展的手段。

那么,如何才能制定"真正的法律"呢?马克思认为,必须由人民来制定法律,使法律成为人民意志的表现。法制基于人的生存和发展需要而产生,并随着人类社会的发展而发展。法律规范的产生,是人从自在状态走向自为状态的体现,反映了人自身的发展,反映了人们有目的、有意识地规范社会生活的能力在逐渐提高。

坚持"法治为民",把促进人的全面而自由发展作为法治中国建设的出发点和落脚点,是马克思恩格斯法律思想在当代中国的生动实践。法治道路的选择关乎国家前途和民族命运,是根本性的问题。因而唯有在"中国语境"下考量此问题,才能找到契合中国国情的法治道路。

坚持走中国特色社会主义法治道路,是中国共产党在总结历史经验教训基础上作出的重大战略抉择,是中国特色社会主义道路在法治领域的具体体现。习近平总书记强调"法治为民"以及"坚持人民主体地位,必须坚持法治为了人民、依靠人民、造福人民、保护人民"③。"法治为民""以人民为主体",明确了中国特色社会主义法治的价值,体现了中国共产党立党为公、执政为民的坚定立场。坚持法治的人民主体价值,就是把实现好、维护好、发展好最广大人民的根本利益作为法治建设的目的,以法治来保障人民的权利和自由,维护社会公平正义,增进人民福祉。

人民向往更优质的教育,期盼更广阔的发展空间,期望更好的社会保障,期待更美好的生态环境,其实本质上都是对获得公平发展权利、共享发展成果的冀求,是对人的全面而自由发展的追求。实现这些愿望最现实的途径就是坚定不移走中国特色社会主义法治道路,通过科学的制度安排,对有限的社会资源进行合理分配,妥善协调社会各方面的利益关系。同时,也要正确处理人民内部矛盾和其他社会矛盾,保证人民享有广泛的民主权利和自由,保证人人都沐浴在公平正义的阳光中,促进人民平等发展、全面发展、自由发展。

---

① 中共中央马克思恩格斯列宁斯大林著作编译局.马克思恩格斯选集:第一卷[M].北京:人民出版社,1956:17.
② 中共中央马克思恩格斯列宁斯大林著作编译局.马克思恩格斯选集:第一卷[M].北京:人民出版社,1956:18.
③ 中共中央文献研究室.习近平关于全面依法治国论述摘编[M].北京:中央文献出版社,2015:29.

(作者单位:重庆市中国特色社会主义理论体系研究中心重庆邮电大学分中心;本文刊载于《中国社会科学报》2018年11月29日第06版)

把政治建设摆在首位 营造良好政治生态

李文清 何 晗

形成风清气正的政治生态,是锻造优良党风政风、确保改革发展目标顺利实现的重要保障。营造良好政治生态,必须旗帜鲜明讲政治,始终把政治建设摆在首位。

把政治建设摆在首位,始终维护以习近平同志为核心的党中央权威和集中统一领导。历史证明:党中央有权威、能集中统一领导,革命、建设和改革就有底气、就能够成功;党中央权威和集中统一领导受损,党、国家和人民的事业就会受到巨大挫折。现阶段,必须坚决维护以习近平同志为核心的党中央权威和集中统一领导,牢固树立"四个意识",在政治立场、政治方向、政治原则、政治道路上同党中央保持高度一致,要自觉尊崇党章,严格遵守党的政治纪律和政治规矩,坚决杜绝我行我素、另搞一套的行为,要始终与党中央保持一致的步调和节奏;要有同违反政治原则的思想和行为作斗争的勇气和底气,掌握同损害党中央权威和破坏集中统一领导作斗争的方法和工具,有效防止宗派主义、圈子文化、码头文化,坚决纠正上有政策、下有对策、有令不行、有禁不止等有害行为。

把政治建设摆在首位,始终坚持习近平新时代中国特色社会主义思想的正确指引。习近平新时代中国特色社会主义思想是以习近平同志为核心的党中央对改革开放四十年来特别是21世纪以来中国特色社会主义建设实践的经验总结,是马克思主义中国化的最新理论成果。进入新时代,要把党的政治建设摆在首位,就要始终以习近平新时代中国特色社会主义思想为正确指引。首先,始终以习近平新时代中国特色社会主义思想为指引,能够保障全党的政治方向不偏。习近平新时代中国特色社会主义思想继承并发展了马克思主义,为全党始终朝着中国特色社会主义方向前进保驾护航。其次,始终以习近平新时代中国特色社会主义思想为指引,能够保证全党的政治路线不变。政治路线是党对特定时段内核心工作和中心任务的高度概括。就战略布局和工作方法而言,不断推进新时代的核心工作和完成新时代的中心任务必须以习近平新时代中国特色社会主义思想为根本遵循。再次，始终以习近平新时代中国特色社会主义思想为指引，能够确保全党的政治营养不缺。就党的自身建设而言，习近平新时代中国特色社会主义思想是"强身健骨汤"，是全党的政治信仰、政治理念、政治立场、政治态度、政治本领等政治营养的重要来源。

把政治建设摆在首位，始终感念习近平总书记的重视和关怀。习近平总书记的重视和关怀是搞好政治建设、营造良好政治生态的重要因素。正如中国共产党重庆市第五届委员会第四次全体会议决议所说：对重庆来讲，正是因为有习近平总书记的高度重视、亲切关怀，我们的事业才能成功。党的十八大以来，习近平总书记始终关心重庆、关注重庆，对重庆的进步和发展倾注了大量心血。2016年1月，习近平总书记在重庆调研时发表重要讲话，总结了重庆发展的基本规律，指出了重庆发展的重点、难点和方向，为重庆如期全面建成小康社会提供了遵循。2018年全国两会期间，习近平总书记在参加重庆代表团审议时就基层党建工作、党内政治生态建设、党员干部政德建设等发表重要讲话，对实现重庆的高质量发展和创造重庆人民的高品质生活起到重要指导和推动作用。做好重庆的各项工作，特别是要营造良好政治生态，就必须始终牢记习近平总书记的谆谆教诲，始终感念习近平总书记对重庆的重视和关怀。

（作者单位：重庆市中国特色社会主义理论体系研究中心重庆邮电大学分中心；本文刊载于《重庆日报》2018年5月28日第12版）

加强高校基层党组织建设
培养堪当大任的时代新人

敬菊华

党的基层组织是确保党的路线方针政策和决策部署贯彻落实的基础,党的十九大要求把包括高校在内的基层党组织建设成为"宣传党的主张、贯彻党的决定、领导基层治理、团结动员群众、推动改革发展的坚强战斗堡垒"①。培养堪当民族复兴大任的时代新人是高校的核心使命,作为这一核心使命的组织者、执行者和参与者,高校基层党组织使命光荣、责任重大,必须提高站位、准确定位、责任到位,立足党的事业发展全局,从立德树人根本任务出发,以提升组织力为重点,突出政治功能、教育功能、服务功能,着力发挥高校基层党组织坚强战斗堡垒作用,为把高校建设成为坚持党的领导的坚强阵地提供组织力量,为中华民族伟大复兴提供坚实人才基础。

加强高校基层党组织建设,应以突出政治功能为首要。政治功能是党组织第一位的功能,是保持正确方向和阶级属性的本质体现,强化高校基层党组织建设,首要的是突出其政治功能。突出高校基层党组织政治功能,就要坚持党的领导,坚决维护以习近平同志为核心的党中央权威和集中统一领导,牢固树立"四个意识",始终确保高校社会主义办学方向;就要强化基层党组织管党治党的主业意识和主体责任,克服一些基层党组织弱化、虚化、边缘化问题,打基础、补短板,增强政治自觉,强化政治担当,提高政治站位,履行政治责任,保证党的路线方针政策及上级党组织决定的贯彻执行,把握好教学科研管理等重大事项中的政治原则、政治立场、政治方向,在干部队伍、教师队伍建设中发挥主导作用,把好政治关。

加强高校基层党组织建设,应以凸显教育功能为重点。百年大计,教育为

---

① 习近平. 决胜全面建成小康社会 夺取新时代中国特色社会主义伟大胜利:在中国共产党第十九次全国代表大会上的报告 [M]. 北京:人民出版社,2017:65.

本。教育，一头牵着国运，一头连着民生。高校基层党组织要从推进伟大事业、建设伟大工程、进行伟大斗争、实现伟大梦想的高度，把立德树人作为中心环节，进一步凸显教育功能。凸显高校基层党组织的教育功能，就要全面贯彻党的教育方针，回归常识、回归本分、回归初心、回归梦想，激励学生刻苦读书学习，引导教师潜心教书育人，努力培养德智体美劳全面发展的社会主义建设者和接班人，为加快建设高等教育强国，为实现"两个一百年"奋斗目标、实现中华民族伟大复兴的中国梦，培养堪当民族复兴大任的时代新人。凸显高校基层党组织的教育功能，要把加强师生理想信念教育放在首位，把马克思主义作为中国特色社会主义大学的"鲜亮底色"，促进专业知识教育和思想政治教育相融合，坚持不懈传播马克思主义科学理论、坚持不懈培育和践行社会主义核心价值观、坚持不懈促进高校和谐稳定、坚持不懈培育优良校风教风学风，引导师生坚定"四个自信"，树立中国特色社会主义共同理想。凸显高校基层党组织的教育功能，就要发挥文化育人作用，坚持弘扬中华优秀传统文化，将中华优秀传统文化融入教育教学，加强中华优秀传统文化课程建设；加强革命文化和社会主义先进文化教育，充分利用我国改革发展的伟大成就、重大历史事件纪念活动、爱国主义教育基地、国家公祭仪式等组织开展主题教育，弘扬以爱国主义为核心的民族精神和以改革创新为核心的时代精神。

加强高校基层党组织建设，应以强化服务功能为根本。对于高校基层党组织而言，强化服务功能就是要坚定不移地贯彻党的教育方针，充分发挥战斗堡垒作用，教育引导师生党员发挥先锋模范作用，引领师生始终为人民服务，为中国共产党治国理政服务，为巩固和发展中国特色社会主义制度服务，为改革开放和社会主义现代化建设服务。强化高校基层党组织的服务功能，要服务好青年学生，为学生成长成才保驾护航。党的十九大报告指出，全党要关心和爱护青年，为他们实现人生出彩搭建舞台。高校作为"青年人学习知识、增长才干、放飞梦想的地方"[1]，要切实担负起立德树人的根本职能，构建高水平学科体系、教学体系、教材体系、管理体系、思想政治工作体系，提升人才培养能力和水平，引导学生求真学问、练真本领，教育学生爱国、励志、求真、力行，推动学生不辱时代使命、不负人民期望，成长为德智体美劳全面发展的社会主义建设者和接班人。强化高校基层党组织的服务功能，要服务好教师，为教师教书育人保驾护航。人才培养，关键在教师。要统筹做好教师思想政治教育、能力发展、师德师风建设等工作，通过严格基层党组织生活、创新基层党组织

---

[1] 习近平.在北京大学师生座谈会上的讲话[N].人民日报，2018-05-03（2）.

设置和活动方式、创新党员联系和服务教师工作机制,引导教师坚持教育者先受教育,推动教师不断增长才干本领,更好适应新时代新的更高的要求,努力做到政治素质过硬、业务能力精湛、育人水平高超。强化高校基层党组织的服务功能,要服务好学校和社会,为改革发展大局提供坚实支撑。高校基层党组织要把意识树起来,把责任扛起来,全面贯彻落实习近平新时代中国特色社会主义思想,不断提升政治领导力、思想引领力、群众组织力、社会号召力,为建设教育强国,实现中华民族伟大复兴中国梦夯实基础。

(作者单位:重庆市中国特色社会主义理论体系研究中心重庆邮电大学分中心;本文刊载于《重庆日报》2018年7月16日第07版)

基层党员干部理想信念教育应常抓不懈

刘秀伦　叶新璐

党的十九大明确指出，要把坚定理想信念作为党的思想建设的首要任务。基层党员干部是贯彻落实党的各项方针政策的骨干力量，应将其思想建设摆在重要位置常抓不懈。基层党员干部理想信念教育工作要以习近平新时代中国特色社会主义思想为根本遵循，扎实筑牢基层党员干部的信仰根基。

抓住主线，以习近平新时代中国特色社会主义思想为根本遵循

习近平新时代中国特色社会主义思想是马克思主义中国化的最新理论成果，体现了马克思主义一以贯之的哲学精髓、理论品格和价值追求。基层党员干部理想信念教育应以习近平新时代中国特色社会主义思想为根本遵循，牢牢把握新时代的特征和任务，使理想信念教育顺应时代发展的需求。当前，学习和贯彻习近平新时代中国特色社会主义思想是基层党员干部理想信念教育的核心内容，要用党的最新理论成果武装头脑，确保每一位基层党员干部都与党中央的决策部署步调一致，将党的各项方针政策落实到基层。

牢记目标，以真学真懂真信真用马克思主义为根本任务

马克思主义始终是每一位基层党员干部矢志不渝的科学信仰。基层工作头绪万千，部分基层党员干部容易产生"实用主义"的思想，认为只要工作做得好，马克思主义理论懂点就行。实际上，只有深切领悟了马克思主义理论的精髓和实质，才能做到在思想上真正信仰马克思主义，在言论上真正维护马克思主义，在行动上真正践行马克思主义。全面从严治党，要求全面从严从实治理基层党员干部队伍。政治合格、理想信念坚定是评价党干部是否合格的首要标准。要增强基层党员干部理想信念教育的有效性，将推动党员干部真学、真懂、真信、真用马克思主义作为工作的出发点和落脚点，筑牢思想防线。

把握原则，以明晰理想信念教育工作思路为主要内容

首先，要坚持理论学习与实践教化相结合。理论学习是理想信念教育的基础，这就要求基层党员干部系统扎实学习马克思主义理论知识，补齐理论短板。同时理想信念教育又有着鲜明的实践特质，要同具体工作紧密结合起来，只有在扎实的工作实践中，基层党员干部的理想信念才能得到检验和提升。其次，要坚持信仰教育与底线教育相结合。理想信念不是空中楼阁，而是实实在在体现在党员干部的言行举止中。一要注重信仰教育。坚定的马克思主义信仰是一名共产党员最为珍贵、最为鲜明的品格，要将信仰教育作为一项基础性内容抓实。二要加强底线意识教育。真正具有坚定共产主义信仰的党员干部必定有着高度自觉的底线意识，要教育广大基层党员干部带头发挥表率作用，在行动中自觉践行社会主义核心价值观，在服务社会中坚定理想信念。最后，要坚持目标导向与问题导向相结合。一方面，要把共产主义远大理想同中国特色社会主义共同理想统一起来、同具体工作统一起来，牢固树立"四个意识"，坚定"四个自信"，做到"两个维护"。另一方面，要把理想信念教育与全面从严治党的各项举措紧密结合起来。坚持问题导向，重点解决"工作功利化""组织观念淡化""纪律性较差"等问题，以"四个能否"为标尺严查基层党员干部中存在的不良风气，及时消除影响基层党员干部理想信念的负面因素。

注重方法，以稳步推进理想信念教育常态化精准化为基本要求

一是要加强基层党组织阵地建设。基层党组织是进行基层党员干部理想信念教育的主体。基层党组织要主动把理想信念教育摆在各项工作的突出位置，在领导、保障和激励方面不断发挥基层党组织的战斗堡垒作用。要通过整顿软弱涣散基层党组织、稳定开展"三会一课"等方式，为开展常态化、精准化的理想信念教育奠定坚实基础。二是要灵活用实用好多种基层资源。基层是贴近生活、盛产文化的地方，基层党员干部理想信念教育要面向基层社会广泛吸收资源素材，做好创造性转化，使之成为基层党员干部喜欢听、听得进的学习教育材料。一方面，要充分挖掘地方红色文化资源，特别是当地革命先辈的书信诗词等鲜活史料。另一方面，要讲好改革开放以来基层涌现的先进人物事迹，推动基层党员干部向身边的榜样学习。三是要重点关注基层青年党员干部。一方面，要充分认识基层青年党员干部的心理特点和思想规律，发挥引导作用，特别是注重利用新媒体等现代传播技术，增加教育的亲和力和针对性。另一方面，要深刻认识各种社会思潮对基层青年党员干部的特殊影响，不断加强纪律教育特别是警示教育,以现身说法、案例分析等形式增强教育效果,帮助基层青年党员干部拧紧思想的"总开关"。

(作者单位:重庆市中国特色社会主义理论体系研究中心重庆邮电大学分中心;本文刊载于《重庆日报》2019年5月23日第09版)

青年党员干部要坚守初心砥砺前行

谢 俊

为中国人民谋幸福,为中华民族谋复兴,是中国共产党人的初心和使命,也是激励新时代青年党员干部奋勇前进的根本动力。青年党员干部是党和国家的希望,是社会发展中充满生气的力量。立足新时代,青年党员干部要在真学真信中坚定理想信念,在学思践悟中牢记初心使命,在细照笃行中不断修炼自我,在知行合一中主动担当作为。

坚定理想信念不动摇。坚定的理想信念是共产党人立身处世的根本,青年党员干部树立坚定的理想信念,需要不断学习,不断强化。马克思主义理论始终是引领中国革命、建设和改革取得成功的根本指导思想。在中国特色社会主义发展的实践中,我们党不断丰富和发展马克思主义。理论创新每进一步,理论武装就要跟进一步。坚定理想信念不动摇必须强化理论武装,用习近平新时代中国特色社会主义思想武装头脑,坚持对党忠诚,不断增强"四个意识",坚定"四个自信",做到"两个维护"。坚定理想信念不动摇必须传承共产党人的精神品格,没有坚定的共产主义远大理想,就不能坚守对党的绝对忠诚;没有坚定的中国特色社会主义共同理想,就不能坚定执政为民的价值目标和精神追求。坚定理想信念不动摇必须牢记共产党人的使命担当,青年党员干部只有坚定理想信念,把握正确政治方向,才能激发干事创业的主动性和积极性,才能不畏艰难险阻地将个人奋斗理想融入国家民族命运前途中,汇入中国特色社会主义现代化建设的伟大事业中,让中华民族伟大复兴的中国梦在一代代青年党员干部的接力奋斗中变为现实。

坚守人民立场不懈怠。中国共产党作为中国人民和中华民族的先锋队,必须始终坚持依靠人民,始终保持与人民的血肉联系,坚持党的性质和宗旨不变色、不变质。"为政之道,以顺民心为本,以厚民生为本。"坚守人民立场不懈怠必须坚持以人民为中心的发展思想,坚持发展为了人民、发展依靠人民、发展成果由人民共享,将人民对美好生活的向往作为新时代青年党员干部干事创业的目标。坚守人民立场不懈怠必须坚持全心全意为人民服务的宗旨，积极回应人民群众的关切，做到想群众之所想，急群众之所急，解群众之所困。始终为增加人民福祉而努力，是我们党践行立党为公、执政为民的价值取向。坚守人民立场不懈怠必须坚持走群众路线，青年党员干部需牢记个人事业成功的标准是实现好、维护好、发展好最广大人民的根本利益，与人民同甘苦，与人民同奋斗，始终在工作中将人民放在最核心最重要的位置，绝不做表面功夫，绝不虚夸业绩，做到为政清廉取信于民，实干创新造福于民。

坚持务实创新不言败。新时代需要新力量，新作为带来新气象，党的事业需要青年党员干部筑牢精神基石、立下鸿鹄之志、增强学习本领、勇于开拓创新，争做时代的弄潮儿。坚持务实创新不言败，就必须坚持理论武装同笃行致远相统一。青年党员干部要将理论学习融入基层建设的大实践中，奋战在脱贫攻坚最前沿，投身到西部大开发的第一线，奉献给"一带一路"倡议的大建设，在实现中国梦的道路上砥砺前行。坚持务实创新不言败，必须坚持勇于创新与敢于担当相统一。百舸争流，不进则退。中国革命、建设和改革的成功经验告诉我们，如果没有敢于担当的品格，就没有今天中国特色社会主义事业取得的卓越成绩；如果没有奋发向上的拼劲和务实创新的闯劲，就必然会墨守成规，随波逐流。坚持务实创新不言败，就必须坚持秉公用权与执政为民相统一。正确的权力观是青年党员干部务实创新的基石，要情为民所系、利为民所谋、权为民所用，自觉坚守公仆意识，铭记共产党人是人民的勤务员，面对诱惑，保持清醒，坚守底线。

明确干事创业的目标与方向，人生就不会沦为平庸。牢记入党时的誓言，坚守入党时的信仰，就能肩负起实现中华民族伟大复兴的历史使命。新时代青年党员干部要坚定理想信念，志存高远，脚踏实地，不负时代召唤，不愧人民期待，不辱历史使命，做新时代坚定的马克思主义者，满腔热忱干事创业，并为之奋斗终生。

（作者系重庆市中国特色社会主义理论体系研究中心重庆邮电大学分中心教授；本文刊载于《重庆日报》2019年7月25日第13版）

坚持党的领导 不断创造新的历史伟业

代金平

习近平总书记在庆祝中华人民共和国成立 70 周年大会上的重要讲话中指出，前进征程上，我们要坚持中国共产党领导，坚持人民主体地位，坚持中国特色社会主义道路，全面贯彻执行党的基本理论、基本路线、基本方略，不断满足人民对美好生活的向往，不断创造新的历史伟业。办好中国的事情，关键在党。新时代，毫不动摇坚持党的领导，是实现"两个一百年"奋斗目标、实现中华民族伟大复兴中国梦的根本保证。

坚持贯彻执行党的基本理论基本路线基本方略不动摇，在实现民族复兴伟业中长风破浪。伟大时代呼唤伟大理论，伟大理论引领伟大时代。习近平新时代中国特色社会主义思想是马克思主义中国化的最新理论成果，是当代中国马克思主义，是指引全党全军全国各族人民团结奋斗的精神旗帜，是党和国家必须长期坚持的指导思想。我们要创造新的历史伟业，就必须用习近平新时代中国特色社会主义思想武装头脑、指导实践、推动工作，切实做到内化于心、外化于行、转化为果。党的基本路线是党和国家的生命线、人民的幸福线，毫不动摇坚持党的基本路线是得到人民拥护、推进事业发展的最可靠保证。我们必须始终坚持把"一个中心、两个基本点"统一于新时代中国特色社会主义伟大实践中，并将之贯穿于创造新的历史伟业的全过程。党的十九大提出的"十四个坚持"是新时代坚持和发展中国特色社会主义的基本方略，其基本内容涵盖改革发展稳定、内政外交国防、治党治国治军等各个方面，是一个逻辑严谨的有机整体。党的基本方略对新时代怎样坚持和发展中国特色社会主义作出了创新回答，是我们党运用马克思主义基本原理指导新时代中国特色社会主义实践的重大理论创新成果，是我们创造新的历史伟业必须遵循的方法论。党的基本理论、基本路线、基本方略是新时代我们党治国理政的大政方针，为实现"两个一百年"奋斗目标和中华民族伟大复兴的中国梦提供了根本遵循。只有全面贯彻执行党的基本理论、基本路线、基本方略，我们举旗走路才能有所指向、有所依附，才能在各种风险考验面前"不畏浮云遮望眼""乱云飞渡仍从容"，才能在长风破浪中创造更加美好的明天。

坚持发扬自我革命精神不动摇，跨越新时代党的建设的雄关漫道。中国共产党历来高度重视以自我革命推进党的建设，从中华人民共和国成立初期坚决惩办刘青山、张子善到党的十八大之后毫不犹豫重拳"打虎"、毫不含糊纠正"四风"，放眼看去，从古至今，世界上没有哪个政党能像中国共产党这样，以刀刃向内的勇气自我革命、自我净化。我们党从小到大、从弱到强，历经风险挑战、几近生死关口，却总能转危为安、化险为夷，靠的正是自我革命的意识和魄力。毛泽东在《〈共产党人〉发刊词》中首次把党的建设称为一项"伟大的工程"。今天，这项伟大工程已交到我们手中。正可谓：雄关漫道真如铁，而今迈步从头越。这一重要论述，深刻阐明了坚持发扬自我革命精神对推进新时代党的建设的重要意义，指明了我们党要领导人民从胜利走向胜利，不断创造新的历史伟业，就必须坚定"答卷人"的定位，敢于同一切弱化党的先进性、损害党的纯洁性的问题作斗争，确保党成为始终走在时代前列、人民衷心拥护、勇于自我革命、经得起各种风浪考验、朝气蓬勃的马克思主义执政党。

坚持人民主体地位不动摇，依靠人民走好人间正道。马克思主义唯物史观认为，人民是社会实践的主体，是推动历史发展的决定性力量。创造新的历史伟业必须紧紧依靠人民。我们党自建党以来就始终高举马克思主义旗帜，坚持一切为了人民、一切依靠人民，团结和带领全体人民在进行革命、建设和改革的伟大征程中闯关夺隘、奋勇向前，成功开辟了中国特色社会主义道路。"历史是最好的教科书"①，以史为鉴，方知正道沧桑。近代以来中华民族由衰到盛170多年的历史进程、我们党领导人民进行伟大社会革命90多年的实践、中华人民共和国成立70年来的持续探索以及改革开放40多年的伟大实践告诉我们："只有社会主义才能救中国，只有中国特色社会主义才能发展中国"②，只有中国共产党这个来源于人民、根植于人民、服务于人民的马克思主义政党才能把中国特色社会主义的全部理论与实践不断向前推进，引领中国人民从站起来、富起来走向强起来。党的十八大以来，在党中央的坚强领导下，我们党解决了许多长期想解决而没有解决的难题，办成了许多过去想办而没有办成的大事，推动中国特色社会主义迈入新时代。站在新的历史方位、面对新的时代课题、

---

① 中共中央宣传部. 习近平总书记系列重要讲话读本［M］. 北京：学习出版社，人民出版社，2016：287.

② 习近平. 习近平谈治国理政：第一卷［M］. 北京：外文出版社，2018：7.

肩负新的历史任务,我们党深刻认识到,随着社会生产力的发展,人民对美好生活的需要日益增长,这对党和国家工作提出了许多新要求。我们要坚持人民主体地位,始终把是否对人民有益作为我们全部实践活动的出发点和落脚点,让人民在越走越宽广的中国特色社会主义道路上收获更多、更直接、更实在的幸福感、安全感,不断满足人民对美好生活的向往。

(作者单位:重庆市中国特色社会主义理论体系研究中心重庆邮电大学分中心;本文刊载于《重庆日报》2019年11月5日第09版)

对中国特色社会主义为什么"好"的深刻诠释

代金平

2019年4月，习近平总书记在重庆考察时强调，要围绕中国共产党为什么"能"、马克思主义为什么"行"、中国特色社会主义为什么"好"等重大问题，广泛开展宣传教育，加强思想舆论引导，坚定广大干部群众对中国特色社会主义的道路自信、理论自信、制度自信、文化自信，进一步激发全体人民爱党、爱国、爱社会主义的巨大热情，从而正式提出了"中国特色社会主义为什么'好'"这个关系党和国家前途命运的重大问题。《习近平谈治国理政》第三卷对这一重大问题作出了深刻诠释，为广大干部群众全面准确地理解和把握中国特色社会主义为什么"好"指明了方向、提供了遵循。

中国特色社会主义是立足中国实际的社会主义。习近平总书记明确指出："中国特色社会主义，既坚持了科学社会主义基本原则，又根据时代条件赋予其鲜明的中国特色。这就是说，中国特色社会主义是社会主义，不是别的什么主义。"[①] 在《习近平谈治国理政》第三卷中，他再次强调，科学社会主义基本原则不能丢，丢了就不是社会主义。一方面，中国特色社会主义坚持了科学社会主义基本原则。比如：实行公有制和按劳分配的经济制度、人民当家作主的政治制度、以马克思主义为指导的文化制度等。另一方面，我们党不是把科学社会主义基本原则看作一成不变的教条，而是坚持立足中国、面向时代，创造性地坚持和发展科学社会主义。比如：在经济制度和体制上，公有制和按劳分配的制度，是以公有制为主体、多种所有制经济共同发展，以按劳分配为主体、多种分配方式并存和社会主义市场经济体制的形式来实现的；在政治制度上，坚持人民当家作主，是以人民民主专政的国体和人民代表大会制度的政体的形式来实现的；在文化制度上，坚持马克思主义的指导地位，是以中华优秀传统

---

① 中共中央宣传部. 习近平总书记系列重要讲话读本 [M]. 北京：学习出版社，人民出版社，2014：14.

文化、革命文化和社会主义先进文化繁荣发展的形式来实现的；等等。这些说明了中国特色社会主义是马克思主义基本原理与当代中国实际和时代特征的紧密结合，是"共性"和"特性"的完美统一。

中国特色社会主义是实现民族复兴的必由之路。《习近平谈治国理政》第三卷指出，只有回看走过的路、比较别人的路、远眺前行的路，弄清楚我们从哪儿来、往哪儿去，很多问题才能看得深、把得准。这其实已经对中国特色社会主义为什么"好"作出了回答。"回看走过的路"启示我们：中国特色社会主义是从改革开放以来党治国理政的实践历程中得来的，是从新中国成立以来全党全国上下艰苦卓绝的探索过程中得来的，是从建党以来党和人民近百年的奋斗征程中得来的，是从近代以来中华民族由衰到盛的历史进程中得来的，是从当代中国人民对五千多年中华文明的发展传承中得来的，"是党和人民历经千辛万苦、付出各种代价取得的宝贵成果"①，是指引中华民族从站起来、富起来走向强起来的必由之路。"比较别人的路"启示我们：中国特色社会主义"不是其他国家社会主义实践的再版，也不是国外现代化发展的翻版"②，而是既突破了僵化体制束缚，又扬弃和超越了资本逻辑，能够解放和发展社会生产力、解放和增强社会活力、永葆党和国家生机活力，指引中国实现社会主义现代化的必由之路。"远眺前行的路"启示我们：中国特色社会主义是坚定践行以人民为中心的发展思想，指引中国人民实现全面脱贫和共同富裕，不断创造更加幸福美好生活的必由之路。

中国特色社会主义是引领世界发展的人间正道。当今世界正处于百年未有之大变局，人类社会在深刻变革和快速发展的同时，依然面临经济增长乏力、贫富差距拉大、新冠肺炎疫情在全球蔓延、环境污染加剧、气候变化加快、资源枯竭加速，以及逆全球化抬头等诸多问题。面对这些问题，任何国家都不可能置身事外，因为世界各国已经"越来越成为你中有我、我中有你的命运共同体"。在《习近平谈治国理政》第三卷中，他明确指出，各国人民应该"同心协力，构建人类命运共同体，建设持久和平、普遍安全、共同繁荣、开放包容、清洁美丽的世界"，③并多次强调"我们要把自己的事情做好，这本身就是对构建人类命运共同体的贡献。我们也要通过推动中国发展给世界创造更多机遇，通过深化自身实践探索人类社会发展规律并同世界各国分享"。④党的十八大以

---

① 习近平. 习近平谈治国理政：第三卷［M］. 北京：外文出版社，2020：70.
② 习近平. 习近平谈治国理政：第三卷［M］. 北京：外文出版社，2020：76.
③ 习近平. 习近平谈治国理政：第三卷［M］. 北京：外文出版社，2020：46.
④ 习近平. 习近平谈治国理政：第三卷［M］. 北京：外文出版社，2020：436.

来，中国特色社会主义不断取得的巨大成就再次有力证明了我们的理论是正确的、制度是优越的、文化是先进的、道路是光明的，这使我们完全有信心、有底气、有能力为解决人类问题、引领世界发展贡献更多中国智慧、中国方案、中国力量。

（作者单位：重庆市中国特色社会主义理论体系研究中心重庆邮电大学分中心；本文刊载于《重庆日报》2020年9月30日第22版）

全面理解党勇于战胜一切风险挑战的基本经验

谢 俊

习近平总书记在庆祝中国共产党成立100周年大会上指出,我们要用历史映照现实、远观未来,从中国共产党的百年奋斗中看清楚过去我们为什么能够成功、弄明白未来我们怎样才能继续成功,从而在新的征程上更加坚定、更加自觉地牢记初心使命、开创美好未来。百年历程,波澜壮阔;百年奋斗,披荆斩棘,中国共产党是一个勇于战胜一切风险挑战的政党。站在两个百年奋斗目标的历史交汇点,面对世界百年未有之大变局,我们必须增强忧患意识、始终居安思危、敢于斗争、善于斗争,逢山开路、遇水架桥,勇于战胜一切风险挑战。

坚持科学真理是战胜一切风险挑战的理论根基

马克思主义是我们立党立国的根本指导思想,是我们党的灵魂和旗帜。坚持运用马克思主义立场、观点、方法观察问题、分析问题、解决问题,不断推进马克思主义中国化,坚持和发展中国特色社会主义,是我们党战胜一切风险挑战的理论根基。从"红船"上播下革命的火种到新民主主义革命和社会主义革命的胜利,从新中国成立之初的百废待兴到解放思想、实事求是的欣欣向荣,从世界社会主义运动遭遇挫折到中国特色社会主义事业的伟大成功,面对重大风险,我们党始终坚持把马克思主义基本原理同中国具体实际相结合,坚持和发展当代中国马克思主义。

坚持党的领导是战胜一切风险挑战的根本保证

中国共产党的领导是中国特色社会主义最本质的特征,坚持和加强党的全面领导是中国共产党战胜一切风险挑战的根本保证。百年历程,党的全面领导抵御了一个又一个重大风险,战胜了一次又一次重大挑战,赢得了不同历史时期的伟大斗争。抗洪抢险,党心系群众,靠前指挥,万众一心,众志成城,夺取了气壮山河的伟大胜利；抗震救灾，党统揽全局、协调各方，挽救生命、重建家园，续写了感动天地的英勇诗篇；抗击疫情，党提出人民至上、生命至上，在临床救治、疫苗研发、疫情防控、复工复产等领域打赢了疫情防控阻击战；应对"卡脖子"难题，党提出"创新是引领发展的第一动力"，着力解决影响国家发展全局和长远的重大科学问题，开启了建设世界科技强国的新征程。面对复杂的风险挑战，我们党始终迎难而上，观大势、谋全局、抓根本，沉着冷静应对，形成高效的组织动员体系和统筹协调能力。

善于动员群众是战胜一切风险挑战的力量源泉

中国共产党根基在人民、血脉在人民、力量在人民。翻阅党的百年史册，每一次伟大斗争，都凝聚着最广泛的群众力量，每一次伟大胜利，都是中国人民的共同胜利。在内忧外患、民族危难之时，群众浴血奋战，与党风雨同舟；在积贫积弱、艰苦奋斗之时，群众参与建设，与党共同奋进；在新时代脱贫攻坚、奋进中国梦之时，群众贡献智慧，与党同甘共苦。中国共产党之所以能在重大风险挑战中赢得斗争的胜利，就是因为党始终把实现好、维护好、发展好最广大人民的根本利益作为一切工作的出发点和落脚点，坚持以人民为中心的发展思想，始终把人民对美好生活的向往作为奋斗目标，团结一切可以团结的力量、调动一切可以调动的积极因素，最大限度地凝聚起共同奋斗的力量。新的征程上，紧紧依靠人民，永远站稳人民立场，善于动员群众是党战胜一切风险挑战的力量源泉。

勇于自我革命是战胜一切风险挑战的重要基石

饱经风霜磨难而生生不息，历经千锤百炼而朝气蓬勃。勇于自我革命是中国共产党区别于其他政党的显著标志，也是党战胜一切风险挑战的重要基石。邓小平同志强调，中国要出问题，还是出在共产党内部。百年奋进路，党化解各种风险、力挽狂澜，根本在于党要管党，从严治党，敢于自我革命是党克敌制胜的重要法宝。尤其是党的十八大以来，党中央以壮士断腕的勇气和决心推进全面从严治党，夺取反腐败斗争的压倒性胜利。应对长期执政的精神懈怠、骄傲自满、不思进取、脱离群众、腐败滋生等风险挑战，必须以刀刃向内、刮骨疗毒的勇气推进党的自我革命，敢于应对"四大考验"，勇于克服"四种危险"，永远保持党的先进性、纯洁性、战斗力和凝聚力。

增强忧患意识是战胜一切风险挑战的政治担当

习近平总书记指出,前进的道路不可能一帆风顺,越是前景光明,越是要增强忧患意识,做到居安思危,全面认识和有力应对一些重大风险挑战。在中共七大上,面对抗战即将胜利的局面,毛泽东同志提出,要在最坏的可能性上建立我们的政策。在人民解放战争进入夺取全国胜利的最后阶段,全国上下都准备好迎接胜利曙光之时,毛泽东同志却头脑清醒地提出,进京"赶考"要做到"两个务必"。增强忧患意识、坚持底线思维、提高风险防控能力是我们党的优良传统,也是新的征程上,战胜一切风险挑战的政治担当。凡事要从最坏处着眼、向最好处努力,善于洞悉风险、把握本质、找准规律、果断决策,坚决在危害国家主权和安全、发展与稳定,危害国家核心利益和重大原则,危害党的领导和社会主义制度,危害人民根本利益和安定团结等重大风险上,做到道路正确、理论清醒、行动坚定,才能战胜前进道路上的各种风险挑战。

(作者单位:重庆市中国特色社会主义理论体系研究中心重庆邮电大学分中心;本文刊载于《重庆日报》2021年7月22日第09版)

弘扬伟大建党精神要做到"四个一"

户可英

在庆祝中国共产党成立100周年大会上，习近平总书记首次提出并精辟阐释了"坚持真理、坚守理想，践行初心、担当使命，不怕牺牲、英勇斗争，对党忠诚、不负人民"的伟大建党精神。伟大建党精神，是中国共产党的精神之源，也是中国共产党的成功密码。历史川流不息，精神代代相传，我们要继续弘扬光荣传统、赓续红色血脉，永远把伟大建党精神继承下去、发扬光大。

弘扬伟大建党精神，就要一心一意追求真理。革命理想高于天，中国共产党自成立之日起就把共产主义确立为远大理想。中国共产党经受一次次挫折，又一次次奋起，归根到底就是因为有远大理想和崇高追求。对马克思主义的信仰、对共产主义的信念是共产党人经受住困难考验的精神支柱。于乱世中探求真理，在至暗中寻找光明，理想的火焰一经点燃就不会熄灭。夏明翰高喊着"砍头不要紧，只要主义真"的悲壮诗句走向刑场；周文雍在监狱墙壁上写下"头可断，肢可折，革命精神不可灭"的不朽诗篇。苦难可以击垮人的肉体，死亡可以夺去人的生命，但没有任何力量能够动摇共产党人的理想信念。只有坚持真理、坚守理想，我们才能牢牢把握正确的方向，在新时代的长征路上行稳致远。

弘扬伟大建党精神，就要一以贯之坚守初心。中国共产党一经成立，就把为中国人民谋幸福、为中华民族谋复兴确立为自己的初心使命。百年峥嵘岁月，我们党之所以能够创造一个又一个奇迹，正是因为有无数共产党员始终把民族复兴的重任扛在肩上。从"铁肩担道义"的李大钊到"宁肯少活20年，拼命也要拿下大油田"的王进喜，他们以恒心守初心，用生命践使命。江河万里总有源，树高千尺总有根。伟大建党精神，是中国共产党的精神之源。中国共产党团结带领全国各族人民发愤图强、锐意进取，在长期奋斗实践中形成了中国共产党人的精神谱系。从红船精神、长征精神一直到今天的抗疫精神、脱贫攻坚精神等，千千万万名无私奉献、心系人民的共产党员，不管遇到什么惊涛骇浪，不管任务如何变化，都始终沿着正确的方向前行；无论面临多大的困难，无论付出多大的代价，都始终坚持要让人民过上好日子，最终赢得了广大人民的拥护和支持。

弘扬伟大建党精神，就要一往无前勇于斗争。一百年来，中国共产党人尝遍了艰难困苦，锤炼出了不畏强敌、敢于斗争、敢于胜利的宝贵品质。为了实现中华民族伟大复兴，党和人民历尽千辛万苦、付出巨大代价。无数共产党人抛头颅、洒热血，关键时刻站出来、危险时刻豁出去，展现了"我以我血荐轩辕"的英雄气概。据不完全统计，近代以来，为中国革命和建设事业献出宝贵生命的烈士约有 2000 万。为有牺牲多壮志，敢教日月换新天。一百年来，中国共产党团结带领人民，历经千辛万苦打下红色江山，开辟中国特色社会主义道路。实践告诉我们：红色政权来之不易，新中国来之不易，中国特色社会主义来之不易！今天，我们生逢盛世当不负盛世，生逢其时应奋斗其时。

弘扬伟大建党精神，就要一如既往忠于党和人民。1927 年，毛泽东亲自撰写了中国共产党历史上第一份入党誓词，并带领 6 名新党员宣读："牺牲个人，努力革命，阶级斗争，服从组织，严守秘密，永不叛党。"① 对党忠诚、不负人民是共产党人首要的政治品质和鲜明的崇高情怀。一百年来，对党忠诚是中国共产党发展壮大的重要经验，已深深地融入共产党人的红色血脉之中。对每位党员来说，对党忠诚不仅是对党组织的庄严承诺，更要体现在为人民服务中。无论是在历史上，还是在今天，都从不缺少对党忠诚、不负人民的共产党人；致力于民族解放事业的先驱人物李大钊、宁死不泄露党的机密的红岩烈士、死了也要看着乡亲们把沙丘治好的焦裕禄、为教育事业奉献一切的时代楷模张桂梅……江山就是人民，人民就是江山。新征程上，我们一定要牢记党员身份，站稳人民立场，始终与人民一道，风雨同舟，生死与共。

（作者单位：重庆市中国特色社会主义理论体系研究中心重庆邮电大学分中心；本文刊载于《重庆日报》2021 年 8 月 31 日第 07 版）

---

① 金冲及．毛泽东传：1893—1949［M］．北京：中央文献出版社，2004：171．

以永远在路上的政治自觉推进党的作风建设

谈娅 张欣

习近平总书记在庆祝中国共产党成立100周年大会上的重要讲话中指出，要牢记打铁必须自身硬的道理，增强全面从严治党永远在路上的政治自觉。加强作风建设、保持党同人民群众的血肉联系是一个永恒的课题。站在"两个一百年"的历史交汇点，必须始终保持"赶考"之心，持之以恒加强党的作风建设的政治自觉，不断汇聚万众一心、坚不可摧的磅礴力量。

保持抓作风建设的正确方向。纵观百年党史，我们党始终把作风建设摆在突出位置。进入新时代，我们必须胸怀大局、把握大势、着眼大事，做到因势而谋、应势而动、顺势而为。一要看到向上向好的态势。党的十八大以来，党中央以"八项规定"开局，驰而不息加强和改进作风，党风政风和社会风气发生了全面深刻、影响深远的根本性变化。我们要坚决克服"小进即满"的心态，不断强化"如履薄冰"的敏锐，始终保持大抓紧抓的态势。二要认清挑战尚存的局势。当前，党风廉政建设和反腐败斗争取得压倒性胜利并全面巩固，但任务仍然艰巨繁重，必须锲而不舍抓紧抓实，持续释放改进作风不松劲、不停步、再出发的强烈信号和坚定决心。三要顺应越来越严的趋势。随着作风建设进入"攻坚期""深水区"，清存量与遏增量的任务交织叠加，在正风反腐、执纪标准、干部监督、责任追究、政治生活等方面必然会更加严格，只有一锤接着一锤敲，一个问题接着一个问题解决，不松劲、不懈怠、不停步，才能切实抓好作风建设。

强化抓作风建设的责任担当。各级党组织和党员干部作为政治生态的建设者，必须抓好分内之事，履行应尽之责，以强烈的政治担当推进作风建设落到实处。对于党委机关而言，重在认真履行党委（党组）主体责任、书记第一责任人责任和纪委监委监督责任，各级班子成员要严格落实"一岗双责"，把作风建设融入分管领域和工作中，层层压实责任，真抓真管，形成党委统筹、齐抓共管的工作格局。对于基层党组织而言，重在强化战斗堡垒功能，不断提升基层党组织战斗力。要持续加强工作督导，注重发挥群众监督作用，持之以恒纠治基层"微腐败"和群众身边的不正之风，推进作风监督全覆盖。对于党员干部而言，重在发挥好示范引领作用，带头严格执行党章党规党纪，自觉明大德、守公德、严私德，主动在作风建设上打头阵、担责任、作表率。要持续提高党员干部队伍建设质效，坚持开展党风廉政教育和日常警示教育，强化基层党员干部法纪意识，以清清爽爽、实干有为彰显党员干部的"硬核"担当。

提升抓作风建设的质量效果。坚持不敢腐、不能腐、不想腐一体推进，真正让广大党员干部因敬畏而"不敢"，因制度而"不能"，因觉悟而"不想"。一要强化"不敢"的震慑。必须坚持严的主基调，以"零容忍"的态度和举措严防严抓，严肃查处顶风违纪行为，做到露头就打、严肃惩治，切实让制度、纪律成为带电的"高压线"，达到"整治一处，警示一方"的效果。二要扎紧"不能"的笼子。始终坚持以党章为根本遵循、以各类法规制度为重要依托，聚焦问题多发领域、扭住顽症痼疾地带，找准症结、举一反三，补短板、强弱项，形成管长远、固根本的制度机制，坚决堵住作风问题产生的"后门"、可钻的漏洞。三要提升"不想"的自觉。必须抓住"不想"这个落脚点，结合党史学习教育，把伟大建党精神作为最生动的教材，大力弘扬党的光荣传统和优良作风，引导党员干部始终牢记"国之大者"，坚持用党性原则和党章党规修身律己，不断提高政治判断力、政治领悟力、政治执行力。

（作者单位：重庆市中国特色社会主义理论体系研究中心重庆邮电大学分中心；本文刊载于《重庆日报》2021年10月28日第13版）

走好新的赶考之路要坚持党的领导

代金平

党的十九届六中全会审议通过的《中共中央关于党的百年奋斗重大成就和历史经验的决议》（以下简称《决议》）指出，一百年来，党领导人民进行伟大奋斗，在进取中突破，于挫折中奋起，从总结中提高，积累了宝贵的历史经验。《决议》将"坚持党的领导"置于十条历史经验之首。办好中国的事情，关键在党。党的领导是党和国家的根本所在、命脉所在，是全国各族人民的利益所系、命运所系。毫不动摇地坚持党的领导，是我们以史为鉴、开创未来，走好实现第二个百年奋斗目标新的赶考之路的根本政治保证。

坚持党的领导首先要坚决维护党中央权威和集中统一领导。党的全部历史证明，在实践中形成坚强的中央领导集体并维护这个集体的权威，是中国共产党的强大政治优势，是我们踏上新的赶考之路并考出一个好成绩的重要法宝。党的七大确立了以毛泽东同志为核心的党中央的领导权威，我们才迎来了革命胜利，确立了社会主义制度，开启了建设社会主义的伟大探索。党的十一届三中全会后，面对改革开放中出现的一些问题，邓小平同志强调："中央要有权威"①，"有了这个权威，困难时也能做大事"②。党的十八大以来，我们党带领全国各族人民解决了许多长期想解决而没有解决的难题，办成了许多过去想办而没有办成的大事，推动党和国家事业取得历史性成就、发生历史性变革，根本原因就在于有以习近平同志为核心的党中央的坚强领导。新时代，坚决维护党中央权威和集中统一领导，最重要的就是要维护以习近平同志为核心的党中央的核心地位，自觉同党中央保持高度一致，在思想上高度认同、政治上坚决维护、组织上自觉服从、行动上紧紧跟随。

坚持党的领导关键在于扎实推进全面从严治党。回顾党的历史，我们党之

---

① 邓小平. 邓小平文选：第三卷 [M]. 北京：人民出版社，1993：277.
② 邓小平. 邓小平文选：第三卷 [M]. 北京：人民出版社，1993：319.

所以能够从小到大、由弱到强,成功领导中国人民在革命、建设和改革的历史进程中取得一个又一个胜利,归根结底在于我们党始终高度重视加强自身建设,始终坚持以"赶考"永远在路上的心态从严管党治党。因此,坚持党的领导必须扎实推进全面从严治党。一是要狠抓思想从严,坚持用习近平新时代中国特色社会主义思想武装头脑、凝心聚魂,教育引导全党坚定理想信念,补足精神之钙。二是要狠抓管党从严,巩固和加强党的领导,引导全党增强"四个意识",不断提高各级党组织和党员领导干部管党治党的能力和水平。三是要狠抓执纪从严,坚持把纪律放在前面,严明党的政治纪律和政治规矩,着力推动全党牢记"五个必须"、防止"七个有之"。四是要狠抓作风从严,坚持以上率下,着力抓常抓细抓长,构筑持之以恒反"四风"、改作风的制度堤坝。五是要狠抓反腐从严,坚持以零容忍态度惩治腐败,着力扎紧制度笼子,完善不敢腐、不能腐、不想腐的长效机制。

　　坚持党的领导必须不断提高党把方向、谋大局、定政策、促改革的能力和定力。坚持和加强党的全面领导,既要政治过硬,又要本领高强。只有始终保持"赶考"的清醒,不断提高党把方向、谋大局、定政策、促改革的能力和定力,善于处理各种复杂矛盾,勇于战胜一切风险挑战,才能牢牢把握工作主动权,向历史和人民交出优异的答卷。把方向就是要高举中国特色社会主义伟大旗帜,不断坚定"四个自信",在立场、方向、原则、道路上坚定不移地向党中央看齐。谋大局就是要善于领悟和把握"国之大者",自觉服务和服从于党和国家事业发展大局,做到因势而谋、应势而动、顺势而为。定政策就是要紧紧抓住决策这个重中之重,坚持实事求是,深入调查研究,在分析研判世情国情党情民情的基础上科学决策、民主决策、依法决策。促改革就是要大力弘扬改革创新精神和自我革命精神,着力推动思想再解放、改革再深化、工作再落实,以开新局、闯新路、谱新篇的勇气和决心将改革开放进行到底。

(作者系重庆市中国特色社会主义理论体系研究中心重庆邮电大学分中心研究员;本文刊载于《重庆日报》2021年12月2日第10版)

走好新的赶考之路要弘扬伟大建党精神

朱方彬　贺　波

党的十九届六中全会高度肯定了党的百年奋斗的历史意义，强调党的百年奋斗锻造了走在时代前列的中国共产党，形成了以伟大建党精神为源头的精神谱系，保持了党的先进性和纯洁性，党的执政能力和领导水平不断提高，中国共产党无愧为伟大光荣正确的党。作为百年大党精神之源的伟大建党精神，反映出我们党对自身发展历史的认识和总结达到了新高度，对自身性质宗旨的理解和把握达到了新高度，对自身精神谱系的领悟和阐释达到了新高度，蕴含着真理追求的理论力量、精神追求的价值力量、道路追求的实践力量，成为激励我们走好新的赶考之路的新动能。

始终坚持真理、坚守理想，不断提升理论修养。真理的火炬，始终照亮着前行的方向。坚持真理，就是坚持马克思主义真理；坚守理想，就是坚守共产主义理想。这是对伟大建党精神在思想层面的高度概括，彰显的是我们党思想先进、信仰坚定的思想特质和理论特质，体现了党中央对全体共产党员理论素养的要求。纵观1840年鸦片战争到1919年五四运动前夜，近80年的艰难探索实践表明，太平天国运动提出的农民平均主义思想、戊戌变法的改良主义、辛亥革命的三民主义以及民主共和思想、自由平等学说、宪政主义等，都救不了中国。直到俄国十月革命一声炮响，我们党的先驱们接受了马克思主义，才真正感受到"真理的味道非常甜"。我们走好新的赶考之路，就是要把伟大建党精神内化为共产党人的理论素养，深入学习贯彻习近平新时代中国特色社会主义思想，不断增强"四个意识"、坚定"四个自信"、做到"两个维护"；切实学会运用马克思主义立场、观点、方法来观察时代、把握时代、引领时代，正确理解和全面执行党的路线方针政策，主动将学习成果转化为提升党性修养、思想境界、道德水平的精神营养，做到真学真懂真信真用。

始终践行初心、担当使命，不断提高政治站位。不忘初心方得始终，牢记使命方能致远。践行初心，就是要为中国人民谋幸福、为中华民族谋复兴；担当使命，就是担当实现中华民族伟大复兴中国梦的历史使命。这是对伟大建党精神在实践层面的高度概括，是党的性质宗旨、理想信念、奋斗目标的集中呈现，体现的是我们党初心不改、本色依旧的特质，展现的是我们党强大的政治优势，蕴含着人民立场的价值原点、民族复兴的价值追求。我们党诞生于国家蒙辱、人民蒙难、文明蒙尘的黑暗境地。在这民族危亡的紧要关头，党的先驱们苦苦求索，矢志实现中华民族伟大复兴这个光荣梦想。从石库门到天安门，从兴业路到复兴路，我们党把民族复兴的使命扛在肩上，团结带领全国各族人民创造了"当惊世界殊"的发展成就。我们走好新的赶考之路，就是要把伟大建党精神内化为共产党人的政治素养，始终践行初心、担当使命，始终以国家民族利益为重，始终坚持为党育人、为国育才；要时刻对照党章党规党纪、对标先进典型，时刻做到自警自省自知，时刻坚定政治方向、落实政治任务、强化政治担当，为实现第二个百年奋斗目标、实现中华民族伟大复兴的中国梦而不懈奋斗。

始终不怕牺牲、英勇斗争，不断增强斗争素养。百年风霜雪雨，百年大浪淘沙。"不怕牺牲、英勇斗争"，就要始终保持斗争精神、顽强意志、优良作风，毫无畏惧地面对一切困难和挑战，坚定不移地开辟新天地。这是对伟大建党精神在精神层面的高度概括，是对共产党人的精神风范和意志品质的集中表达，体现的是共产党人的崇高品格与顽强意志，蕴含着我们党敢于斗争、敢于胜利的强大精神力量。从抗日战争、抗美援朝，到抗洪、抗震、抗疫，我们党领导的许多伟大斗争都有一个"抗"字。敌人也好，灾难也罢，没有什么让共产党屈服过。我们走好新的赶考之路，就是要把伟大建党精神内化为共产党人的斗争素养，树立敢于斗争、善于斗争的鲜明导向，保持共产党人的风骨、气节、操守、胆魄；要不断增强风险意识、底线思维，不断提高防范风险、抵御风险的能力，夯实永远奋斗的信仰基石，把不懈奋斗、永远奋斗的政治品格发扬光大，坚决战胜一切困难和挑战，不断夺取伟大斗争新胜利。

始终对党忠诚、不负人民，不断锤炼政治品格。对党忠诚，是共产党人首要的政治品质。不负人民，是共产党人鲜明的崇高情怀。这是对伟大建党精神在价值层面的高度概括，是对中国共产党人政治担当和人民立场的集中表达，彰显了共产党的政治品格和政治优势。我们党一路走来，历经无数艰险磨难，任何困难都没有压垮我们，任何敌人都没能打倒我们，靠的就是千千万万党员的忠诚。党的一大纲领规定，党员的条件是承认党的纲领和政策，并愿成为忠实的党员；党的八大第一次将对党忠诚老实写入党章；党的十二大在党章中增加了言行一致的要求；党的十八届六中全会指出，党的各级组织和全体党员必须对党忠诚老实；党的十九大在党章中规定党的干部要做到忠诚干净担当。对党忠诚老实，既是中国共产党对党员始终如一的要求，也是中国共产党人对其政治责任的庄重承诺。我们走好新的赶考之路，就是要把伟大建党精神内化为共产党人的忠诚素养，无条件地对党的信仰忠诚、对党的组织忠诚、对党的理论和路线方针政策忠诚，时刻牢记全心全意为人民服务的根本宗旨，始终坚持立党为公、执政为民，始终做到心中有党、心中有民、心中有责、心中有戒，把为党和人民事业无私奉献作为人生的最高追求，努力向历史、向人民交出新的更加优异的答卷。

（作者单位：重庆市中国特色社会主义理论体系研究中心重庆邮电大学分中心；本文刊载于《重庆日报》2021年12月16日第10版）

深刻把握"坚持胸怀天下"的四层意蕴

户可英

建党百年以来,中国共产党团结带领全国各族人民进行伟大奋斗,积累了宝贵的历史经验,党的十九届六中全会将这些历史经验概括为"十个坚持"。这十条历史经验内涵丰富、系统完整,是相互贯通的有机整体。其中,"坚持胸怀天下"作为党百年奋斗的十条历史经验之一,彰显了中国共产党为中国人民谋幸福、为世界人民谋发展的伟大情怀,蕴含着深厚的文化、价值、历史和实践意蕴。

"坚持胸怀天下"饱含了丰富而鲜明的文化意蕴。中国有着五千多年的悠久文明历史,自古以来就是一个爱好和平的民族。从人心和善的道德观、和而不同的社会观,到天人合一的宇宙观、协和万邦的国际观,中华民族始终在追求和传承着和谐共生的理念。"己欲立而立人,己欲达而达人""兼相爱,交相利"等理念深深地植根于中华民族精神之中。中华民族积极开展对外交流合作,促进世界共同发展。中国共产党自诞生之日起,其革命理想就深深地植根于中华民族的优秀传统文化之中,继续秉承着"协和万邦""美美与共"的精神,不断扩大国际交往,推动世界一体化进程。今天,中国提出推动构建人类命运共同体,推动"一带一路"高质量发展的倡议,鲜明宣示了中国共产党关注人类前途命运的博大胸怀。

"坚持胸怀天下"凸显了无产阶级政党的价值意蕴。中国共产党既是中华优秀传统文化的传承者,又是坚定的马克思主义理论实践者。马克思、恩格斯认为,无产阶级在推翻资产阶级的斗争中,没有自己的特殊利益,无产阶级的运动是为绝大多数人谋利益的独立运动。共产党人作为各国无产阶级政党中始终起推动作用的部分,要坚持整个无产阶级共同的不分民族的利益。随着工业的发展,各国人民的生活条件将趋于一致,民族分隔和对立将日益消失。正如马克思、恩格斯在《共产党宣言》中所指出的那样,各文明国家的联合的行动,是无产阶级获得解放的首要条件之一,未来社会"将是这样一个联合体,在那里，每个人的自由发展是一切人的自由发展的条件"①。中国共产党以马克思主义的国际主义思想作为主要思想来源和理论依据，以人类的普遍交往作为现实思考，以实现"自由人联合体"的共产主义作为终极价值目标，成就了胸怀天下的伟大品格，彰显了马克思主义政党的独特品质。

"坚持胸怀天下"凝聚了共产党人深厚的历史意蕴。中国共产党从成立之日起，就把追求民族独立和人类进步作为自己的使命。从抗日战争到解放战争，中国共产党团结带领全国各族人民迎来了新民主主义革命的伟大胜利，极大地改变了世界政治格局，鼓舞了全世界被压迫民族争取自身解放的斗争。新中国成立后，中国共产党坚持独立自主的和平外交政策，倡导和坚持和平共处五项原则，为推动建立公平合理的国际政治经济新秩序发挥了积极作用。改革开放和社会主义现代化建设新时期，中国共产党始终坚持和平与发展的时代主题，坚持对外开放，推动不同文明平等对话、友好相处、合作共赢，成为维护世界和平的中坚力量。党的十八大以来，中国共产党坚持推动构建人类命运共同体，坚定维护和践行多边主义，积极参与全球治理，大力推进全球共同进步，展现了大国担当精神。

"坚持胸怀天下"彰显了建设美好未来的实践意蕴。中国共产党有能力为创造人类美好未来作出自己更大的贡献。世界怎么了？我们怎么办？面对时代之问，中国共产党站在历史与现实的交汇点，提出了中国方案。党中央大力弘扬和平、发展、公平、正义、民主、自由的全人类共同价值，倡导构建相互尊重、公平正义、合作共赢的新型国际关系，坚决抵制搞"小圈子"和零和博弈，反对民主改造和武装干涉他国内政，呼吁巩固加强以联合国为核心的国际体系，维护以国际法为基础的国际秩序，扩大利益交汇点，画出最大同心圆。中国发展离不开世界，世界繁荣也需要中国，中国将为地区稳定发展作出更大贡献，为推动构建人类命运共同体作出更多实践探索。围绕抗疫、安全、发展、民主问题，中国将积极推动构建全球卫生健康共同体、安全共同体、发展共同体、人文共同体。

（作者单位：重庆市中国特色社会主义理论体系研究中心重庆邮电大学分中心；本文刊载于《重庆日报》2022年1月13日第07版）

---

① 马克思,恩格斯. 共产党宣言［M］. 中共中央马克思恩格斯列宁斯大林编译局,译. 北京：人民出版社,2014：51.

走好新的赶考之路要始终践行初心使命

刘秀伦　钟雪

党的十九届六中全会指出，一百年来，党始终践行初心使命，团结带领全国各族人民绘就了人类发展史上的壮美画卷，中华民族伟大复兴展现出前所未有的光明前景。党的百年历史，就是一部为中国人民谋幸福、为中华民族谋复兴的初心奋斗史。不忘初心，方得始终。进入实现第二个百年奋斗目标的历史新征程，我们要牢记中国共产党是什么、要干什么这个根本问题，加强自我修炼，以坚定的信仰、过硬的本领和优良的作风矢志不渝践行初心使命，走好新的赶考之路。

践行初心使命要坚定理想信念。理想信念是共产党人初心的本质要求，是共产党人的精神支柱和政治灵魂。党的全部历史充分证明，只要我们始终保持坚定信仰不动摇，就能做到披荆斩棘、无往不胜。在实现中华民族伟大复兴的关键阶段，必须更加自觉地坚持信仰、坚守真理、坚定信念，以昂扬笃定的精神姿态追求伟大梦想。一要在理论学习中夯实信仰根基。马克思主义是我们共产党人的"真经"。要坚持不懈用科学理论武装头脑，持之以恒研读经典原著，学深悟透习近平新时代中国特色社会主义思想，不断把握马克思主义的科学性、真理性和时代性，树立科学的世界观和方法论，为践行初心使命夯实信仰根基。二要在改造世界中汲取信仰力量。实践是检验真理的唯一标准。新的赶考路上，我们要在奋进新征程、建功新时代的伟大实践中感悟马克思主义的真理力量，坚定马克思主义信仰。三要在对党忠诚中永葆信仰底色。践行初心使命，就要在思想上、行动上始终做到对党忠诚、政治坚定，始终做到关键时刻站得出、靠得住、冲得上，确保理想信念不动摇、不变色。

践行初心使命关键要练就过硬本领。践行初心使命，信仰坚定是前提，作风优良是基础，本领过硬是关键。没有过硬的本领，就不能肩负起推进伟大事业的时代责任。首先，要掌握马克思主义哲学这一看家本领。中国共产党为什么能，中国特色社会主义为什么好，归根到底是因为马克思主义行。我们要学会运用马克思主义观察、分析中国现实问题，深化规律认识，学好方法论，以先进的理论应对前进道路上的困难，提高解决中国实际问题的能力。其次，要善于广泛学习、系统学习、深入学习，不断提升综合素养。要注意开拓学习视野，不断学习新知识、新方法。要坚持问题导向，提高学习针对性，紧紧扭住增强"八项本领"和提高"七种能力"，持之以恒找不足、补短板。要坚持知行合一，在学习的基础上真正扑下身子、深入基层，用所学所知解决实际问题。最后，要在斗争中锤炼干事创业本领。新的赶考之路，改革发展稳定任务更加繁重，矛盾风险挑战更加复杂，对斗争本领的需要更加迫切。我们要敢于斗争、善于斗争，在斗争中见世面、壮筋骨，把握斗争规律，掌握斗争艺术，增强斗争本领。

践行初心使命要推进自我革命。回顾党的百年历史，中国共产党能够保持长盛不衰的最大秘诀，就是以"不忘初心、牢记使命"为永恒课题，不懈推进自我革命。进入新的发展阶段，任务越繁重，风险考验越大，越需要我们践行初心使命，坚定不移推进党的自我革命。一要以彻底的自我革命精神解决影响党与人民群众血肉联系的问题。加强党员的思想教育，纯洁党员队伍，清除党员干部思想上的灰尘和心灵上的污垢，割除滋生在党的肌体上的毒瘤，永葆党的肌体健康。要以自我革命精神锻造和锤炼自己，努力提高政治判断力、政治领悟力、政治执行力。二要紧抓"关键少数"，赓续精神血脉，推进制度建设。紧抓"关键少数"，就是要将领导干部作风建设作为正风肃纪的关键环节，坚持以上率下，发挥领导干部的带头作用、导向作用、示范作用。赓续精神血脉，就是要从中国共产党人的精神谱系中汲取精神滋养，从伟大建党精神中继承红色基因，发扬红色传统，自觉弘扬勤俭节约、廉洁奉公、艰苦奋斗的优良作风，为走好新的赶考之路注入强大精神力量。推进制度建设，就是要坚持依规治党和制度治党，加快推进惩治和预防腐败体系建设，不断推动作风建设规范化、常态化、长效化。

（作者单位：重庆市中国特色社会主义理论体系研究中心重庆邮电大学分中心；本文刊载于《重庆日报》2022年1月20日第11版）

年轻干部要在干事创业中勇于发扬斗争精神

伍安春　丁发英

党的十九届六中全会审议通过的《中共中央关于党的百年奋斗重大成就和历史经验的决议》，将"坚持敢于斗争"凝练为党百年奋斗的十条历史经验之一。敢于斗争是中国共产党的鲜明品格和优良传统，是我们在新征程上战胜一切风险挑战的强大精神力量。年轻干部生逢伟大时代，是实现第二个百年奋斗目标的主力军，面对具有许多新的历史特点的伟大斗争，要在干事创业中勇于发扬斗争精神。

筑牢思想根基，增强斗争底气。思想是行动的先导，年轻干部只有不断淬炼思想，才能在斗争中时刻保持头脑清醒，提升干事创业的能力。要深刻把握马克思主义的实践品格和斗争精神，坚持用马克思主义之"矢"去射新时代中国之"的"，自觉做马克思主义的坚定信仰者、忠实实践者，不断夯实敢于斗争、善于斗争的思想根基。要坚持把马克思主义基本原理同中国具体实际相结合、同中华优秀传统文化相结合，努力从百年党史中学习中国共产党人敢于斗争的精神品质，坚持从5000多年的中华文明史中领悟优秀传统文化自强不息的精神内核，树立历史思维、增强历史自觉、坚定历史自信，不断增强想干事、能干事、干成事的思想自觉。要增强信仰信念信心，深刻理解贯穿于中国革命、建设、改革中不怕牺牲、英勇斗争的伟大精神，进一步坚定马克思主义的信仰、坚定中国特色社会主义的信念、坚定实现中华民族伟大复兴中国梦的信心，始终保持共产党人敢于斗争的风骨、气节、操守、胆魄。

坚定斗争方向，明确目标任务。共产党人的斗争是有方向、有立场、有原则的，年轻干部只有明白斗争为了谁、斗争依靠谁，才能赢得斗争胜利。要始终把准斗争方向，牢记中国共产党是什么、要干什么这个根本问题，把握党的领导这个最本质特征和最大优势，增强忧患意识，确保斗争立场不变、方向不偏、力度不减。要明白"为什么斗争""同什么斗争""如何去斗争"，认清世界之变、时代之变、历史之变，坚决做到"五个更加自觉"，不断跨越前进道路上新的"娄山关""腊子口",努力成为敢于斗争、善于斗争的勇士。要坚定不移听党话、跟党走,坚持党的原则第一、党的事业第一、人民利益第一,深刻认识社会主要矛盾变化带来的新特征新要求,准确把握错综复杂的国际环境带来的新矛盾新挑战,科学分析世情、国情、党情的新变化,以敢为天下先的改革创新精神破解难局、应对变局、开拓新局,创造积极条件促进矛盾向好的方面转化。

讲究斗争策略,增强斗争实效。斗争策略是斗争经验的深刻总结,年轻干部在把握斗争规律基础上及时调整斗争策略,有利于不断提升斗争实效。要守住斗争底线,注重实际、实事求是,注重从纷繁复杂的矛盾中看清本质、把握规律,善于预见形势发展和隐藏其中的风险挑战,坚持在原则问题上寸步不让、寸土不让,准确识变、科学应变、主动求变,始终保持只争朝夕、奋发有为的奋斗姿态和越是艰险越向前的斗争精神,推动新时代党的各项事业行稳致远。要掌握科学的思维方法和工作方法,紧紧抓住主要矛盾和矛盾的主要方面,善于从战略上认识、分析、判断面临的重大历史课题,准确把握斗争的时、效、度,坚持有理有利有节,主动应对新形势、解决新问题、探索新策略,全面提高防范化解重大风险的能力。要牢牢掌握斗争主动权,准确把握大势,深刻理解斗争的长期性、艰巨性、复杂性,努力在伟大斗争中经受"四大考验"、克服"四种危险",坚持以人民为中心,始终同人民想在一起、干在一起,积极将个人理想融入党和国家的事业之中,让青春在奋斗与奉献中绽放出绚丽光彩。

增强斗争本领,锻造烈火真金。年轻干部要成就一番事业,只有经历严峻复杂的斗争磨炼,才能锻造疾风劲草、烈火真金。要加强思想淬炼、政治历练、实践锻炼、专业训练,主动到斗争一线、艰苦复杂地区、吃劲岗位等重大斗争中去真刀真枪干,多当几次"热锅上的蚂蚁"、多捧几回"烫手山芋",增强敢涉"深水区"、敢啃"硬骨头"的决心勇气,练就硬脊梁、铁肩膀、真本事,努力担当民族复兴大任。要坚持志不求易、事不避难,练就科学预判的能力和见微知著的本领,努力把解决问题作为打开工作局面的突破口,厚植"功成不必在我"的精神境界和"功成必定有我"的历史担当,在斗争中淬炼政治品格、提升斗争艺术,着力增强服务国家和人民的能力,奋力书写无愧于时代、无愧于人民的优异答卷。要不断完善履职尽责必备的知识体系,增强"八项本领"、提高"七种能力",彻底解决"本领恐慌""本领弱化"问题,坚持干什么学什么、缺什么补什么,如饥似渴学习,一刻不停提高。做到信念坚、政治强、本领高、作风硬,着力在科技创新、乡村振兴、疫情防控、基层治理等经济社会主战场积极担当作为,不断提高应对风险、迎接挑战、化险为夷的能力水平,努力成为可堪大用、能担重任的栋梁之材。

（作者单位：重庆市中国特色社会主义理论体系研究中心重庆邮电大学分中心，本文刊载于《重庆日报》2022年2月10日第07版）

以党的自我革命推进新时代伟大社会革命

仰义方

习近平总书记在学习贯彻党的十九大精神研讨班开班式上强调,在新时代,我们党必须以党的自我革命来推动党领导人民进行的伟大社会革命;要把新时代坚持和发展中国特色社会主义这场伟大社会革命进行好,我们党必须勇于进行自我革命,把党建设得更加坚强有力。这科学揭示了党的自我革命与伟大社会革命的内在关联,明确了新时代党的自我革命的基本要求,为我们党自觉肩负起新时代的历史使命提供了根本遵循。

一、勇于自我革命是我们党最鲜明的政治品格与最大优势

为革命而生、为革命而兴是我们党辉煌历程的生动记录。勇于自我革命贯穿于党的发展过程始终,是我们党最鲜明的品格,也是我们党最大的优势。

首先,勇于自我革命是马克思主义政党的本质属性与客观要求。自我革命精神贯穿于马克思主义政党发展全过程。马克思主义政党一开始就是作为资产阶级政党的对立面而出现的,共产主义者同盟是第一个以科学社会主义为指导原则组建起来的无产阶级政党,是在对正义者同盟的批判与斗争中改组形成的。实现共产主义和解放全人类的伟大事业是马克思主义政党的神圣使命,为了实现这一崇高目标就必须实行最坚决、最彻底的自我革命,必须对主观世界和客观世界进行改造,推动生产力与生产关系、经济基础与上层建筑的伟大变革。工人阶级作为社会先进生产力的代表,与社会化大生产密切联系,肩负着代表自身阶级利益和代表人民群众根本利益的双重任务,这就要求马克思主义政党必须具有胸怀坦荡、光明磊落的为民情怀,坚持真理、修正错误的崇高追求,刀刃向内、无私无畏的政治勇气。

其次,勇于自我革命是从严管党治党的重要经验与必然举措。中国共产党是中国工人阶级的先锋队,也是中国人民和中华民族的先锋队,党勇于自我革命的精神品质是与生俱来的。除了国家、民族、人民的利益,我们党没有任何

自己的特殊利益,正因拥有勇于自我革命的品格和底气,才能时刻从党的性质和根本宗旨出发,从人民根本利益出发,时刻检视自己。一部中共党史就是不断自我警醒、自我革命与自我超越的历史,为了推进党的建设伟大工程,建党初期极力革除党内思想组织作风不纯的问题,土地革命时期极力祛除党内"左"、右两方面错误思想的干扰,延安时期极力消除主观主义、宗派主义与党八股的消极影响,新中国成立后毛泽东要求全党继续保持"过去革命战争时期的那么一股劲,那么一股革命热情,那么一种拼命精神,把革命工作做到底"①,这些都是我们党践行自我革命初心的真实写照。作为具有坚定理想信念与强烈使命担当的工人阶级政党,我们党牢记初心,时刻保持开展批评和自我批评的优良作风,坚持自我纠错、自我修复、自我完善、自我提高,始终发扬自我审视、反躬自省的自我革命传统,有效保证了党的肌体健康与党组织的健康发展。

最后勇于自我革命是提升新时代党的建设质量的必然要求。勇于自我革命是党的政治理想、政治品格、政治能力的集中呈现,这种政治品格与最大优势的取得既非一蹴而就,也非一劳永逸。推进党的建设新的伟大工程,必须以自我革命精神提升新时代党的建设质量。一方面,党的十八大以来我们党坚持祛病疗伤、激浊扬清的自我革命精神,实现了管党治党从"宽松软"到"严紧硬"的深刻转变,实践证明,勇于自我革命已成为提升党长期执政能力的内在要求;另一方面,党执政面临的"四大考验"与"四种危险"客观存在,影响党的先进性、弱化党的纯洁性的因素客观存在,思想不纯、组织不纯、作风不纯的问题客观存在,这些都强烈呼唤党要以自我革命精神,以抓铁有痕、踏石留印的决心和毅力推动全面从严治党向纵深发展。

二、党的自我革命是推动伟大社会革命的根本保障

中国特色社会主义进入新时代是我们党领导人民进行伟大社会革命的重要成果,党领导下的伟大社会革命,必须一以贯之进行下去,必须坚持不懈以党的自我革命推动党领导人民进行的伟大社会革命。以党的自我革命推动伟大社会革命彰显了理论逻辑、历史逻辑和现实逻辑的有机统一,是实现"两个一百年"奋斗目标和民族复兴历史使命的必然要求。

首先,从理论维度看,党的自我革命的彻底程度决定着伟大社会革命推进

---

① 中共中央文献研究室.毛泽东思想年编:一九二一———一九七五[M].北京:中央文献出版社,2011:841.

的深度。党强才能国强。中国特色社会主义最本质的特征是中国共产党领导,中国特色社会主义制度的最大优势是中国共产党领导。我们党肩负着领导党自身建设与领导国家发展的双重使命,党的前途与国家前途、党的命运与民族命运、党的利益与人民利益高度统一,党自身的管党治党行为与党的治国理政活动不可截然分开,因而,党在何种程度上实现了自我革命,党领导的伟大社会革命就能推进到何种高度与深度。推翻旧世界、创建新社会是马克思主义政党革命实践的中心议题,党领导的新时代伟大社会革命,不仅要破除阻碍生产力发展的体制机制障碍,也要大力推进社会不断前进、发展,这就要求党必须践行为中国人民谋幸福、为中华民族谋复兴的立党初心,必须主动适应历史方位转变下社会发展的新形势与新要求,在自觉接受外部监督的同时,还必须以革故鼎新、守正出新的革命勇气实现自身跨越,推进党领导的伟大社会革命向前发展。

其次,从历史维度看,以党的自我革命推动伟大社会革命是社会发展进步的宝贵经验。革命者必先自我革命。我们党自成立之时起就将社会革命写在自己的旗帜上,强调"党的根本政治目的是实行社会革命"①,"共产主义者的目的是要按照共产主义者的理想,创造一个新的社会"②。97年来,我们党以自我革命精神开创伟大事业,领导了从革命到建设再到改革的一系列社会革命。党领导人民历时28年,取得新民主主义革命胜利,建立起人民当家作主的共和国,实现了几千年封建专制向人民民主的伟大飞跃;党领导人民历时29年,进行社会主义革命和社会主义建设,确立起社会主义基本制度和比较独立完整的工业体系与国民经济体系,实现了中华民族由近代不断衰落到根本扭转命运、持续走向繁荣富强的伟大飞跃;党领导人民历时40年,开展改革开放伟大实践,开辟了中国特色社会主义道路,形成党在社会主义初级阶段的基本理论、基本路线、基本方略,实现了中国人民从站起来到富起来、强起来的伟大飞跃。从新民主主义革命道路的开拓到中国特色社会主义道路的发展,依靠的正是党的自我革命推动伟大社会革命的精神力量。

最后,从现实维度看,党的自我革命推动伟大社会革命是新时代中国特色社会主义事业发展的基本保证。新时代党要有新气象新作为。实现中华民族伟大复兴,必须进行伟大斗争、建设伟大工程、推进伟大事业,其中,以自我革命为重要内容的伟大工程起着决定性作用。实现中华民族伟大复兴的神圣使命迫切要求把我们党建设成为政治过硬、本领高强,能够有效应对重大挑战、抵

---

① 中共中央党史研究室. 中国共产党历史:上卷 [M]. 北京:人民出版社,1991:57.
② 中共中央党史研究室. 中国共产党的七十年 [M]. 北京:中共党史出版社,1991:20.

御重大风险、克服重大阻力、解决重大矛盾的坚强执政党。新时代解决人民日益增长的美好生活需要和不平衡不充分的发展之间的矛盾，既是社会主义本质的内在要求，也是执行党的政治路线、完成党的历史使命的根本要求，这对新时代党的自身建设提出了更高标准。必须发挥党总揽全局、协调各方的作用，加强党的全面领导，以自我革命精神打造和锤炼自己，确保我们党始终成为中国社会主义现代化强国建设的领导核心。

三、全面从严治党是协同推进伟大社会革命与自我革命的关键

做好新时代的"答卷人"，把新时代坚持和发展中国特色社会主义伟大社会革命进行好，我们党必须勇于进行自我革命，推进全面从严治党向纵深发展，把党建设得更加坚强有力。

第一，传承红色革命精神，永葆政治信仰不变质。立党初心是推动革命发展的强大动力。习近平总书记指出："不忘初心，牢记使命，就不要忘记我们是共产党人，我们是革命者，不要丧失了革命精神。"[①] 我们党既是马克思主义执政党，又是马克思主义革命党。今天，革命环境中孕育的红色革命精神依然是引领党和社会发展的一面高扬的旗帜，为伟大社会革命与自我革命注入不竭的精神能量。崇高理想信念是革命精神的集中展现，是共产党人的政治灵魂和精神支柱。推进新时代伟大社会革命，必须保持革命的战略定力，发扬承载着红色基因的革命精神，将其融入党内政治文化之中，使之成为推动党和国家事业发展的精神支撑。要抓好固本培元、补钙壮骨的基础工程，树立共产主义远大理想和中国特色社会主义共同理想，坚决抵御各种错误思想侵扰，铸牢信仰之基、补足精神之钙，修好共产党人的"心学"，坚守共产党人共同精神家园，以坚定理想信念铸就推动伟大社会革命与自我革命的磅礴力量。

第二，加强党的政治建设，坚定政治方向不偏移。旗帜鲜明讲政治是革命胜利的根本保证。习近平总书记强调："讲政治，是我们党补钙壮骨、强身健体的根本保证，是我们党培养自我革命勇气、增强自我净化能力、提高排毒杀菌政治免疫力的根本途径。"[②] 推动伟大社会革命和自我革命取得成功，必须始终不渝坚持正确政治方向，以党的政治建设为统领推进新时代党的建设，确保革

[①] 人民日报社评论部. 论学习贯彻习近平总书记"1·5"重要讲话［M］. 北京：人民出版社，2018：3.
[②] 习近平. 习近平在省部级主要领导干部学习贯彻十八届六中全会精神专题研讨班开班式上发表重要讲话 以解决突出问题为突破口和主抓手 推动党的十八届六中全会精神落到实处［N］. 人民日报，2017-02-14（1）.

命的性质与方向不偏移。坚持党中央权威和集中统一领导是党的政治建设的首要任务，是推进新时代党和国家各项事业的根本原则，具体落实在必须坚持习近平新时代中国特色社会主义思想这个指导思想上，在大是大非问题上时刻与党中央保持高度一致。坚守党的政治纪律与政治规矩，树立底线思维，保持政治定力，以防伟大社会革命和自我革命受到不正之风侵扰；把准正确政治导向，强化选人用人政治标准，发挥领导干部头雁效应，增强基层党组织的影响力和战斗力，为协同推进伟大社会革命与自我革命提供坚强组织保证。

第三，践行执政为民宗旨，秉持人民立场不动摇。人心向背关乎党的生死存亡。习近平总书记指出："我们党来自人民、根植人民、服务人民，一旦脱离群众，就会失去生命力。"① 人民群众是推动社会发展的根本力量，人民立场是我们党的根本政治立场，维护和实现最广大人民群众的根本利益是伟大社会革命和自我革命共同的出发点和落脚点。新时代协同推进伟大社会革命和自我革命，必须坚持党的群众路线，始终保持同人民群众的血肉联系，解决好人民群众最关心的现实利益问题，充实人民群众的幸福感获得感安全感，筑牢党长期执政的群众基础；必须顺应人民期待，尊重人民主体地位，强化党内监督与群众监督有机结合，加强对权力运行的制约与监督，坚决医治损害党的先进性纯洁性的各种病症，增强党的自我革新、自我净化能力，提升党服务人民的能力和本领；必须以人民为师，尊重人民首创精神，重视民主决策中的群众参与，汲取人民智慧，推动形成伟大社会革命与自我革命协同推进的动力机制。

第四，培育党内制度文化，坚持制度治党不松懈。治国必先治党，治党务必从严。制度问题带有根本性、全局性、长远性、稳定性，制度治党是全面从严治党的重要内容和重要方法，以制度力量管人管事管权、约束规范党员特别是党的领导干部的行为，助推形成以制度思维和制度方式管党治国的理念自觉与实践自觉。一方面，要坚持思想建党与制度治党相结合，运用思想建党解决党内理想信念和价值追求问题，运用制度治党解决党员干部行为规范、监督约束问题，形成软性约束与硬性规制同向发力，筑牢伟大社会革命与自我革命的思想防线与制度底线；另一方面，坚持以德治党与制度治党相结合，以道德品行、精神追求的感召力凝聚治党治国的人心民意，以制度意识、制度精神的引领力夯实治党治国的制度保证，形成思想建党与制度治党相得益彰的生动局面，奠定伟大社会革命与自我革命的思想基础与制度根基。

---

① 习近平. 习近平谈治国理政：第一卷［M］. 北京：外文出版社，2018：367.

（作者单位：重庆市中国特色社会主义理论体系研究中心重庆邮电大学分中心；本文刊载于《红旗文稿》2018年7月25日第14期）

马克思恩格斯法制思想的三大发展阶段及现实启示

龙 钰

习近平总书记强调:"马克思主义始终是我们党和国家的指导思想,是我们认识世界、把握规律、追求真理、改造世界的强大思想武器。"① 马克思恩格斯法制思想是马克思主义的重要组成部分,为人类认识法律现象提供了科学的方法论,为中国特色社会主义法治建设提供了理论指南,理应将其置于马克思主义形成和发展的大背景下,系统考察其思想演变,深入挖掘其理论源流,深刻把握其精神实质。

一、新理性批判主义法制思想的展现

1835—1842 年,马克思逐渐认识到自己以康德和费希特理想主义法学观为基础建构的法哲学体系充斥着矛盾和错误,在批判地吸收借鉴黑格尔哲学的基础上,实现从康德理性主义向黑格尔理性现实主义的蜕变,形成了以人类自由理性为核心的新理性批判主义法制思想。1838—1842 年,在青年德意志派和青年黑格尔派的影响下,恩格斯也逐渐形成新的世界观,并以此为基础探求法的真蕴,形成了既坚持自由理性又坚持辩证法的新理性批判主义法制思想。在这一时期,他们的法制思想主要表现为以下几个方面。

第一,人的行为是法律调整的直接对象。马克思在《评普鲁士最近的书报检查令》中,严厉谴责普鲁士书报检查令对思想自由和言论自由的剥夺。他强调人的外在行为才是法律调整的直接对象,而非人内在的思想。人的思想具有内在性和隐秘性,只有将其外化为客观行为,才能影响社会现实,否则,法律就不能横加干涉。"对于法律来说,除了我的行为以外,我是根本不存在的,我

---

① 习近平. 在纪念马克思诞辰 200 周年大会上的讲话 [M]. 北京:人民出版社,2018:15.

根本不是法律的对象。"① 他认为惩罚"思想犯"的法律是非法的，它不仅剥夺了人的自由权利，而且违背了法律面前人人平等的原则，赋予一部分人特权。"凡是不以当事人的行为本身而以他的思想作为主要标准的法律，无非是对非法行为的实际认可。"② 在《关于林木盗窃法的辩论》中，马克思进一步指出行为的客观存在并产生一定的客观后果乃是犯罪成立的基础，并且应当根据犯罪行为来确定惩罚的界限。"他受惩罚的界限应该是他的行为的界限。"③ 恩格斯在《普鲁士出版法批判》中强调，书报检查制度是对社会舆论的压制、对自由的抹杀，必然导致专制。在这里，马克思恩格斯通过揭露普鲁士书报检查制度的反动本质，抨击了普鲁士的封建专制制度。

第二，法典是人民自由的圣经。马克思在他的博士论文中比较分析了德谟克利特与伊壁鸠鲁的自然哲学，表达了自己对自由的认识。他认为，考察自由问题，既要着眼于主体自身，肯定作为主体的人的价值和尊严，又要考虑客体，重视环境的作用；人要成为自由的人，不能止步于批判现实，而应以实际行动改变现实；真正的自由，不仅存在于内心的宁静之中，更存在于人与人的全面交往之中。④ 这种自由观影响着马克思此后对自由问题的探索。在《关于新闻出版自由和公布省等级会议辩论情况的辩论》中，马克思深刻论证了自由与法的关系，提出了著名的命题："法典就是人民自由的圣经。"⑤ 此命题蕴含着丰富的法制思想。其一，法律的根本任务是维护和保障人民的自由权利。马克思强调，法律不是压制自由的手段，相反，只有肯定自由的法律才是真正的法律。"哪里法律成为实际的法律，即成为自由的存在，哪里法律就成为人的实际的自由存在。"⑥ 其二，自由必须受法律的规制。马克思指出："法律是肯定的、明确的、普遍的规范，在这些规范中自由获得了一种与个人无关的、理论的、不取决于个别人的任性的存在。"就是说，自由并不是为所欲为。只有遵从一定的

---

① 中共中央马克思恩格斯列宁斯大林著作编译局. 马克思恩格斯全集：第一卷[M]. 北京：人民出版社，1995：121.
② 中共中央马克思恩格斯列宁斯大林著作编译局. 马克思恩格斯全集：第一卷[M]. 北京：人民出版社，1995：120.
③ 中共中央马克思恩格斯列宁斯大林著作编译局. 马克思恩格斯全集：第一卷[M]. 北京：人民出版社，1995：247.
④ 公丕祥. 马克思主义法律思想通史：第一卷[M]. 南京：南京师范大学出版社，2014：68-69.
⑤ 中共中央马克思恩格斯列宁斯大林著作编译局. 马克思恩格斯全集：第一卷[M]. 北京：人民出版社，1995：176.
⑥ 中共中央马克思恩格斯列宁斯大林著作编译局. 马克思恩格斯全集：第一卷[M]. 北京：人民出版社，1995：176.

规范，自由才成为现实可能。法律作为一种规范，既是对人们的一种约束，也是对自由的保障。一旦失去法律的庇护，自由必然无法实现。马克思强调"法律是肯定的、明确的、普遍的规范"①，实际上指出了法律的基本特征。肯定性，即法律应当是对人民自由权利的肯定；明确性，即法律应当具体规定"可以为"和"不可为"的界限；普遍性，即法律应当保障绝大多数人的利益并为绝大多数人所遵守。

第三，法律是人类理性的自然规律。马克思在《关于林木盗窃法的辩论》中指出："法律不应该逃避说真话的普遍义务。法律负有双重的义务这样做，因为它是事物的法理本质的普遍和真正的表达者。因此，事物的法理本质不能按法律行事，而法律倒必须按事物的法理本质行事。"② 法律是"事物的法理本质"的体现，它以客观事实为基础，必须符合客观规律。在法律之上还有法，即在实在法之上还有客观法或自然法。这一思想强调两个基本点。其一，立法者不是在制造和发明法律，而是在表述法律。马克思的《论离婚法草案》指出法应合乎伦理，并强调："立法者应该把自己看作一个自然科学家。他不是在创造法律，不是在发明法律，而仅仅是在表述法律，他用有意识的实在法把精神关系的内在规律表现出来。"③ 尽管这一论述带有唯心主义色彩，只强调了精神关系，还未涉及物质关系，但强调立法不能违背事物的本质和规律具有非常重要的意义。其二，法律应是人民意志的自觉表现，并由人民创立。这样才能使法律成为符合规律的真正的法律，才能使法律为人们所普遍遵守。这样一来，"公民服从国家的法律也就是服从他自己的理性即人类理性的自然规律"④。

第四，法制是阶级利益的体现。在《谷物法》中，恩格斯敏锐地发现，废除谷物法运动，实际上是不同阶级为维护自身利益而进行的斗争。土地贵族之所以推行谷物法，是因为他们"总要顽强地维护自己的利益"⑤。租佃者之所以反对谷物法，是因为"租佃者认识到自己的利益同地主的利益并不相同，而是

---

① 中共中央马克思恩格斯列宁斯大林著作编译局. 马克思恩格斯全集：第一卷[M]. 北京：人民出版社，1995：176.

② 中共中央马克思恩格斯列宁斯大林著作编译局. 马克思恩格斯全集：第一卷[M]. 北京：人民出版社，1995：244.

③ 中共中央马克思恩格斯列宁斯大林著作编译局. 马克思恩格斯全集：第一卷[M]. 北京：人民出版社，1995：347.

④ 中共中央马克思恩格斯列宁斯大林著作编译局. 马克思恩格斯全集：第一卷[M]. 北京：人民出版社，1995：228.

⑤ 中共中央马克思恩格斯列宁斯大林著作编译局. 马克思恩格斯全集：第三卷[M]. 北京：人民出版社，2002：420.

正好相对立；谷物法对他们比对任何人都更不利"①。在《英国对国内危机的看法》中，恩格斯指出无产阶级要维护自己的利益就不能寄希望于资产阶级实行普选。资产阶级永远也不会同意普选权，"因为它在这一点上作出让步的必然结果将是无产者取得的多数票否决自己在下院的优势地位"②。恩格斯意在强调，关于法制的斗争都是不同阶级利益的较量。无产阶级必须与现行制度作坚决斗争，才能实现和维护自身利益。

第五，揭露英国法制社会的虚伪性。在《国内危机》中，恩格斯抨击英国法律充满欺骗。"这是些什么样的法律啊！是一堆杂乱无章、相互矛盾的决议，这些决议把法学贬低为纯粹的诡辩术；这些决议不适合我们的时代，所以司法机关从来不遵守。"名义上由人民选举产生，代表人民利益的下院，实际上是"一个脱离人民的、全靠贿赂选举出来的团体"③。社会舆论也失去了对法律实施的有效监督，致使整个社会混乱不堪，这样的社会当然不能持久。在这里，恩格斯实际上提出了法制建设的五个原则：一是立法机关要由人民选举产生，代表人民意志；二是法律要具有科学性；三是法律执行要严肃；四是充分保障社会舆论对立法、司法、行政的监督权；五是法制建设要与时俱进。

纵观马克思恩格斯早期的法制思想，我们发现理性法、自由法观念贯穿始终。他们认为，法是理性的表现，实现自由是法的本质所在。尽管深受黑格尔的影响，但马克思恩格斯所表述的"理性"，并不等同于黑格尔的"绝对理念"，而是人应当遵从的规律；马克思恩格斯所强调的"自由"，并非黑格尔的"意志自由"，而是人类的普遍自由，尤其是劳动人民的自由。对于马克思恩格斯早期的法制思想，一方面，我们要承认其局限性，马克思恩格斯当时的世界观带有明显的黑格尔印记，仍属于唯心主义范畴。另一方面，我们也应看到马克思恩格斯寄予其中的冀望，他们猛烈抨击专制法制，坚决捍卫劳苦大众利益，体现了鲜明的革命立场。他们也初步发现了利益对法律的影响，察觉到理性法理论同现实生活的冲突，这为他们向历史唯物主义转变创造了条件。他们关于法律调整的对象、法律的科学性、法律与时代的关系、舆论对法律的监督等问题的认识，今天仍具有现实意义。

---

① 中共中央马克思恩格斯列宁斯大林著作编译局. 马克思恩格斯全集：第三卷 [M]. 北京：人民出版社，2002：421.
② 中共中央马克思恩格斯列宁斯大林著作编译局. 马克思恩格斯全集：第三卷 [M]. 北京：人民出版社，2002：405.
③ 中共中央马克思恩格斯列宁斯大林著作编译局. 马克思恩格斯全集：第三卷 [M]. 北京：人民出版社，2002：408.

二、历史唯物主义法制思想的形成

1843—1848年,这一时期是从马克思退出《莱茵报》编辑部到《共产党宣言》发表的时期,也是马克思恩格斯历史唯物主义法制思想的形成时期。在这个阶段,马克思恩格斯从唯心主义转向唯物主义,从革命民主主义转向共产主义。《德意志意识形态》是马克思恩格斯法制思想的第一次系统表述,《共产党宣言》的问世则是马克思恩格斯法制思想的正式形成。这一时期的思想主要表现为以下几个方面。

第一,法制产生于现实物质生活关系。马克思恩格斯在批判黑格尔、施蒂纳等人的过程中,逐步揭示法制产生的根源。黑格尔认为国家是社会生活的决定力量,赞同孟德斯鸠"关于私法的法律也特别依存于国家的一定性质"的思想,并把这种"依存"细化为"外在必然性"和"内在目的"。① 马克思在《黑格尔法哲学批判》中强调,法律对国家的依存关系只属于"外在必然性"。法律的"内在目的"不是国家而是市民社会,也就是说,法律的决定因素在于市民社会。马克思提出的"市民社会决定法"这个命题,阐明了财产关系对法的重大影响,是其法制思想质的飞跃。尽管用"市民社会决定法"来表述经济基础与法制等上层建筑的关系并不准确,"市民社会"一词的内涵也不够清晰,但我们看到,此时的马克思已迈入唯物主义的大门。在《德意志意识形态》中,马克思恩格斯进一步强调,脱离现实经济关系的自由意志并不是法制的基础。通过分析人类历史发展规律,他们得出一个重要结论,即"人们所达到的生产力的总和决定着社会状况"②,并指出"一切历史冲突都根源于生产力和交往形式之间的矛盾"③,马克思恩格斯认为,随着生产力的发展,劳动产品出现剩余,逐渐产生私有制,从而导致个人利益与共同利益的冲突,国家应运而生。国家要正常运转和维护统治,就需要制定法律制度,并建立相关机构。法制尽管是由国家制定的,但并不能因此而认为国家是法制产生的根源。马克思恩格斯肯定物质生活是第一性,国家、法制等是第二性,是前者决定后者,而非后者决定前者。

---

① 中共中央马克思恩格斯列宁斯大林著作编译局. 马克思恩格斯全集:第三卷[M]. 北京:人民出版社,2002:7.
② 中共中央马克思恩格斯列宁斯大林著作编译局. 马克思恩格斯选集:第一卷[M]. 北京:人民出版社,2012:160.
③ 中共中央马克思恩格斯列宁斯大林著作编译局. 马克思恩格斯选集:第一卷[M]. 北京:人民出版社,2012:196.

第二，法制是统治阶级利益决定的共同意志。通过对英国社会的深入考察，恩格斯指出资本主义法律是由资产阶级创建并为其服务的。在《英国宪法》中，恩格斯批判资本主义"法治国"的虚伪性，指出在财产决定一切的英国，法律明显庇佑富人。"'法律压榨穷人，富人支配法律'和'对穷人是一条法律，对富人是另外一条法律'——这是完全符合事实的而且早已成为警世格言。"① 在《英国工人阶级状况》中，恩格斯进一步指出资本主义法制的作用不仅在于保护资产阶级利益，而且在于压迫无产阶级。整个立法首先就是为了确保有产者压迫无产者。"无产阶级本身是不受法律保护的，但是，敌视无产阶级却是法律的重要基础。"② 在《德意志意识形态》中，马克思恩格斯深刻揭示法制的阶级本质，指出法制是统治阶级意志的体现，在生产关系中占统治地位的阶级必定通过立法将现存生产关系合法化，以国家强制力来维护本阶级利益。法制是对统治阶级整体利益的体现，服务于统治阶级的共同利益，而不是服务于某一个具体成员的利益。这就要求统治阶级的成员必须遵从法制，否则，就意味着将个体意志凌驾于共同意志之上，为了个人利益而损害整个阶级的利益，就会遭受法制的惩处。当然，并非统治阶级的所有意志都能体现于法制之中。因为法制具有国家意志性，"一切共同的规章都是以国家为中介的，都获得了政治形式"③。《共产党宣言》进一步揭示了资产阶级法制的阶级意志性和法制对社会物质生活条件的依赖性。"你们的观念本身是资产阶级的生产关系和所有制关系的产物，正像你们的法不过是被奉为法律的你们这个阶级的意志一样，而这种意志的内容是由你们这个阶级的物质生活条件来决定的。"④ 这里明确指出，资本主义法制是资产阶级意志的反映，是上升为国家意志的资产阶级意志，其内容由资产阶级的物质生活条件决定。显然，这一思想与《德意志意识形态》中的相关思想的精神实质具有一致性，且表述更为科学。

第三，法制有其形成和发展的规律。《德意志意识形态》深刻阐明，法制并不是从来就有的，它是阶级社会的产物，是生产力发展和社会分工的产物。私有制将社会分化为阶级，导致一个阶级统治其他阶级。统治阶级为了维护自己

---

① 中共中央马克思恩格斯列宁斯大林著作编译局. 马克思恩格斯全集：第三卷［M］. 北京：人民出版社，2002：583.
② 中共中央马克思恩格斯列宁斯大林著作编译局. 马克思恩格斯文集：第一卷［M］. 北京：人民出版社，2009：481-482.
③ 中共中央马克思恩格斯列宁斯大林著作编译局. 马克思恩格斯选集：第一卷［M］. 北京：人民出版社，2012：212.
④ 中共中央马克思恩格斯列宁斯大林著作编译局. 马克思恩格斯选集：第一卷［M］. 北京：人民出版社，2012：417.

的利益,就需要法律和相应的制度。"私法是与私有制同时从自然形成的共同体的解体过程中发展起来的。"① 法制并非恒久不变,因为统治阶级的物质生产条件不断变化,其意志也随之变化。但法制的修改、废止是有条件的,只有整个统治阶级的利益受损,才会引起法制的改变。这实际上指出了统治阶级既要根据客观情况尤其是本阶级利益的变化而调整法制,同时也要保持法制的相对稳定。既然在维持原有阶级统治的情况下,法制会随客观情况的变化而变化,那么,在新生产关系取代旧生产关系的情况下,法制自然也会发生变化,而且是根本性变化。马克思一针见血地指出,资本主义"物的关系"对个人的统治已经达到十分严重的程度。无产阶级只有夺取政权,建立自己的法制,推翻"仍然在长时间内拥有一种相对于个人而独立的虚假共同体(国家、法)的传统权力"②,才能保持自己的个性继续生存。当然,作为阶级统治的工具,法制并不会永远存在,最终会随阶级的消亡而消亡。

第四,政治解放本身不是人的解放。人的解放是马克思恩格斯高度关注的问题。马克思在《论犹太人问题》中指出,国家与市民社会是对立统一的,但在资本主义社会中这种对立统一被割裂开来。"人在其最直接的现实中,在市民社会中,是尘世存在物。在这里,即在人把自己并把别人看作是现实的个人的地方,人是一种不真实的现象。相反,在国家中,即在人被看作是类存在物的地方,人是想象的主权中虚构的成员;在这里,他被剥夺了自己现实的个人生活,却充满了非现实的普遍性。"③ 马克思主张以"政治解放"来解决这种矛盾,也就是通过政治革命来实现国家与市民社会的统一,帮助人民摆脱专制。马克思特别强调不能将"政治解放"与"人的解放"混为一谈。"政治解放不是彻头彻尾、没有矛盾的人的解放方式"④,政治解放"把人归结为公民,归结为法人",而真正的人的解放"是使人的世界即各种关系回归于人自身"⑤。简言之,人的真正解放以消除国家与社会的对立为前提,在个人力量构成的社会

---

① 中共中央马克思恩格斯列宁斯大林著作编译局. 马克思恩格斯选集:第一卷[M]. 北京:人民出版社,2012:212.
② 中共中央马克思恩格斯列宁斯大林著作编译局. 马克思恩格斯选集:第一卷[M]. 北京:人民出版社,2012:205.
③ 中共中央马克思恩格斯列宁斯大林著作编译局. 马克思恩格斯文集:第一卷[M]. 北京:人民出版社,2009:31.
④ 中共中央马克思恩格斯列宁斯大林著作编译局. 马克思恩格斯文集:第一卷[M]. 北京:人民出版社,2009:28.
⑤ 中共中央马克思恩格斯列宁斯大林著作编译局. 马克思恩格斯文集:第一卷[M]. 北京:人民出版社,2009:46.

力量与个人不再对立时方能实现。马克思认为,资产阶级不能实现人的解放,因为资本主义社会的基本原则就是私有制、差别和私人利益。"自由这一人权的实际应用就是私有财产这一人权。"① 人的真正解放由谁来实现?这个任务只能由无产阶级来完成。"无产阶级宣告迄今为止的世界制度的解体,只不过是揭示自己本身的存在的秘密。"② 人的真正解放何时实现?《共产党宣言》给出了答案:"代替那存在着阶级和阶级对立的资产阶级旧社会的,将是这样一个联合体,在那里,每个人的自由发展是一切人的自由发展的条件。"③

第五,建立无产阶级法制是历史的必然。在《英国工人阶级状况》中,恩格斯指出,敌视和压迫劳动人民的法律对无产阶级而言就是"一种隐蔽的、阴险的谋杀"④。面对这样的法律,无产阶级应该怎么做?当然是"力求以无产阶级的法律来代替资产阶级的法律"⑤。为什么资本主义法律要压迫穷人?因为私有制。对财产的占有不同,在法律面前所处的地位也不同。资本主义私有制不仅决定了资本主义法制的不平等实质,而且决定了资本主义法制必然走向灭亡。在《国民经济学批判大纲》中,恩格斯指出资本主义私有制是各种矛盾的总根源。要从根本上解决这些问题,只有一条途径,那就是消灭私有制。"全面变革社会关系、使对立的利益融合、使私有制归于消灭。"⑥ 在《共产党宣言》中,马克思恩格斯指出,生产力与生产关系的矛盾、经济基础与上层建筑的矛盾不断推动人类社会发展。生产关系难以容纳生产力的发展,就必然引发革命,导致生产关系的变革。在资本主义社会中,"社会所拥有的生产力已经不能再促进资产阶级文明和资产阶级所有制关系的发展;相反,生产力已经强大到这种关系所不能适应的地步,它已经受到这种关系的阻碍"⑦。在这种情况下,代表先

---

① 中共中央马克思恩格斯列宁斯大林著作编译局. 马克思恩格斯文集:第一卷[M]. 北京:人民出版社,2009:41.
② 中共中央马克思恩格斯列宁斯大林著作编译局. 马克思恩格斯选集:第一卷[M]. 北京:人民出版社,2012:15.
③ 中共中央马克思恩格斯列宁斯大林著作编译局. 马克思恩格斯选集:第一卷[M]. 北京:人民出版社,2012:422.
④ 中共中央马克思恩格斯列宁斯大林著作编译局. 马克思恩格斯文集:第一卷[M]. 北京:人民出版社,2009:409.
⑤ 中共中央马克思恩格斯列宁斯大林著作编译局. 马克思恩格斯选集:第一卷[M]. 北京:人民出版社,2012:119.
⑥ 中共中央马克思恩格斯列宁斯大林著作编译局. 马克思恩格斯选集:第一卷[M]. 北京:人民出版社,2012:45.
⑦ 中共中央马克思恩格斯列宁斯大林著作编译局. 马克思恩格斯选集:第一卷[M]. 北京:人民出版社,2012:406.

进生产力的无产阶级,必然采取革命手段打破阻碍生产力发展的桎梏,消灭资本主义生产关系。"资产阶级的灭亡和无产阶级的胜利是同样不可避免的。"马克思恩格斯强调,尽管无产阶级战胜资产阶级是历史的必然,但无产阶级必须以实际行动"废除资产阶级的所有制","使无产阶级上升为统治阶级",① 建立自己的法制,保护新的生产关系。

历史唯物主义法制思想的形成时期,也就是马克思恩格斯法制思想逐渐走向成熟的时期。此阶段的早期,即马克思结束《莱茵报》的工作到马克思恩格斯共同撰写《德意志意识形态》前的时期,马克思对黑格尔哲学尤其是法哲学进行了系统分析,自觉站在历史唯物主义立场,对黑格尔的唯心主义进行系统批判。同时,他也认真梳理自己过去的法制思想,摆脱抽象的逻辑分析,把人权、人的解放等问题放在具体的现实和历史发展中考察。同一时期的恩格斯,以旅英期间深入工人所做的调查研究为基础,从经济利益角度研究法制现象,批判资本主义的腐朽落后,揭示不平等的经济根源,指明未来社会的发展方向和实现途径。这一时期的马克思恩格斯已经看到经济基础对法制的决定作用,但还未能回答为什么经济基础对法制有决定作用,经济基础怎样决定法制,法制如何反作用于经济基础等问题。《德意志意识形态》尽管尚未完全摆脱黑格尔、费尔巴哈的影响,但它阐明生产力与生产关系、经济基础与上层建筑的辩证关系,深刻论述法制的产生根源、阶级本质、基本特征、历史发展等重要问题,建构起历史唯物主义法制思想的基本框架,标志着马克思恩格斯法制思想基本成熟。《共产党宣言》标志着马克思恩格斯法制思想的正式形成,系统阐述历史唯物主义世界观,深刻揭示法制的运动发展规律,揭露资本主义法制的本质,明确无产阶级的法制要求。这为无产阶级革命和无产阶级法制建设指明了方向。

三、无产阶级法制的实践与理论升华

从《共产党宣言》发表后到马克思恩格斯去世的这段时期,是马克思恩格斯法制思想的发展阶段。马克思恩格斯积极投身革命斗争,为无产阶级制定战略策略,并在革命实践中运用、检验和发展自己法制思想。

第一,无产阶级专政是无产阶级法制的根本。马克思在《纪念国际成立七周年》中指出,只有劳动者占有一切劳动资料,才能消除阶级压迫,消灭重大

---

① 中共中央马克思恩格斯列宁斯大林著作编译局. 马克思恩格斯选集:第一卷[M]. 北京:人民出版社,2012:413-414,421.

社会差别和不平等。"但是,在实行这种改变以前,必须先建立无产阶级专政。"① 恩格斯在给倍倍尔的信中特别强调,无产阶级夺取政权后,必须树立起无产阶级法制基础的权威。"所有通过革命取得政权的政党或阶级,就其本性说,都要求由革命创造的新的法制基础得到绝对承认,并被奉为神圣的东西。"② 在这里,恩格斯所强调的被无条件地认为是神圣的法制基础,就是无产阶级专政政权。无产阶级只有通过革命建立自己的政权才能摆脱被统治地位,上升为统治阶级,才能创建自己的法制。诚如《哥达纲领批判》所言:"在资本主义社会和共产主义社会之间,一个从前者变为后者的革命转变时期。同这个时期相适应的也有一个政治上的过渡时期,这个时期的国家只能是无产阶级的革命专政。"③ 这一时期还存在着无产阶级和资产阶级的矛盾,需要通过专政手段来镇压资产阶级的反抗,保卫无产阶级革命的胜利果实。恩格斯在《论权威》中强调:"获得胜利的政党如果不愿意失去自己努力争得的成果,就必须凭借它以武器对反动派造成的恐惧,来维持自己的统治。"④ 巴黎公社是无产阶级建立政权和创建法制的首次尝试,不仅打碎了资产阶级国家机器,摧毁了资本主义法制,而且在法官选举、司法程序等方面作出诸多尝试。这一伟大革命之所以功败垂成,一个重要原因就在于未能充分发挥专政职能,没有对反革命分子进行坚决镇压。马克思认为,巴黎公社的失败是巴黎人自己的过错,错在对敌人讲"仁慈"、讲"良心"。巴黎公社告诉我们:必须毫不手软地对敌人实行专政。无产阶级政权一旦丧失,无产阶级法制就会变成泡影,人民用鲜血换来的自由和权利就会被剥夺。

第二,保障人民权利是无产阶级法制的职能。马克思恩格斯认为,共产主义第一阶段仍然是阶级社会,仍然需要法制。无产阶级法制的作用不仅在于对敌人实行专政,更在于保障人民权利。马克思恩格斯强调,无产阶级法制是人民意志的表现,是实现、维护和发展人民利益的重要工具。无产阶级法制最重要的职能就是把人民管理国家的权力以及人民享有的各方面权利以法律形式确定下来,使民主制度化、法律化,以保证人民能够依法行使自己的民主权利。

---

① 中共中央马克思恩格斯列宁斯大林著作编译局. 马克思恩格斯选集:第三卷[M]. 北京:人民出版社,2012:1006.
② 中共中央马克思恩格斯列宁斯大林著作编译局. 马克思恩格斯文集:第十卷[M]. 北京:人民出版社,2009:528.
③ 中共中央马克思恩格斯列宁斯大林著作编译局. 马克思恩格斯选集:第三卷[M]. 北京:人民出版社,2012:373.
④ 中共中央马克思恩格斯列宁斯大林著作编译局. 马克思恩格斯选集:第三卷[M]. 北京:人民出版社,2012:277.

在青年时代，马克思就高呼"法典就是人民自由的圣经"①，后来又热情讴歌巴黎公社的民主实践。巴黎公社的第一个法令就是用武装的人民来替代旧政府的常备军；摧毁旧官僚机构，解除旧官吏，代之以普选产生的人民代表；废除旧法官，代之以人民选举产生的新法官。尽管巴黎公社只存在了72天，却颁布了七八十个法令，如廉价政府、禁止克扣工人工资、禁止面包工人做夜工、禁止娼妓、保障妇女权利等。这些法令坚持以人为本、坚持为人民服务，体现了人民法制为人民的价值取向。马克思恩格斯对巴黎公社保证公民人身自由的决议，坚持人人平等的法庭、法官的选举制、辩护自由三项原则，以及立法、行政、司法等权力均由选举产生的人民代表掌握等表示高度赞同。

第三，无产阶级法制具有促进经济发展的职能。马克思恩格斯认为，无产阶级政治上的解放，必然要求经济上的解放。掌握了国家政权的无产阶级，必然要通过法制来为生产力的解放和发展开辟道路。《共产党宣言》指出："无产阶级将利用自己的政治统治，一步一步地夺取资产阶级的全部资本，把一切生产工具集中在国家即组织成为统治阶级的无产阶级手里，并且尽可能快地增加生产力的总量。"② 巴黎公社以实际行动证明了马克思恩格斯认识的正确性。它颁布的法令具有在经济上解放无产阶级和劳动人民的作用，具有促进经济恢复和发展的作用。关于将逃亡业主所遗弃的工场转变为工人协作社的法令使部分生产资料转变为工人阶级所有，具有剥夺资产阶级财产、摧毁资本主义生产关系的性质。马克思称赞该法令"表明通过人民自己实现的人民管理制的发展方向"③。无产阶级法制在经济方面的职能，首先表现为变革生产关系，废除私有制，确立生产资料公有制。恩格斯在《社会主义从空想到科学的发展》中指出："国家真正作为整个社会的代表所采取的第一个行动，即以社会的名义占有生产资料，同时也是它作为国家所采取的最后一个独立行动。"④ 其次是促进社会生产力发展。马克思恩格斯认为，无产阶级法制是国家组织生产的工具。其根本原因在于，无产阶级法制作为上层建筑的一部分，体现的是先进生产关系并为之服务，能够适应生产力的发展。同时，马克思恩格斯也告诫人们，经济发展

---

① 中共中央马克思恩格斯列宁斯大林著作编译局. 马克思恩格斯全集：第一卷［M］. 北京：人民出版社，1995：176.
② 中共中央马克思恩格斯列宁斯大林著作编译局. 马克思恩格斯选集：第一卷［M］. 北京：人民出版社，2012：421.
③ 中共中央马克思恩格斯列宁斯大林著作编译局. 马克思恩格斯全集：第十七卷［M］. 北京：人民出版社，1963：366.
④ 中共中央马克思恩格斯列宁斯大林著作编译局. 马克思恩格斯选集：第三卷［M］. 北京：人民出版社，2012：812.

的自身规律比法制更有力量，只有遵循经济规律，无产阶级法制才能充分发挥其经济职能，才能促进经济发展。

纵览1848年以后马克思恩格斯法制思想的发展，可以发现巴黎公社是一个重要节点。在此之前，马克思恩格斯侧重于继续批判资产阶级法制；在此之后，他们注重总结巴黎公社经验，探寻无产阶级法制建设路径。实际上，整个马克思恩格斯法制思想的发展过程，就是马克思恩格斯对资产阶级法制的批判和对无产阶级法制的建构过程。批判性是马克思恩格斯法制思想的一个显著特点。正是在批判资产阶级法制的过程中，马克思恩格斯阐述了自己的法制思想。批判资产阶级法制的目的，在于指导无产阶级革命，建立无产阶级法制，以此保障革命的胜利成果。马克思恩格斯在批判资产阶级法制的基础上，提出了无产阶级法制的建设要求，指明了无产阶级法制建立的基础、途径及其职能。

四、现实启示

马克思恩格斯法制思想作为科学社会主义的重要内容，是指引人们走向美好未来的强大武器。在这里，有必要就法制与法治这两个密切相关的概念作一简要说明。法制是一个国家或地区的法律及其相关制度所构成的体系。法治是一种贯彻法律至上、严格依法办事的治国方式、社会准则和价值追求，也是在法律被普遍遵守基础上以法律来规范社会秩序、保障人的权利而形成的一种社会状态。法制是法治的基础。缺乏健全的法律体系和与之相适应的完善的制度体系，法治将无所依凭，难以落到实处。法治是法制的导向。偏离法治方向，法制就难以充分发挥积极作用，甚至沦为人治、专制的工具。法制与法治是历史性概念，其内涵会随社会实践的发展而变化，不同时期在概念的使用和实践上也有所侧重，有一个从注重法律及其相关制度的健全转向注重法律运用、强调依法办事的过程。尽管马克思恩格斯著作中更多使用"法制"概念，中华人民共和国成立至改革开放之初也更多使用"法制"概念，但并不能抹杀其中包含着的"法治"意蕴，尤其是对良法善治的追求。实际上，就我国而言，社会主义法制建设和建设社会主义法治国家，在本质上具有一致性，都是为了保证人民当家作主。在马克思恩格斯法制思想指导下，中国特色社会主义法律体系日益完善，法治政府建设稳步推进，司法体制改革不断深化，全社会法治观念明显增强，全面依法治国取得历史性成就。中国特色社会主义进入新时代，对法治建设提出更高要求，唯有深刻汲取马克思恩格斯法制思想的精髓，不断推进法治建设，才能不断满足人民对民主法治的追求。

第一，加强中国特色社会主义法治的领导核心建设。法制是阶级的产物，具有鲜明的阶级特征。马克思指出:"社会上占统治地位的那部分人的利益,总是要把现状作为法律加以神圣化。"① 社会主义法制是包括工人阶级在内的全体人民的法制。中国共产党是中国工人阶级的先锋队,同时是中国人民和中华民族的先锋队,是中国特色社会主义事业的领导核心,当然也是中国特色社会主义法治建设的领导核心。实际上,我国的现行法律及其相应制度也正是在中国共产党领导下建立的。90多年来,我们党团结带领全国各族人民,取得革命、建设、改革的伟大成就,推进法治理论创新,完善中国特色社会主义法治体系,开启法治中国新时代,有力保障人民权利、促进社会进步。随着世情、国情、党情的变化,中国共产党所处的执政环境、肩负的历史使命发生深刻变化。同时,我们党的自身建设也面临一系列新情况新问题新挑战。因此,我们党不仅要以法治来保障人民利益的实现和发展,巩固社会主义政权,而且要以法治确保马克思主义政党的先进性、纯洁性,坚持依法执政、依法治党。党的十九大报告强调:"增强依法执政本领,加快形成覆盖党的领导和党的建设各方面的党内法规制度体系。"② 这就要求党自身的建设要依法进行,要求党的各级组织和党员应当按照法律法规规定的范围、程序尽职履责。这就要求我们党必须在法治语境下加强对自身权力的制约监督,坚持用制度管权管事管人,把权力关进制度的笼子,通过率先垂范推动法治中国建设。

第二,坚守中国特色社会主义法治的人民主体价值。虽然马克思恩格斯认为法制是阶级社会的产物,是维护阶级统治的工具,但是,马克思恩格斯法制思想并不以指导一个阶级法制取代另一个阶级法制为目的,而在于消灭阶级本身、消灭法制本身,最终实现共产主义、实现人的全面而自由发展。这是马克思恩格斯法制思想与非马克思主义法制思想的显著区别。马克思恩格斯法制思想以促进人的全面而自由发展为价值取向,这对中国特色社会主义法治建设提出了明确要求。这就要求我国的各项法律,以及立法、执法、司法和法律监督的所有活动,都应当以促进人的全面而自由发展为价值追求,反映人民真实意愿,获得人民真心拥护,实现良法善治。这就要求全面有效地保障人民权利,明确规定并充分保护人民在政治、经济、文化和社会生活等方面享有的权利,为人们追求全面而自由发展奠定坚实的法治基础。概言之,坚持法治的人民主体价值,就是把实现、维护、发展最广大人民的根本利益作为法治建设的目的,

---

① 中共中央马克思恩格斯列宁斯大林著作编译局. 马克思恩格斯文集:第七卷 [M]. 北京:人民出版社,2009:896.
② 习近平. 决胜全面建成小康社会 夺取新时代中国特色社会主义伟大胜利:在中国共产党第十九次全国代表大会上的报告 [M]. 北京:人民出版社,2017:68.

以法治来保障人民的权利和自由，增进人民福祉。一方面，"要把体现人民利益、反映人民愿望、维护人民权益、增进人民福祉落实到依法治国全过程，使法律及其实施充分体现人民意志"，使人民成为"法"的主体。另一方面，"要保证人民在党的领导下，依照法律规定，通过各种途径和形式管理国家事务，管理经济和文化事业，管理社会事务"①，使人民成为"治"的主体。

第三，把握中国特色社会主义法治的公平正义生命线。马克思恩格斯法制思想形成发展的全过程，体现着马克思恩格斯对理想社会的不懈追求。马克思恩格斯认为，人类将走向共产主义社会。共产主义社会是理想社会、和谐社会。社会主义作为共产主义的一个阶段，尽管带有脱胎而来的旧社会痕迹，但其建立在生产资料公有制基础之上，劳动者是生产资料的主人，是社会的主人。因此，社会主义社会应当比以往任何社会都更加公平正义。社会主义中国也正是在推翻不公平不正义的旧社会的基础上建立起来的，公平正义是其内在要求。当下，人民的美好生活需要日益增长，向往更优质的教育，期盼更广阔的发展空间，期望更有力的社会保障，期待更美好的生态环境。这些向往和追求本质上是对获得公平发展权利、共享发展成果的冀求。只有通过科学的制度安排，对有限的社会资源进行合理分配，有效调节利益关系，化解矛盾冲突，才能维护社会公平正义。社会主义制度具有公平正义属性，但并不意味着社会主义社会的一切都是公平正义的。因此，我们必须加强制度建设，创新体制机制，以公平正义的制度来保证社会的公平正义。人民当家作主的基本政治制度，以及民主权利保障制度、法律制度、司法体制等，都是法治建设的一部分。加强中国特色社会主义法治建设，维护社会公平正义，必须坚持科学立法、民主立法，完善法律法规；必须加快法治政府建设，全面推进依法行政；必须推进司法体制改革，建设公正、高效、权威的社会主义司法制度；必须拓展和规范法律服务，加强和改进法律援助；必须树立社会主义法制权威，提高全社会法治意识。

第四，夯实中国特色社会主义法治的经济基础。马克思恩格斯认为，作为上层建筑的一部分，法制由经济基础决定并反作用于经济基础，具有影响经济关系的特殊能力。恩格斯指出："经济运动会为自己开辟道路，但是它也必定要经受它自己所确立的并且具有相对独立性的政治运动的反作用。"② 经过多年的发展，我国社会主义市场经济体制不断完善，但也存在市场秩序不规范、生产

---

① 习近平. 习近平谈治国理政：第二卷［M］. 北京：外文出版社，2017：115.
② 中共中央马克思恩格斯列宁斯大林著作编译局. 马克思恩格斯选集：第四卷［M］. 北京：人民出版社，2012：609.

要素市场发展滞后、市场规则不统一、市场竞争不充分等问题。这些问题不解决，转变发展方式、优化经济结构、建设现代化经济体系就难以推进。破解上述问题的关键在于处理好政府和市场的关系，在资源配置中发挥市场决定性作用。同时，必须更好发挥政府作用，实施科学的宏观调控，维护市场秩序，推动可持续发展，促进共同富裕。社会主义市场经济本质上是法治经济。好的法治环境是市场有序竞争和政府规范行为的保障。处理好政府和市场的关系，必须有效运用法治手段厘清政府和市场的界限，规范政府行为和市场主体行为，既突出社会主义制度属性，又遵循市场经济发展规律，使"看得见的手"和"看不见的手"各安其位、各司其职、各尽所能，协调互促、共同发力，推动经济社会持续健康发展。

（作者时任重庆市中国特色社会主义理论体系研究中心重庆邮电大学分中心研究员；本文刊载于《马克思主义研究》2019年7月15日第7期）

第二篇　价值引领

中国精神的时代精华

代金平

习近平新时代中国特色社会主义思想是立足时代之基、回答时代之问的科学理论,最为集中而深刻地体现了当代中国马克思主义的理论意蕴和思想力量,最为集中而深刻地彰显了中国精神独特的文化传统与民族风范,也最为集中而深刻地展现了中国共产党人崇高的理想信念与价值追求,是中国精神的时代精华,是国家政治生活和社会生活的根本指针。

回应时代要求,开启中华民族伟大复兴新征程

实现中华民族伟大复兴,是中华民族近代以来最伟大的梦想。习近平总书记提出的中华民族伟大复兴的中国梦,以国家富强、民族振兴、人民幸福为核心内涵,把国家的追求、民族的向往、人民的期盼融为一体,体现了中华民族和中国人民的整体利益,表达了每一个中华儿女的共同愿景。

习近平新时代中国特色社会主义思想围绕中国梦这个重要主题,深刻阐述民族复兴的基本内涵,深刻揭示我们在民族复兴历史进程中所处的方位,科学规划民族复兴的实现路径、战略步骤,是引领民族复兴的总纲领,开启了中华民族伟大复兴的新征程。

中国特色社会主义事业诸领域、各方面与全过程都紧紧围绕国家富强、民族振兴、人民幸福的目标精进展开,让中华民族以更加自信的姿态屹立于世界民族之林。

把握时代特征,科学揭示"三大规律"

习近平新时代中国特色社会主义思想深刻把握时代特征,以全新的视野深化了对中国共产党执政规律、社会主义建设规律、人类社会发展规律的认识,既是科学理论,又是行动指南,具有鲜明的时代性和科学性。

科学揭示中国共产党执政规律。"中国特色社会主义最本质的特征是中国共产党领导，中国特色社会主义制度的最大优势是中国共产党领导，党是最高政治领导力量。"① 从对党的地位作用和历史使命这一重大战略判断出发，党的十八大以来，以习近平同志为核心的党中央全面加强党的领导和党的建设，坚定不移推进全面从严治党，全面推进党的政治建设、思想建设、组织建设、作风建设、纪律建设，把制度建设贯穿其中，管党治党成效显著，党心民心凝聚，执政环境持续改善，执政资源不断优化，为开创中国特色社会主义事业新局面提供了重要保证。习近平新时代中国特色社会主义思想深化了对共产党执政规律的认识，也进一步深化了马克思主义执政党建设理论。

科学揭示社会主义建设规律。习近平新时代中国特色社会主义思想深刻阐述了新时代坚持和发展中国特色社会主义的总目标、总任务、总体布局、战略布局和发展方向、发展方式、发展动力、战略步骤、外部条件、政治保证等基本问题，并做出了系统的回答，从理论和实践相结合的角度科学揭示中国特色社会主义在新的时代条件、新的发展阶段、新的历史方位的建设规律。"八个明确"深刻揭示习近平新时代中国特色社会主义思想的基本内涵与核心要义，从理论渊源、历史根据、本质特征、独特优势等多角度，深刻回答"新时代坚持和发展什么样的中国特色社会主义"这个重大的理论问题；"十四个坚持"从实践的路径、方略、步骤等方面深刻回答"新时代怎样坚持和发展中国特色社会主义"这个问题，对中国特色社会主义事业各方面进行具体谋划，为实现"两个一百年"奋斗目标、实现中华民族伟大复兴的中国梦提供了行动指南。

科学揭示人类社会发展规律。习近平新时代中国特色社会主义思想坚持国家治理观与全球治理观的统一，鲜明提出人类命运共同体理念。这一重要理念，集中体现了当代中国共产党人对人类社会发展方向和道路作出的新思考、新探索。它突破"自我中心"和"单极意识"，以共同发展为追求，兼顾不同的利益，包容不同的价值，是对人类社会发展历史经验教训的深刻总结、对人类社会发展规律的深刻把握以及对人类社会发展趋势的深刻体认，是马克思主义世界历史理论和国际战略理论的当代诠释，为人类的共同发展指明了前进方向。

立足时代问题，确立当代中国发展的方法论

科学的思维方法是习近平新时代中国特色社会主义思想的鲜明特色。习近平新时代中国特色社会主义思想体现了战略思维、历史思维、辩证思维、创新

---

① 习近平. 决胜全面建成小康社会 夺取新时代中国特色社会主义伟大胜利：在中国共产党第十九次全国代表大会上的报告［M］. 北京：人民出版社，2017：20.

思维、底线思维等科学的思想方法和工作方法,彰显了中国共产党自觉运用马克思主义科学方法论分析和解决现实问题的能力。

战略思维是管总的,管长远的,管根本的,是唯物辩证法矛盾规律的具体运用。习近平新时代中国特色社会主义思想,立意高远、内涵丰富,贯穿着深邃而高远的战略思维,为中华民族复兴擘画出气象恢宏的发展蓝图。历史是最好的教科书,历史思维是唯物史观的根本要求。习近平新时代中国特色社会主义思想坚持运用历史唯物主义分析社会现实,把握发展规律,深刻揭示社会主义发展的历史逻辑,科学回答坚持走中国特色社会主义道路的历史必然性,准确定位中国特色社会主义的历史方位,彰显了共产党人深厚的历史修养、深邃的历史眼光、深沉的历史智慧。辩证思维是反映和符合客观事物辩证发展过程及其规律性的思维,习近平新时代中国特色社会主义思想是坚持和运用辩证思维的典范,处处体现着"整体"与"部分"、"变"与"不变"、"两点论"与"重点论"的辩证统一。创新是引领发展的第一动力,是建设现代化经济体系的战略支撑。创新思维彰显中国共产党人实事求是、与时俱进的理论品格,为我国经济社会发展不断注入新活力。底线思维强调居安思危、知危图安,积极进取,赢得主动,是唯物辩证法质量互变规律在实践中的具体运用。底线思维警醒我们要时刻注意把握事物的度与量,关注事物微小、连续的变化有可能引起事物根本的质变,尤其是突变。"五大思维"源于马克思主义唯物辩证法,又吸取了中国传统哲学智慧,是我们认识与改造世界、探究事物本质和规律的制胜法宝,也是正确认识和解决当今中国现实问题、指导当代中国前进发展的强大思想武器。

(作者系重庆市中国特色社会主义理论体系研究中心研究员;本文刊载于《光明日报》2018年10月16日第06版)

增强思政教育"微力量"

王 睿

在 2016 年 12 月召开的全国高校思想政治工作会议上，习近平总书记强调，要用好课堂教学这个主渠道，思想政治理论课要坚持在改进中加强，提升思想政治教育亲和力和针对性，满足学生成长发展需求和期待，其他各门课都要守好一段渠、种好责任田，使各类课程与思想政治理论课同向同行，形成协同效应。

随着新媒体技术的日益更新和数字技术的突飞猛进，互联网以无与伦比的巨大优势和强大的生命力成为当今最有影响力的信息载体和传播途径，影响着人们的思维方式和价值观念，成为撬动思想政治教育工作的有力杠杆。"微思政"顺应时代发展要求，呼应当代大学生特点而应时而生。

挖掘微思政的思想内涵

在"互联网+"驱动下，"微思政"是高校思政教育思路的拓展、理念的转变，对"大思政"格局的构建有重要的作用。如何利用网络传播碎片化特征着力落实思政教育成果，实现具体化和日常化？如何让"微思政"教育内容"接地气"，实现网络在学生学习、生活中融于细微、化于无形？如何使高校思想政治教育在网络意识形态领域争得话语权？探索新媒体时代下"微思政"教育模式有利于思政教育成果的落地，"挖掘"与"融合"无疑是"微思政"教育模式开展的重要方法和路径。

习近平总书记指出，做好高校思想政治工作，要因事而化、因时而进、因势而新。"微思政"是运用数字媒体技术与互联网资源，通过 QQ、微信等自媒体承载形式，以日常化、具体化的对话形式对大学生的价值观念、道德思想、人生态度等进行思想政治教育的模式。"微思政"主要有三个优势。第一，交互性。"微思政"借助互联网和新媒体进行互动与交流，体现"人人即媒体"，使思想政治教育实施者与被实施者之间实现了平等的交互式体验，学生由被动接受转变为主动表达。苏霍姆林斯基曾说过，道德准则，只有当它们被学生自己去追求、获得和亲自体验过的时候，只有当它们变成学生独立的个人信念的时候，才能真正成为学生的精神财富。第二，细微性。"微思政"的细微性主要体现在以朋友交心的方式含而不露地对学生思想道德、价值观念等的教育和引导，让思政教育更灵活、亲近、细腻。第三，渗透性。"微思政"是隐性教育，让受教育者在潜移默化中受到教育。教育者将思政教育成果以"碎片化"和"微言大义"的形式渗透到学生的学习和生活中去，实现"润物细无声"的教育目的。

同时，"微思政"教育离不开资源的积累。资源要丰富、立体，具有影响力、说服力、时代性、有效性。深入挖掘地方深厚文化底蕴中的思想政治教育资源，对学生价值导向、道德规范、文化滋养都有重要的作用。我国是多民族国家，历史悠久、文化丰富。依托地域特色，挖掘地域文化，将传统文化与社会主义先进文化相结合，可以成为社会主义核心价值观的组成部分，筑牢学生的思想阵地。

推动微思政的多重融合

美国《连线》杂志前任主编克里斯·安德森提出"长尾理论"，在新媒体时代极具实用性。如果把传统思政教育比作长尾理论模型中的"头部"，那么"微思政"可以看成是"长尾"。在新媒体技术的影响下，思政教育传播形式由单一化转变为多元化。多种传播形式的融合使得"微思政"长尾化传播更灵活、快速和立体。

高校开展"微思政"，依托的是多层次、全方位的综合教育平台。首先，可以在学校网站上建立一个思想政治学习专栏或者专建一个独立网站，用于学生的思想教育学习；其次，加强新媒体平台建设，高校"微思政"传播平台主要依赖于微信、微博等，对学校有关思政教育的微信和微博的关注有利于微平台建设；最后，思政教育学习APP及小程序的开发、监督、管理等也对"微思政"教学效果的反馈和教学内容的更新有重要作用。

微产品在形式上的融合，可以通过建立主题教育专题栏、经典著作库、网上展览馆、竞赛活动等方式全方位为学生服务。还可以微电影、微视频、动画等网络文化形式实现隐性的思政教育。微产品在内容上的融合，可以根据每个学校专业集群的定位，将中华民族传统文化与新时代相结合，融入习近平新时代中国特色社会主义思想的宣传教育中，这既是民族文化的继承，又是时代成果的展现。

必须强调的是，增强思政教育"微力量"是师生互动良好局面的有力保障。

学校要培养一支有力的工作队伍，将学校各级政工干部、思政老师、网络负责人员、学生党员等力量融合起来，发挥骨干带头作用；要深入学生的生活和学习，为学生提供大量的机会和空间，让学生积极主动地从自我教育、自我管理、自我服务等方面提升自己。

（作者系重庆市中国特色社会主义理论体系研究中心重庆邮电大学分中心特约研究员；本文刊载于《光明日报》2019年10月8日第14版）

思政教育要做好整体规划

仰义方

近期,在"大中小学思政课一体化建设"方面,各地有许多创新举措推出。例如,"广州市学校思想政治理论课协同创新中心"成立,意图破解传统思政教育中大中小学育人环节脱节、内容交叉重复等问题;南开大学马克思主义学院与天津市第二十中学签订思政课一体化共建协议;等等。

作为落实立德树人根本任务的关键课程,思政课在育人导向上没有年龄、学段的本质区别,各学段在育人目标上具有一致性、同向性,都是为学生立德成人、立志成才而服务。中共中央办公厅、国务院办公厅印发的《关于深化新时代学校思想政治理论课改革创新的若干意见》明确要求,"统筹大中小学思政课一体化建设","在大中小学循序渐进、螺旋上升地开设思政课"。

从现实情况看,目前大中小学思政课一体化建设总体格局尚未形成,思政课目标缺乏协同性、整体设计缺乏系统性、学段管理规划缺乏统筹性的问题客观存在。一是教学目标体系层次性不突出。当前,中小学思政课过于强调对知识的记忆和对分数的关注,容易忽视道德情感启蒙和政治素养养成;大学思政课重在政治理论和思想教育,容易忽视使命担当强化和自我价值实现。二是课程结构设置的整体性不明显,各学段思政课建设管理条块化、组织分离化,各学段各门课程分头设计,缺少统筹规划。三是教育教学内容的递进性不强,目前大中小学思政课内容存在倒挂、脱节、重复问题,不能适应所授学段学生的学习需求,而且教师常态交流互动的机制不完善,交流平台也很缺乏。

有鉴于此,我们应加紧按照要求,坚持系统思维、整体推进,从低到高、由浅入深,分层次、分阶段地安排教育内容,推进大中小学思政课建设有效衔接,形成育人合力,帮助"拔节孕穗期"青少年形成正确的价值判断体系。

要构建大中小学思政课一体化管理机制。如果不能在顶层设计上加强领导,就很难改变思政课管理条块化现状。要在思政课一体化建设层面做好制度设计和内容建设,在综合考虑各学段思政课育人一致性与学生身心发展差异性的基础上，科学制定教材建设规划，既要体现阶段性特征，又要适应连续性要求，建设好大中小学循序渐进、螺旋上升的思政课。

要在课程目标规划上做好学段设计与系统规划，明确各学段思政课建设目标。譬如，小学阶段道德情感启蒙、初中阶段思想基础打牢、高中阶段政治素养提升、大学阶段使命担当增强就是一组可参考的目标。在课程体系上，整合各类课程思想政治教育资源，在课程思政与思政课程建设中加强课程群建设，形成"必修课"加"选修课"课程体系。在课程内容建设上，遵循学生认知规律，体现递进性，涵盖研究生阶段的探究性学习、本专科阶段的理论性学习、高中阶段的常识性学习、初中阶段的体验性学习、小学阶段的启蒙性学习。

要推动大中小学思政课教师交流互动，搭建各学段思政课教师学习、交流的平台。一方面，可以考虑构建大中小学思政课教师一体化备课机制，加强思政课教师纵向备课，实行集体备课制度，发挥思政课建设强校和高水平思政课专家示范带动作用；另一方面，可以考虑充分运用信息技术搭建教师互动交流平台，发挥即时通信技术等优势，加强大中小学思政课教师合作，实现教学信息资源共享、提升思政教育协同意识。

（作者系重庆市中国特色社会主义理论体系研究中心重庆邮电大学分中心研究员；本文刊载于《光明日报》2019年12月6日第02版）

发挥好道德教化在立德树人实践中的作用

方海洋

习近平总书记关于"重视发挥道德教化作用"的重要论断,深刻阐明了道德教化对培育和践行社会主义核心价值观的重要作用。发挥好道德教化在立德树人实践中的作用,对新时代高校培养社会主义合格建设者和可靠接班人意义重大。

贯穿人才培养全过程是发挥好道德教化作用的必然要求

道德作为一种内化自省和外化自律的精神力量、行为准则,是人心灵塑造、品格培育、行为养成以及认识自我的责任义务,是处理人与人、人与自然、人与社会关系的基本价值标准。针对当前高校师生受到多样化理论思潮、逐利心理等各种因素影响,价值追求多元、思想行为多变等复杂情况,高校要围绕立德树人这个根本任务,创新道德教育的理念思路、内容形式、体制机制,构建符合社会变革规律、教育发展规律、人才成长规律且具有针对性、感染力的全过程道德教育新模式,将新时代的政治原则、理想信念、核心价值观与优秀传统道德文化有机结合,使之成为学生的思想品德、精神支柱、行为追求。

学生对道德文化的认同是发挥好道德教化作用的前提条件

学生正值世界观、人生观、价值观形成的关键时期,具有很强的认知可塑性、思想再造性,引导学生对道德文化认同,是发挥好道德教化作用的前提条件。

引导学生对道德文化历史地位的理论认同。新时代的道德文化,根植于中国社会的发展实践,具有鲜明的价值指向、目标指向和善恶指向。高校要引导学生对中国道德文化历史地位的理论认同,陶冶学生热爱中国道德文化的主体情怀,启迪学生养成中国道德文化的思维自觉,培养学生对自己德性修养以及是非曲直的自主辨别,加深学生对中国道德文化从历史到现实的深刻感悟。

引导学生对道德文化实践价值的规律认同。道德文化的发展遵从历史传统与时代要求的客观规律，体现着历史缘由与现实需求的逻辑统一。从古至今，道德文化在其自身发展的同时，对中华民族的历史进程起到了内化修心、外化修行的重要作用。当代大学生只有对道德文化发展规律、实践价值思深悟透并深刻认同，才能在历史纵览与现实体悟中，用道德的力量提升自己的精神境界、思想品质、人格修养、智慧能力。

引导学生对道德文化修心修行的思想认同。道德文化是影响人类灵魂的强大精神力量。高校要引导具有鲜明时代特点的大学生，将道德认知内化为道德认同，将道德认同升华为文化信仰、灵魂修养、行为习惯，不断坚定道德文化自信，实现自觉将道德文化从思想认同向修心修行的转变。

教师道德示范的自觉是发挥好道德教化作用的关键因素

习近平总书记强调："教师重要，就在于教师的工作是塑造灵魂、塑造生命、塑造人的工作。"[①] 作为知识传播者、思想启迪者、道德引领者、品格塑造者，教师的言行举止具有不可估量的示范和引导作用，对道德教化的成败至关重要。

不断提高教师言传身教的意识自觉。教师的道德水准，决定着整体教育的价值方向与质量。教师必须自觉践行"四有好老师"标准，用洋溢着道德芳香的心灵感染每一个正在成长的灵魂。

不断提高教师言传身教的行为自觉。筑牢"道德教育是教师的根本职责，道德示范是教师教书育人的重要构成"这一思想，自觉践行言传身教。意识上自觉暗示，牢记人民教师的光荣使命，明确"我是谁""为了谁""课堂上的我""生活中的我""学生中的我""教师中的我"等角色认知和职责坚守；情感上自觉施爱，真心关爱学生成长，真诚为学生排忧解难，真情投入教育事业，全心全意当好学生人生的引路人；行为上自觉约束，守牢"该干"与"不能干"的红色底线，以赋予德性的言语行为、学高身正的人格魅力、广博深厚的学识素养，滋养学生的心灵，以求"亲其师、信其道"的育人效果。

不断提高教师言传身教的审示自觉。教师的德性化言行源于对高尚道德的不断追求、对师德水平的不断审示。教师要反思自己的言传身教与道德教化效果的优劣，反思自己是否将良好的师德化为灵魂深处的精神力量，用良心良德公平对待每一个学生，形成教书育人的"头雁效应"，引领社会营造人人向学向

---

① 习近平. 做党和人民满意的好老师［N］. 人民日报，2014-09-10（2）.

善向德的良好风气,推动道德力量遍及千家万户。

加强党的领导是发挥好道德教化作用的根本保障

习近平总书记指出:"办好我国高等教育,必须坚持党的领导,牢牢掌握党对高校工作的领导权,使高校成为坚持党的领导的坚强阵地。党委要保证高校正确办学方向,掌握高校思想政治工作主导权,保证高校始终成为培养社会主义事业建设者和接班人的坚强阵地。"① 学校各级党组织要发挥党的领导核心作用,学深悟透习近平新时代中国特色社会主义思想,提高政治站位、强化责任担当、筑牢"四个意识"、坚定"四个自信",坚持正确的办学方向,组织各方力量,打造各部门各方面齐抓共管的道德教育新格局,通过加强党的领导,发挥好道德教化在立德树人实践中的重要作用。

(作者时任重庆邮电大学党委书记;本文刊载于《中国教育报》2018年4月10日第08版)

---

① 习近平. 习近平谈治国理政:第二卷[M]. 北京:外文出版社,2017:379.

不断推动思政课改革创新

郑 洁

通过完善教材体系、深化教学内容、创新教学方法、提高教师素质来推动思政课改革创新,不断增强思政课的思想性、理论性和亲和力、针对性,把思政课办得越来越好。

习近平总书记在学校思想政治理论课教师座谈会上指出,"推动思想政治理论课改革创新,要不断增强思政课的思想性、理论性和亲和力、针对性"①。这就明确提出了新时代推动思政课改革创新的新要求,为办好思政课作出了新部署,为加强思政课建设指明了前进方向、提供了重要遵循。

教学内容的改革创新。思政课的内容创新至关重要,要坚持"内容为王"的原则,努力在教学内容的改革创新上多下功夫。习近平总书记对推动思政课改革创新提出了"八个相统一"的新要求,其中第一个要求就是"要坚持政治性和学理性相统一,以透彻的学理分析回应学生,以彻底的思想理论说服学生,用真理的强大力量引导学生"②。在增强"学理性"这个问题上,要求思政课教学内容富有思想,着力增强教学内容的理论阐释力和现实说服力,切实做到用习近平新时代中国特色社会主义思想铸魂育人。为此,思政课教师要掌握马克思主义中国化的最新理论成果,对所讲授的教学内容有深刻的认识和透彻的把握,"用真理的力量感召学生,以深厚的理论功底赢得学生",引导学生树牢"四个意识",坚定"四个自信",培养德智体美劳全面发展的社会主义建设者和接班人。

---

① 习近平. 习近平主持召开学校思想政治理论课教师座谈会强调 用新时代中国特色社会主义思想铸魂育人 贯彻党的教育方针落实立德树人根本任务 [N]. 人民日报, 2019-03-19 (1).
② 习近平. 习近平主持召开学校思想政治理论课教师座谈会强调 用新时代中国特色社会主义思想铸魂育人 贯彻党的教育方针落实立德树人根本任务 [N]. 人民日报, 2019-03-19 (1).

教学方法的改革创新。遵循"沿用好办法、改进老办法、探索新办法"的原则，努力在教学方法的改革创新上多下功夫。近年来，各高校围绕"理论主课堂、实践大课堂、网络新课堂"的综合教学改革模式，不断探索各种行之有效的教学方法。一堂生动且富有感染力和亲和力的思政课，可以综合运用多种学生喜闻乐见且生动活泼的教学方法。在"信息无处不在、无所不及、无人不用"的全媒体时代，思政课教师要充分利用"报、网、端、微、屏"上的各种丰富的教育教学资源，推动思政课传统优势同现代信息技术的高度融合，并"通过生动、深入、具体的纵横比较，把一些道理讲明白、讲清楚"，变抽象的"基本原理"为具体的"生动道理"，实现课堂教学与课外活动的统一、传统课堂与网络课堂的统一、网上交流与网下互动的统一。各种行之有效的教学方法的综合运用，可以全面提升思政课教学的质量和水平，增强思政课的思想性和针对性，把思政课打造成"金课"。

教学形式的改革创新。思政课教师要以"政治强、情怀深、思维新、视野广、自律严、人格正"的授课能力要求和衡量标准，努力在教学形式的改革创新上多下功夫。按照"有虚有实、有棱有角、有情有义、有滋有味"的教学要求，既要执行教学中的"规定动作"，又要设计配套的"自选动作"。创新课堂教学形式，给学生深刻的学习体验，推动学生日常思想政治教育与思政课教学的深度融合，解决增强教学针对性和提高教学参与度的问题，使思政课真正"实"起来、"活"起来、"动"起来。习近平总书记指出，"要坚持理论性和实践性相统一，用科学理论培养人，重视思政课的实践性，把思政小课堂同社会大课堂结合起来。"[①] 学生学习思政课不限于课内，可以延伸到课外实践，通过组织多种生动活泼的实践活动，使学生在互动和参与中发现问题、分析问题、思考问题，在不断启发中水到渠成地得出结论。紧密结合思政课教学中的重点、难点、热点问题，围绕学生最关心、最直接、最现实的理论困惑和实践难题开展实践学习，引导学生扣好人生第一粒扣子、立鸿鹄志、做奋斗者。

教学话语的改革创新。思政课要创新话语体系，努力在教学话语的改革创新上多下功夫。大学生作为网络"原住民"，有其特有的话语风格、表达习惯和接受偏好，思政课教师要注意构建易于被学生接受的教学话语体系，用生动活泼的教学话语向学生讲清楚和讲透彻马克思主义理论。也就是说，要用"接地

[①] 习近平. 习近平主持召开学校思想政治理论课教师座谈会强调 用新时代中国特色社会主义思想铸魂育人 贯彻党的教育方针落实立德树人根本任务［N］. 人民日报，2019-03-19（1）.

气"的教学话语来阐明"高大上"的理论内容,把"有意义"的理论讲得"有意思",把"有价值"的事情做得更"接地气",给学生心灵埋下真善美的种子。为此,要求思政课教师围绕"突出重点、关注要点、化解难点、回应热点"的教学要求,掌握"大众话语""时代话语""生活话语",创新话语表达形式,把"教材语言"转化为"教学语言",用大学生喜闻乐见的话语风格开展教学,将党的创新理论用生动形象的话语融入教学中。在当前移动互联网时代,思政课教师要正确、合理、适度、恰当地使用网络语言,使教学话语贴近时代要求和学生需求,符合学生的语言风格和表达习惯。这样,思政课教学才更有亲和力,学生才更有获得感。

当前,深入贯彻落实习近平总书记在学校思想政治理论课教师座谈会上的重要讲话精神,就要理直气壮地开好思政课。通过完善教材体系、深化教学内容、创新教学方法、提高教师素质来推动思政课改革创新,不断增强思政课的思想性、理论性和亲和力、针对性,把思政课办得越来越好。

(作者系重庆市中国特色社会主义理论体系研究中心重庆邮电大学分中心研究员;本文刊载于《中国教育报》2019年4月4日第05版)

思政课教师要有坚定的马克思主义信仰

李 林

思政课教师作为青少年的思想引路人和信仰铸魂者,承担着引导青少年"扣好人生第一粒扣子"的重要责任,开展马克思主义信仰教育是思政课教师的神圣职责。

习近平总书记在学校思想政治理论课教师座谈会上发表的重要讲话,从党和国家事业发展的全局出发,全面系统地指出了办好建好思政课的重大意义、重大举措,指明了新时代思政课建设的前行方向。习近平总书记强调"办好思想政治理论课关键在教师"①,并对思政课教师提出"六点要求"。"让有信仰的人讲信仰"是对思政课教师的根本要求,具有强大的思想指导性和行动引领性,为新时代思政课教师讲好思政课提供了根本遵循。

马克思主义信仰是思政课教师鲜明的政治底色。信仰是精神之魂,决定着人们的行为方式和价值取向,在价值体系中居于最高地位、具有统摄作用。马克思主义揭示了人类社会发展规律,论证了社会主义代替资本主义的历史必然性,指明了工人阶级和劳动人民实现解放的道路,是人们认识世界和改造世界的科学指南。马克思主义作为一个内在统一、完整系统的科学理论体系,明确了社会主义的价值目标,指明了社会主义的实现道路,为无产阶级政党提供了科学的世界观和方法论,体现了科学性与革命性的统一、真理性与价值性的统一,具有强大的生命力,是我们党的思想理论基础。人无信仰不立,国无信仰不兴,教无信仰不强。有信仰的国家需要有信仰的教育,有信仰的教育需要有信仰的教师。思政课教师直接面对"拔节孕穗期"的青少年群体,肩负育人育心、立德铸魂的重任,是马克思主义理论和党的路线、方针、政策的忠实宣讲

---

① 习近平. 习近平主持召开学校思想政治理论课教师座谈会强调 用新时代中国特色社会主义思想铸魂育人 贯彻党的教育方针落实立德树人根本任务[N]. 人民日报,2019-03-19(1).

者。坚守马克思主义信仰是思政课教师最基本最重要的政治素养，是思政课教师最高最大的"德"。思政课教师只有坚定马克思主义信仰，才能在多元价值观面前不被错误言论所左右，在大是大非面前保持政治定力，做到政治信仰不变色、政治立场不动摇、政治方向不偏移，才能确保中国特色社会主义教育的根本性质不动摇，才能真正肩负起培养担当民族复兴大任的时代新人的历史使命。

马克思主义信仰教育是思政课教师的神圣职责。培养什么人、怎样培养人、为谁培养人是教育的根本问题。办好思想政治理论课，必须首先解决好这个根本问题。我们的教育是中国特色社会主义教育，必须坚持社会主义办学方向，落实立德树人根本任务，坚持教育为人民服务、为中国共产党治国理政服务、为巩固和发展中国特色社会主义制度服务、为改革开放和社会主义现代化建设服务、为培养德智体美劳全面发展的社会主义建设者和接班人服务。思想政治理论课是落实立德树人根本任务的关键课程，办好中国特色社会主义教育，就要理直气壮开好思想政治理论课。思想政治理论课是一门有信仰的课程，具有鲜明的意识形态功能和政治导向性。思政课教师作为青少年思想引路人和信仰铸魂者，承担着引导青少年"扣好人生第一粒扣子"的重要责任，开展马克思主义信仰教育是思政课教师的神圣职责。必须把马克思主义信仰教育融入立德树人全过程和各方面，用习近平新时代中国特色社会主义思想铸魂育人，以科学的信仰感召学生，用科学的理论武装学生，帮助学生树立共产主义远大理想和中国特色社会主义共同理想，挺起中国人的精神脊梁，引导学生增强中国特色社会主义道路自信、理论自信、制度自信、文化自信，厚植爱国主义情怀，把爱国情、强国志、报国行自觉融入坚持和发展中国特色社会主义事业、建设社会主义现代化强国、实现中华民族伟大复兴的奋斗之中。

知行合一是思政课教师基本的政治修为。信仰是具体的，不是抽象的概念。思政课教师肩负的神圣职责和光荣使命，要求其必须做到对马克思主义理论的真学真懂真信真用，真正做到学深悟透、融会贯通、真信笃行。坚持做知行合一的示范者，从信仰上弄通，从行动上做实，做到心中有信仰，脚下有力量。第一，解决真学的问题，就是要求思政课教师怀揣赤诚之心，坚持全面学习与重点学习相结合，原汁原味地学习马克思主义理论，精读马克思主义经典著作，学透中国化马克思主义理论成果特别是习近平新时代中国特色社会主义思想，全面掌握马克思主义理论的精神实质，掌握马克思主义的立场、观点和方法。第二，解决真懂的问题，就是要求思政课教师努力成为研究马克思主义的行家里手，深刻领会、准确把握马克思主义的基本内容和精髓，真正做到"说得清""问不倒""难不倒"。以深厚的理论功底赢得学生，自觉做为学治学的表率。

第三，解决真信的问题，就是要求思政课教师把马克思主义作为自己的指导思想和行动指南，坚决捍卫马克思主义的真理性和科学性，坚决反对各种歪曲、篡改、否定马克思主义的错误思想。坚信中国特色社会主义是科学社会主义理论逻辑和中国社会发展历史逻辑的辩证统一，是当代中国发展进步的根本方向，是全面建成小康社会、全面建成社会主义现代化强国、实现中华民族伟大复兴的必由之路。第四，解决真用的问题，就是要求思政课教师理直气壮地讲好思政课，传播马克思主义的真理力量，坚持以理服人、以德感人，以透彻的学理分析回应学生，以彻底的思想理论说服学生，以真理的强大力量引导学生，帮助学生克服理想淡化、信仰缺失等问题，切实提高思政课教学实效，全面做好立德树人工作。

（作者时任重庆邮电大学党委副书记、校长，重庆市中国特色社会主义理论体系研究中心重庆邮电大学分中心特约研究员，现任重庆邮电大学党委书记；本文刊载于《重庆日报》2019年3月28日第09版）

以正确舆论导向为时代新人"立心铸魂"

罗 静

在媒介高度发达的社会,为时代新人"立心铸魂",引领时代新人扣好人生第一粒"扣子",必须充分发挥党的新闻舆论的主流引领作用。

青年兴则国家兴,青年强则国家强。在省部级主要领导干部坚持底线思维着力防范化解重大风险专题研讨班开班式上,习近平总书记再次强调"要高度重视对青年一代的思想政治工作"[①]。培养担当民族复兴大任的时代新人,既是教育的根本任务,又是宣传思想工作的重要使命。在全媒体时代,做好新形势下思想政治工作,必须更加重视、着力加强、积极发挥党的主流舆论对青年的引导力,以正确舆论导向为时代新人"立心铸魂"。

提升党的新闻舆论对青年的引导力是全媒体时代提出的新课题。青年是中华民族伟大复兴的生力军。在媒介高度发达的今天,在"信息无处不在、无所不及、无人不用"的全媒体时代,对青年的正确教育引导,自然离不开媒介的支撑。从人类社会最原始的口语媒介到印刷媒介、电子媒介,再到以"两微一端"、AI新闻主播等为代表的各式新媒介,在人类发展历程中,随着具有划时代意义的媒介技术和媒介形态的不断发明和普及,媒介已经构建起当今社会的整体场域,对"人的尺度"的改变不断加速,在人类社会中发挥着越来越重要的作用。青年作为思想最活跃、行动最积极、最具蓬勃朝气的群体,历来是各类媒介的先行者、实践者、拥趸,因此也更容易受到新闻舆论的影响。新闻舆论深刻地影响着他们认识和看待社会的角度、尺度、深度,进而改变青年的理想信念、道德观念和价值理念。在媒介高度发达的社会,为时代新人"立心铸魂",引领时代新人扣好人生第一粒"扣子",必须充分发挥党的新闻舆论的主

---

① 习近平. 习近平在省部级主要领导干部坚持底线思维着力防范化解重大风险研讨班开班式上发表重要讲话强调 提高防控能力着力防范化解重大风险 保持经济持续健康发展 社会大局稳定[N]. 光明日报,2019-01-22(1).

流引领作用。

提升党的新闻舆论对青年的引导力首要是提升到达率。人类进入19世纪以来，媒介形态以前所未有的速度进行迭代。每一次媒介形态的变革，都使得舆论生态、媒体格局、传播方式出现重大变化，使得身处这一场域中的青年的信息渠道、思想观念、行为方式受到冲击。纵观整个人类媒介技术发展史，可以清晰地看到，这种变革的速度将越来越快、影响也将越来越深刻，特别是随着大数据、人工智能时代的到来，新一轮科技革命正在推动着传播格局深刻变革。当下，新新媒介时代呈现出信息传播来源多元化、信息传播文本零碎化、信息传播反馈异质化特征，无论是传统主流媒体的新闻生产活动，还是高校思想政治工作，都不同程度地受到新新媒介的影响。在技术赋权下的"众声喧哗"中，网络舆论对青年的引导客观存在着"回音室"效应、信息茧房化等现象，进而导致主流舆论在青年中到达率不足等问题的出现。要提升党的新闻舆论对青年的引导力，必须抓住互联网这个最大变量，抓住青年这个最多变化的传播群体，加强对青年使用媒体偏好、表达方式、话语体系的研究，加大力度创新传播格局、传播渠道、传播手段、传播方式，充分利用新媒介技术构建全媒体传播格局，推动个性化制作、可视化呈现、互动化传播，创新新闻产品的呈现方式和传播方式，实现对青年传播的全方位覆盖、全天候延伸、多领域拓展，将广大青年纳入主流舆论"同心圆"。

提升党的新闻舆论对青年的引导力关键在于提升贴近性。"道不可坐论，德不能空谈。"提升党的新闻舆论对青年的引导力，提升主流舆论的到达率，必须有源源不断的鲜活内容，特别是符合青年群体的个性化内容为支撑。一段时间以来，对青年的舆论引导存在着"两个舆论场"问题，一些主流媒体由于传播内容往往过于"高大上"，对青年缺乏磁场吸引力，造成青年对主流舆论"兴致缺缺""敬而远之"。提升党的新闻舆论对青年的引导力，要着力加强话语方式创新，提升党的新闻舆论对青年的贴近性。具体来说，宣传思想工作者和教育工作者要立足全媒体时代大势，深入青年群体中，调查了解青年所思、所想、所惑、所需，关注青年思想特点、行为特征、现实关切，把准青年群体脉搏，真正推出一批契合青年时代关注、符合青年话语体系、贴近青年现实生活、引领青年发展进步的，有思想、有温度、有品质的精品力作，以精品推动"两个舆论场"的融合。

提升党的新闻舆论对青年的引导力必须坚持正确导向。党的十八大以来，面对意识形态领域一度被动的局面，我们党旗帜鲜明地提出宣传思想工作"两个巩固"的根本任务，并推动正本清源取得重大成效。在守正创新这个新的历史起点上，培育担当民族复兴大任的时代新人，必须一如既往地坚持正确舆论导向，这是做好党的新闻舆论工作，建设具有强大凝聚力和引领力的社会主义意识形态的重要前提。特别是对青年来说，他们受到的外来影响更加广泛、人生目标更加多样、价值追求更加多元、思想行为更加多变，在对他们的新闻舆论引导中，必须旗帜鲜明地坚持正确政治方向，加强思想引领，加强马克思主义宣传教育；必须立场坚定地批驳谬误，旗帜鲜明地坚持真理，坚持破立并举、敢于亮剑，确保以正确导向坚定青年对马克思主义的信仰、对社会主义和共产主义的信念，推动和促进青年在理想信念、价值理念、道德观念上始终紧紧和党团结在一起。

（作者单位：重庆市中国特色社会主义理论体系研究中心重庆邮电大学分中心、重庆邮电大学党委宣传部；本文刊载于《重庆日报》2019年3月20日第07版）

思政课教师要做有情怀的引路人

谈 娅

在学校思想政治理论课教师座谈会上,习近平总书记从党和国家事业发展的全局出发,深刻阐述了办好思政课的重大意义,深入分析了思政课教师在人才培养中的关键作用,并对思政课教师提出了六项要求,其中第二项要求就是"情怀要深"。思政课教师肩负着立德树人的重要使命,理应做一名有温度、有情怀的引路人。

思想政治理论课教师应该具有深沉的家国情怀

习近平总书记指出,思政课教师"情怀要深,保持家国情怀,心里装着国家和民族,在党和人民的伟大实践中关注时代、关注社会,汲取养分、丰富思想"①。所谓"家国情怀",是个人对家国的一种认同和深厚感情,并深植于个人的内心。思政课教师更应理解家国一体、命运与共的深刻道理。新时代,思政课教师承担着培养一代又一代拥护中国共产党领导和我国社会主义制度、立志为中国特色社会主义事业奋斗终生的有用人才的重要职责。这就要求思政课教师要在厚植学生爱国主义情怀上下功夫。要做到这一点,思政课教师自身就必须有深厚的家国情怀,要有对国家和民族的浓浓之情、拳拳之心。"为什么我的眼里常含泪水,因为我对这土地爱得深沉!"只有心中涌动着激情,才能其言谆谆、其意切切,才能让学生眼里泛起泪花、血管奔腾热血,才能激发起学生的爱国情、强国志、报国行。同时,思政课教师只有胸怀祖国,才能在党和人民的伟大实践中丰富思想。因此,思政课教师既要博览群书,又要观照现实;既要潜心问道,又要关注社会、关注时代,在"大社会"中为"小课堂"储备营养。只有这样,才能培养学生以天下为己任、与国家民族休戚与共的责任感和使命感,使之自觉把个人的理想追求融入国家和民族的伟大事业之中。

---

① 习近平. 思政课是落实立德树人根本任务的关键课程 [J]. 求是,2020 (17):4-16.

思想政治理论课教师应该具有深刻的马克思主义理论情怀

"让有信仰的人讲信仰。"信仰是建立在内心的情感认同基础之上的。马克思主义始终是我们党和国家的指导思想,是我们认识世界、把握规律、追求真理、改造世界的强大思想武器。中国共产党坚持把马克思主义基本原理同中国革命、建设和改革的具体实践结合起来,形成了中国化的马克思主义,从而改变了中华民族的命运,改变了中国的面貌,让近代以来久经磨难的中华民族实现了从站起来、富起来到强起来的历史性飞跃。实践证明,马克思主义的命运早已同中国共产党的命运、中国人民的命运和中华民族的命运紧紧连在一起。思想政治理论课是传播马克思主义理论的主渠道。思政课教师只有充分认识到马克思主义理论的重要性,不断汲取马克思主义的科学智慧和理论力量,实现"理性"与"情感"的高度统一,才能真正学懂弄通马克思主义理论,让信仰传递得更准更快更深;才会改变"内容僵硬、语言生硬、气氛冷硬"的教学过程,真正做到以透彻的学理分析回应学生、以彻底的思想理论说服学生、用真理的强大力量引导学生。

思想政治理论课教师应该具有深厚的爱岗敬业情怀

思想政治理论课是落实立德树人根本任务的关键课程。我们办中国特色社会主义教育,就是要理直气壮开好思政课。思政课作用不可替代,思政课教师队伍责任重大。青少年阶段是人生的"拔节孕穗期",思政课教师作为青少年的思想引路人和信仰铸魂者,承担着引导青少年"扣好人生第一粒扣子"的重要责任。思政课教师不仅要传播知识,还要传播思想、传播真理,不仅要做传道授业解惑的教书匠,而且要做以身作则、率先垂范的人类灵魂工程师,其责任重大,其使命神圣。为此,思政课教师不能仅仅把所从事的工作看成是一种职业,当作是谋生的手段,而应该正确认识到自己所承担的光荣历史使命,树立起"培养担当民族复兴大任的时代新人"的责任意识,真心热爱自己的岗位,脚踏实地、兢兢业业,高标准严格要求自己。只有这样,才会在备课过程中精研细磨、一丝不苟,在讲课过程中声情并茂、旁征博引,在解答问题过程中不厌其烦、耐心细致,在陪伴学生成长过程中夜以继日、乐此不疲。

(作者单位:重庆市中国特色社会主义理论体系研究中心重庆邮电大学分中心;本文刊载于《重庆日报》2019年4月4日第08版)

加强网络思想政治教育的四个着力点

张亚丹

当前,舆论生态、媒体格局、传播方式的深刻变化对主流媒体的发展提出重大课题,也对网络思想政治教育提出了更高的要求。网络思想政治教育是互联网与思想政治教育的深度融合,主要体现在互联网技术和互联网思维与思想政治教育的目标、载体、内容和方法等要素的紧密结合。只有坚持导向为魂、移动优先、内容为王、创新为要,坚定正确政治导向,发挥平台优势,重构教育内容,创新教学方法,才能充分发挥网络思想政治教育的重要作用,落实好立德树人根本任务。

坚持导向为魂,全力凝聚主流价值。网络空间已经成为各类社会思潮的竞技场和多元价值观的集散地,其中不乏消极、负面、错误的信息,对社会主流意识造成了影响。网络思想政治教育的场域虽有别于传统思想政治教育,但是其教育目标是一致的。在全媒体时代,除了主流媒体要守土尽责,网络思想政治教育更应发挥价值导向、目标导向和行为导向的作用,以社会主义核心价值观凝聚全社会共识,巩固共同思想基础。网络思想政治教育要发挥导向作用,一方面,教育者要敢于发声,勇于亮剑,及时充分利用课堂、微博、微信、微课等方式,与错误言论和思想正面交锋,以正视听。另一方面,网络思想政治教育要因势利导,抓住"痛点",回应受教育者成长发展的需要,把有意义的事情变得有意思,让有意思的事情变得有意义。

坚持移动优先,有机融合教育资源和平台。当前,各种网络平台在流量思维、极致思维、用户思维等互联网思维的激发下,在内容和形式上推陈出新,吸引大众的关注。但是"眼球经济"背后却夹杂着谣言、炒作和低级趣味,成为网络思想政治教育的杂音。人在哪儿,宣传思想工作的重点就在哪儿,网络思想政治教育的阵地也应该在哪儿。首先,网络思想政治教育要融合各种屏幕和平台的优势,特别是移动传播平台的优势,让更多的社会机构和平台参与到思想政治教育的建设中来。其次,主流媒体、相关热门网络平台等都应该成为思想政治教育的重要力量，弘扬正能量，为新时代发声，成为网络思想政治教育的"扩音器"。再次，网络思想政治教育要继续加强主阵地建设，红色网站、"三微一端"、精品课程等都要坚持专业和技术相结合，观点准确、更新及时，使之真正发挥主阵地的功能。最后，网络思想政治教育要加强与各种平台的合作和共享。思想政治教育平台要加强与咨询查询、就业招聘、选课缴费等受教育者密切相关网站的互联互通和内容嵌入，增强"粉丝黏性"；教育主管部门也应促进各种平台的数据共享，打造思想政治教育"云平台"。

坚持内容为王，让教育内容既有思想性又有趣味性。获取信息不等同于学懂知识，学懂知识不等同于掌握真理，掌握真理也不等同于提升能力。在"信息无处不在、无所不及、无人不用"的全媒体时代，缺乏的不是信息，而是系统性的知识、科学性的真理和实践性的能力。网络信息的碎片化和教育内容的系统化是网络思想政治教育的突出矛盾。网络思想政治教育应充分利用全媒体时代的信息素材，对各种媒体上的信息碎片进行创造性重构，使之与思想政治教育的内容体系相融共生，发挥"整体大于部分之和"的效能。创造性重构不仅是将教育内容的体系进行拼接和还原，还需要注重搭配组合、话语体系和呈现方式。网络为我们提供了丰富鲜活的素材，要想让思想政治教育成为精神大餐，既营养又美味，还需要从"配方""工艺""包装"上入手，让教育内容既有思想性又有趣味性。

坚持创新为要，将先进技术融入教育实践。网络思想政治教育要善于运用先进技术，将云计算、物联网、人工智能、大数据等最新信息技术运用于教育实践之中。首先，要发挥团队优势，集中相关领域优秀人才参与到网络思想政治教育方法和技术的创新中来。要充分发挥高校在思想政治理论课教学上的人才优势、资源优势、技术优势，在平台建设、科学研究和人才培养等方面为马克思主义理论研究和思想政治教育实践提供理论、技术、资源和人才等全方位的支撑。其次，应该加强对教学方法的经验总结和推广。目前重庆很多高校和地区已经开展了有益的尝试，微视频展播、情景剧教学、智慧课堂等形式让思想政治理论课"活"起来，并取得了较好的效果。通过课题立项、教学研讨会、优秀示范课等形式将行之有效的方法在全国推广。最后，创新教育方法不能标新立异，应坚持守正创新。传统媒体和新兴媒体不是取代关系，而是迭代关系，网络思想政治教育的方法也不是将传统思想政治教育方法推倒重来，而是"推动思想政治工作传统优势同信息技术高度融合，增强时代感和吸引力"。

（作者单位：重庆市中国特色社会主义理论体系研究中心重庆邮电大学分中心；本文刊载于《重庆日报》2019年7月9日第09版）

高校思政课要充分利用好红色资源

郑 洁

不久前,中共中央办公厅、国务院办公厅印发的《关于深化新时代学校思想政治理论课改革创新的若干意见》强调,要坚持开门办思政课,推动思政小课堂和社会大课堂结合。红色资源与思政课在思想内容上和价值导向上的高度契合,决定了红色资源是思政课教学的重要内容和有效载体。我们要"把红色资源利用好,把红色传统发扬好,把红色基因传承好"。在思政课教学中坚持理论性和实践性相统一,利用好红色资源,宣讲好红色故事,弘扬好红色文化,是传承红色基因的重要举措。

利用红色资源学习党史国史,铭记初心之源

学习党史、国史,是坚持和发展中国特色社会主义的必修课。青年学生了解中华民族的灿烂文明,了解中国共产党的光辉历程,了解新中国的辉煌成就,传承中华文化基因,有利于增强民族自豪感和文化自信心。红色资源是连接昨天、今天和明天的脉络,承载了厚重的党史国史文化。在思政课教学中,要开展形式多样的党的历史知识、光荣传统、优良作风和英雄模范事迹教育,给学生讲清楚中华民族的文明史、中国人民的斗争史、中国共产党的奋斗史、新中国的发展史;讲清楚党和国家历史上的重大事件、重要会议、重要文件、重要人物,帮助学生了解中国共产党的光荣传统、宝贵经验和伟大成就;讲清楚近代中国经历的屈辱历史,汲取历史教训,增强学生奋发图强的历史使命感和责任感;讲清楚中国革命历史是最好的营养剂,可以不断从中获得教益,受到启迪,增加正能量。要教会学生坚持运用唯物史观准确认识和把握历史,引导学生学会历史思维,培养历史眼光,增强历史担当,学会全面、客观、历史、辩证地看待历史人物。通过利用红色资源学习党史、国史,让学生在丰富的史料中真切体会和亲身感悟到中国共产党为什么"能"、马克思主义为什么"行"、中国特色社会主义为什么"好"等重大问题的精神密码之所在,更好地理解中国共产党人"为中国人民谋幸福,为中华民族谋复兴"的初心和使命,从而在实现中华民族伟大复兴的新征程中,不断增强守初心、担使命的思想自觉和行动自觉,勇做走在时代前列的奋进者、开拓者和奉献者。

利用红色资源坚定理想信念,筑牢信仰之基

理想信念是人们的政治立场和世界观在奋斗目标上的集中体现,在人的精神世界中居于核心地位。坚定的理想信念是建设社会主义现代化强国的前提条件。青年是祖国的未来,民族的希望,是国家兴旺发达的生力军,其理想远大、信念坚定,是国家和民族无坚不摧的前进动力。红色资源作为承载老一辈革命家波澜壮阔的革命史、艰苦卓绝的奋斗史、可歌可泣的英雄史的重要资源,蕴含了革命先辈的崇高理想和坚定信念,继承了中华民族的优良传统和民族精神,反映了中国人民捍卫民族独立、国家尊严的责任感和使命感,构成了思政课教学的重要内容,是对学生进行理想信念教育的优质资源和鲜活教材。在思政课教学中,可以通过组织学生瞻仰革命遗址,参观革命圣地、革命博物馆和纪念馆等,介绍和宣传革命先烈的英勇事迹和革命精神,激发学生向革命先烈学习的热情,引导他们树立对马克思主义的信仰、对中国特色社会主义的信念、对实现中华民族伟大复兴中国梦的信心。在重庆,"红岩精神"是最具特色、最具感染力、最为大众所熟知和接受的红色资源,可以组织学生到红岩魂陈列馆、歌乐山烈士陵园、白公馆监狱旧址等革命遗址遗迹实地参观。在一幅幅图片、一件件实物、一次次洗礼中,让学生更加直观地感受到革命先烈的崇高风范、伟大人格和高尚情操,自觉弘扬革命传统、传承红色基因、坚定理想信念,用忠诚奉献、勇敢担当走好新时代的长征路。

利用红色资源厚植爱国情怀,笃行报国之志

爱国,是人世间最深层、最持久的情感。爱国主义是中华民族精神的核心,是中华民族团结奋斗、自强不息的精神纽带。以爱国主义为核心的中华民族精神之所以能够源远流长、经久不衰,主要在于无数仁人志士对祖国的热爱和坚持不懈地拼搏奋斗。对新时代青年来说,热爱祖国是立身之本、成才之基。红色资源中蕴含着以爱国主义为核心的团结统一、爱好和平、勤劳勇敢、自强不息的伟大民族精神。红色资源通过一件件历史事件、一座座革命遗迹、一部部可歌可泣的文学和文艺作品,生动形象地证明了马克思主义、社会主义道路、中国共产党的领导是历史和人民的选择,用客观翔实的历史史料证明了只有社会主义才能救中国,只有中国共产党才能领导中国。因此,红色资源在爱国主义教育方面具有天然优势。在思政课教学中，可以通过挖掘红色资源中的爱国故事，学习革命英烈事迹，让历史重现，让学生身临其境地感受革命英烈们同仇敌忾、浴血奋战的红色精神和至诚报国的爱国情怀；通过演唱红色歌曲，观看红色影片《烈火中永生》、歌剧《江姐》、话剧《小萝卜头》，朗诵红色文学作品如《红岩》等，激发学生爱祖国、爱人民的崇高精神，振奋青年学子勤奋学习、报效祖国的豪情壮志；通过红色文化知识竞赛、红色文艺作品排练、红色故事讲演、红色诗歌朗诵等方式，激发学生爱国、爱党、爱家的高尚情操，把爱国情、强国志、报国行自觉融入坚持和发展中国特色社会主义事业、建设社会主义现代化强国、实现中华民族伟大复兴的奋斗之中。

（作者系重庆邮电大学马克思主义学院副院长、教授，重庆市中国特色社会主义理论体系研究中心重庆邮电大学分中心研究员；本文刊载于《重庆日报》2019年10月10日第10版）

加强新时代爱国主义教育的"三个维度"

罗 静

爱国主义是中华民族精神的核心,是社会主义核心价值观最鲜亮的底色。加强对青少年的爱国主义教育,应注重从情感认同教育、价值辨析教育和实践体验教育三个维度入手,引导青少年将爱国主义从情感认同、理性认同转化为行为认同,使爱国主义成为其精神力量和自觉行动。

加强情感认同教育,涵养爱国之情。情感认同是最深沉最真挚的认同,而爱国是人世间最深层最持久的情感,因此爱国主义教育首先应该是情感认同教育。所谓情感认同教育,就是要以情动人,通过持之以恒的情感培育,让爱国之情如春雨滋润自然、如食盐增味美食般滋养青少年。情感认同教育,重点在"共情"的培养。这份共情,来源于对中华文明历经上下五千年而弦歌不辍的文化自豪感,来源于对祖国壮丽山河的地理骄傲感,来源于对家乡故土的乡土依恋感,来源于对彪炳史册的先辈们的英雄崇拜感,来源于对中国共产党领导中国人民进行革命、建设、改革所取得伟大历史成就的政治认同感,来源于身处新时代投身中华民族伟大复兴历史进程的建设责任感……这份共情的培养,需要社会、学校、家庭分工合作、共同发力。社会要加强对爱国典型人物、典型事件的深度发掘宣传,讲好爱国故事,营造良好爱国舆论氛围;学校要将爱国主义情感教育融入青少年的学科体系、教学体系、教材体系等人才培养体系;家庭要注重优良家风建设,在爱国善行中言传身教。同时,还需以国家、地方、学校、家庭各层级的重大活动、重要典礼、重要节日、代表性纪念日等为抓手,大力加强仪式感教育,让青少年在"使某一时刻与其他时刻不同"的仪式中,熏陶、濡染、觉悟到爱国之情的深刻与厚重、庄严与肃穆、敬畏与虔诚,从而构建起从社会、学校到家庭各个角落,从公众、教育者到家庭成员各个主体都一起爱国的强大场域,以共情引发共鸣,以共鸣厚植青少年的爱国情怀。

加强价值辨析教育,锻造强国之志。古人云:知之深爱之切。爱国首先表现为一种情感，但又不能仅停留在情感阶段，因为深厚的感情必须以深厚的认识做基础。青少年正处于人生"拔节孕穗期"，持久深厚的爱国之情必须建立在对国家和民族的深刻认识基础上，因此必须加强对青少年的价值辨析教育，将爱国的道理讲深讲透，引导青少年从理性认知上明晓"为什么要爱国、怎样才是爱国、如何去爱国"这个根本问题，锻造强国之志。加强价值辨析教育，要加强中华民族文明史的教育，讲清楚中华民族在几千年绵延发展的历史长河中，爱国主义如何始终发挥主旋律的强大作用，激励我国各族人民自强不息；要加强近代以来中国人民为争取民族解放和独立而不屈奋斗的斗争史教育，讲清楚中华民族如何在内忧外患中不断觉醒、奋起抗争的历史进程；要加强中国共产党奋斗史和新中国发展史的教育，讲清楚中国共产党如何领导人民进行革命、建设、改革的历史进程，讲清楚中国共产党的执政规律、社会主义建设规律；要加强当代爱国主义精神教育，讲清楚祖国的命运和党的命运密不可分的历史、现实和理论逻辑，讲清楚当代中国爱国主义精神的时代要求和集中体现。同时要敢于正面批判虚无历史的态度、诋毁英雄的谣言、矮化精神的观点，用正确舆论引导成长；要打通大中小幼等教育各环节，分阶段有侧重地开展爱国主义教育，幼小阶段重在启蒙爱国情感，初中阶段重在打牢爱国思想基础，高中阶段重在提升爱国政治素养，大学阶段重在增强爱国使命担当，通过"组合拳"引导青少年树立正确的历史观、民族观、国家观和文化观，增强其国家意识、家国情怀和国家信仰。

加强实践体验教育，砥砺报国之行。"纸上得来终觉浅，绝知此事要躬行。"爱国是炽热的情感，是理性的认知，但更应该是每位青少年自觉的行动。加强新时代爱国主义教育，还应从行动层面加强实践体验教育，引导青少年知行合一，将爱国之情、强国之志转化为报国之行。就世界大势而言，当今世界正处于百年未有之大变局，新一轮信息科技革命正重构全球创新版图、重塑全球经济结构；就国家大局而言，中华民族正处于从站起来、富起来到强起来的伟大历史进程中，我们既面临着难得的历史机遇，也面临着一系列重大风险，必须进行伟大斗争。作为实现中华民族伟大复兴中国梦的重要见证者和承担者，青少年一代既面临着难得的建功立业的人生际遇，也面临着"苦其心志，劳其筋骨"的时代考验。就青少年个人而言，"严进严出"的新时代教育、节奏越来越快的职场生活等，都注定了其奋斗的道路不会一帆风顺。因此，还要加强理想信念教育，引导青少年敢于突破"小我"的舒适圈，把自己的理想同祖国的前途、把自己的人生同民族的命运紧密联系在一起，把个人的"自转"同国家和民族的"公转"联系在一起，在学习中增长知识、锤炼品格，在工作中增长才干、练就本领，在实践中认识国情、了解社会，在做好每一件小事、完成每一项任务、履行每一项职责中砥砺爱国主义精神。

（作者单位：重庆市中国特色社会主义理论体系研究中心重庆邮电大学分中心；本文刊载于《重庆日报》2019年11月7日第12版）

大力弘扬科学家精神的三个维度

谈 娅

习近平总书记在科学家座谈会上指出,要大力弘扬科学家精神。中共中央办公厅、国务院办公厅印发的《关于进一步弘扬科学家精神加强作风和学风建设的意见》要求大力弘扬胸怀祖国、服务人民的爱国精神,勇攀高峰、敢为人先的创新精神,追求真理、严谨治学的求实精神,淡泊名利、潜心研究的奉献精神,集智攻关、团结协作的协同精神,甘为人梯、奖掖后学的育人精神。科学成就离不开精神支撑。我国科技事业取得的历史性成就,是一代又一代矢志报国的科学家前赴后继、接续奋斗的结果。新时代,我们要大力弘扬科学家精神,切实加强作风和学风建设,积极营造良好科研生态和舆论氛围,主动肩负起历史重任,把自己的科学追求融入建设社会主义现代化国家的伟大事业中去,为建设世界科技强国汇聚磅礴力量。

大力弘扬科学家精神,就要在全社会营造尊重人才、尊崇创新的浓厚氛围。社会对科学家精神的态度是科学家成长的重要影响因素。只有肥沃的土壤,才能长出参天大树。在全社会形成尊重知识、崇尚创新、尊重人才、热爱科学、献身科学的浓厚氛围至关重要。要大力宣传科学家精神,高度重视"人民科学家"等功勋荣誉表彰奖励获得者的精神宣传,大力表彰科技界的民族英雄和国家脊梁。要创新宣传方式,以"时代楷模""最美科技工作者""大国工匠"等宣传项目为抓手,积极选树、广泛宣传基层一线科技工作者和创新团队典型,并讲好科技工作者科学报国故事。要加强宣传阵地建设,加快建设一批科学家博物馆、科技馆、国家重点实验室、重大科技工程纪念馆(遗迹)等科学家精神教育基地,创新开展科学家精神教育实践活动,推动科学家精神进校园、进课堂、进头脑。只有这样,才能进一步激励广大科技工作者争做急难险重科研任务的承担者、重大科技成就的创造者、科技强国建设的推进者;才能推动全社会形成爱科学、学科学、用科学的良好风气,形成人人竞相成才、个个奋发向上,创新活力和创造潜力充分涌现的良好局面。

大力弘扬科学家精神，就要不断加强作风和学风建设。风气是一个地方或单位的文化内涵，是人文素养的一种无形体现。良好的作风和学风是科技事业良性发展的根本保障，要加强作风和学风建设，营造风清气正的科研环境。要崇尚学术民主，倡导学术自由，鼓励不同学术观点的交流碰撞，尊重他人的学术话语权，反对门户偏见和"学阀"作风，不得利用行政职务或学术地位压制不同学术观点，正确处理好学术与行政权力、学术与学术权威的关系。科研诚信是科技创新的基石，是科技工作者的生命。要坚守诚信底线，把教育引导和制度约束结合起来，严守科研伦理规范，树立"红线"意识，守住学术道德底线，主动发现、严肃查处违背科研诚信要求的行为。要反对浮夸浮躁、投机取巧，不人为夸大研究基础和学术价值，围绕关键问题和核心技术下苦功，板凳甘坐十年冷，只有不畏艰险沿着陡峭山路攀登，才能达到光辉的顶点。要反对科研领域的"圈子"文化，打破相互封锁、彼此封闭的门户倾向，破除各种利益纽带和人身依附关系，在科技工作者中倡导甘于奉献的价值取向，倡导"功成不必在我"的高尚境界，在科技界形成风清气正的科研生态。

大力弘扬科学家精神，广大科技工作者就要进一步增强责任感和使命感。从"科学救国"到"科学报国"再到"科学强国"，从李四光、钱学森、邓稼先到黄大年、南仁东、袁隆平等，一代又一代科学家用实际行动证明了他们深沉的爱国情怀、宽广的科学视野、深厚的学术造诣、崇高的思想品格。科技创新日益成为经济社会发展的主要驱动力。习近平总书记强调，科学技术从来没有像今天这样深刻影响着国家前途命运，从来没有像今天这样深刻影响着人民生活福祉。一个时代有一个时代的主题，一代人有一代人的使命和担当。当前，中国的发展步入关键时期，要破除卡脖子的科技瓶颈，应对错综复杂的国际局势，实现"两个一百年"奋斗目标、实现中华民族伟大复兴的中国梦，就更加迫切需要广大科技工作者进一步增强责任感和使命感，至诚报国、勇攀高峰，严谨治学、淡泊名利，团结协作、甘为人梯，着力攻克关键核心技术，勇攀科技高峰，破解时代命题，在创新路上继续开拓前进，创造出无愧于时代、无愧于人民、无愧于历史的光辉业绩。

（作者单位：重庆市中国特色社会主义理论体系研究中心重庆邮电大学分中心；本文刊载于《重庆日报》2020年10月13日第09版）

弘扬红岩精神要用好"三个课堂"

郑 洁 黄露蓉

不久前,《求是》杂志发表了习近平总书记重要文章《用好红色资源,传承好红色基因,把红色江山世世代代传下去》。文章指出,要讲好党的故事、革命的故事、根据地的故事、英雄和烈士的故事,加强革命传统教育、爱国主义教育、青少年思想道德教育,把红色基因传承好,确保红色江山永不变色。在党史学习教育中,要积极发挥思政课的主渠道作用,将红岩精神融入思政课教学,引导学生传承红色基因,争做时代新人。

在理论主课堂中用好红色资源,坚定理想信念。思政课是落实立德树人根本任务的关键课程。在思政课教学中,要用好红色资源,通过优化教学内容、创新教学模式、丰富教学语言,将思政课讲得有意义、有意思,有深度、有温度。一是优化课堂教学内容。思政课教师要充分发挥积极性、主动性、创造性,及时更新教学内容。要将红岩精神融入思政课教学中,如在"纲要"课中讲为新中国而奋斗等内容时,可以融入体现红岩精神丰富史料和感人事迹的教学内容。二是创新课堂教学模式。在思政课教学中,通过讲授红岩英烈故事,弘扬红岩精神,发挥示范课教学的引导作用,调动学生的主观能动性,激发学习兴趣,增强学习积极性。三是丰富课堂教学语言。思政课教师要掌握授课语言艺术,提高语言表达技巧来讲授红岩故事,让学生"坐得住""听得进"。

在网络新课堂中传承红色基因,赓续精神血脉。在信息网络时代,要发挥互联网在党史学习教育中的重要作用,借助新媒体新技术拓宽红岩精神传播的载体和渠道,使传播更加形象化、生动化,增强其对学生的吸引力和感染力。一是运用网络教学软件。要充分利用教学软件或网络教学平台与学生积极互动,及时解决知识、理论、思想上的疑虑与问题。二是开发网络媒体产品。结合思政课教学中学生需要掌握的知识点及社会热点问题,设计开发兼具娱乐性和教育性元素的互动小程序,运用学生易接受的方式来讲好红岩故事,增强网络教学内容传播的趣味性。三是发挥网络教学优势。在教学设计、过程实施、成效检验等环节，要充分发挥大数据技术优势，善用网络新技术，挖掘红岩精神中的思政教育元素，将红岩精神与思政课整合重构，建立优质教学资源共享平台。

在实践大课堂中讲好红色故事，汇聚复兴伟力。以实践活动为载体讲好红色故事，有利于让红岩精神内化于心、外化于行，进而凝聚起实现中华民族伟大复兴的磅礴伟力。一是开展好红色研学活动。将革命文物作为红岩精神教育的生动教材，带领学生深入红岩革命纪念馆、白公馆、渣滓洞等地进行现场教学。通过到实地开展研学活动，为学生讲解中共中央南方局及共产党人的革命故事，激励他们坚定理想信念。二是开展好校园文化活动。通过举办丰富多彩的校园文化主题活动，如红岩精神知识竞赛、红岩故事朗诵活动、红岩精神主题读书活动等，以学生自主讨论、参与表演、共同阅读的形式，让学生接受红色教育，增强教学的互动性。三是开展好社会宣讲活动。举行以"弘扬红岩精神，传承红色基因"为主题的社会宣讲实践活动，定期组织学生奔赴学校、社区、企业等地开展红岩精神宣讲，并形成实践报告、学术论文、微课视频等系列成果，让学生在宣讲体验中感悟红岩精神，在分享展示中传承红色基因。

（作者单位：重庆市中国特色社会主义理论体系研究中心重庆邮电大学分中心；本文刊载于《重庆日报》2021年6月9日第17版）

第三篇 文化建设

在理性辨析中树立正确历史观

郭海成

历史观正确与否，关系人心聚散、国家兴亡、民族盛衰。习近平同志在党的十九大报告中强调，要引导人们树立正确的历史观、民族观、国家观、文化观。能否树立正确历史观，是意识形态领域的一个重大问题。然而，一些人认为历史观问题属于学术观点问题，与政治无关。事实上，历史观争论是当下意识形态领域斗争复杂化、隐蔽化的重要表现。我们要旗帜鲜明反对错误的历史观，在理性辨析中树立正确的历史观，确保新时代中国特色社会主义这艘巨轮始终沿着正确航向前进。

树立正确的历史观，关键是坚持唯物史观。唯心史观脱离历史发展实际，常常以假设代替史实，对历史的认知和评价不是基于"回到历史现场"的客观审视，而是来自罔顾特定历史情境的主观臆断。但历史不容肆意假设，尤其是当这一假设暗含某种政治意图、带有某种政治目的的时候。当前，唯心史观的集中表现就是历史虚无主义。它常常披上学术的外衣，打着还原真相、重新解读的幌子，在脱离时代背景与历史实际的情况下，对支离破碎的史料进行篡改、拼接，进而得出所谓历史真相，颇具迷惑性。历史就是历史，事实就是事实，任何人都不能改变。我们党之所以能在革命、建设、改革征程中领导人民披荆斩棘、从胜利走向胜利，就在于始终坚持唯物史观，始终用历史唯物主义的立场观点方法观察和处理问题。习近平同志指出："要坚持用唯物史观来认识和记述历史，把历史结论建立在翔实准确的史料支撑和深入细致的研究分析的基础之上。"[1] 以史实为依据，实事求是、理性客观，才是坚持唯物史观的正确态度和方法。

坚持唯物史观，要以发展的观点看待历史。形而上学史观用孤立、静止、

---

[1] 习近平. 习近平在中共中央政治局第二十五次集体学习时强调 让历史说话用史实发言 深入开展中国人民抗日战争研究［N］. 人民日报，2015-08-01（1）.

片面的观点观察世界、看待历史，否认社会矛盾，否认社会发展，否定社会革命的作用，其典型表现是历史终结论。历史终结论认为，苏联、东欧国家社会主义实践的失败证明，西方的自由民主制度已成为"人类意识形态发展的终点"。马克思主义告诉人们，历史发展总是螺旋式上升的。习近平同志指出，"要反对形而上学的思想方法"①，"要加强调查研究，坚持发展地而不是静止地、全面地而不是片面地、系统地而不是零散地、普遍联系地而不是单一孤立地观察事物"。社会主义实践在苏联、东欧受挫，并不意味着社会主义的失败，失败的只是那种僵化的社会主义模式。或一叶障目不见泰山，或昧于表象不明大势，或囿于一隅不顾全局，这些都是形而上学思想方法的表现。当前，中国特色社会主义取得历史性成就、产生全球性影响，为人类追求美好生活提供了中国方案。事实证明，历史并未终结。

坚持唯物史观，还要坚持历史合力论。线性史观认为历史发展是线性的，它忽视社会历史发展的系统性和整体性，将复杂的历史发展过程简单化。在线性史观"进步"和"落后"的两极论述下，不同民族被分置于线性的历史发展过程中，各民族独特的内在发展逻辑被忽略或掩盖。在此框架下，西方国家理所应当地把"文明"引入其他"野蛮"国家，帝国主义的殖民过程就此合理化。事实证明，西方模式并不是唯一正确的发展路径，当前的西方之乱就是最好注脚。世界文明发展的道路从来都是多元的，丰富多彩的人类文明各有其存在价值。各国命运握在各国人民手中，人类前途系于各国人民的抉择与共同努力。人类必须从"西方中心主义"的窠臼中跳出来，尊重文明多样性，以文明交流超越文明隔阂，以文明互鉴超越文明冲突，以文明共存超越文明优越，坚持历史合力论，同心协力构建人类命运共同体。

（作者单位：重庆市中国特色社会主义理论体系研究中心；本文刊载于《人民日报》2018年1月8日第07版）

---

① 习近平. 习近平在中共中央政治局第二十次集体学习时强调 坚持运用辩证唯物主义世界观方法论 提高解决我国改革发展基本问题本领 [N]. 人民日报，2015-01-25（1）.

推进中国话语的国际传播

龙 钰

党的十九大报告强调:"推进国际传播能力建设,讲好中国故事,展现真实、立体、全面的中国。"① 新时代对中国话语的国际传播提出了新要求,我们必须观照中国社会历史现实,解读中国实践,构建契合改革发展大势的话语体系,创新话语表达方式,提高话语实践效果兑现性,讲好中国故事,传播好中国声音,不断增强中国话语的感召力、影响力。

构建中国特色社会主义话语体系。传统的中国话语在国际交往中难以充分表达中国道路、中国理论、中国制度、中国文化的世界意义和时代价值。究其原因,一些论述止步于表面,以经院的方式展示中国话语的实践性,致使某些结论缺乏现实关照,远离时代语境,在狭小的领地自说自话;部分研究者走向片面学术化的道路,以概念消解问题,以逻辑替代经验,在纯粹精神世界中自娱自乐,对公众的现实关切置若罔闻。这必然导致中国话语的现实解释力不足,缺乏吸引力。中国话语如何避免在国际话语交锋中失语?这就要求我们必须立足中国实际,把握时代脉搏,构建与我国发展相适应的中国特色社会主义话语体系。其一,高度关注中国实践,以中国实际为研究起点,解读社会转型过程中的深层次问题,提出具有主体性、原创性的理论观点,增强中国话语对现实的涵盖力和说服力,形成自己的特色和优势。习近平总书记指出:"我们的哲学社会科学有没有中国特色,归根到底要看有没有主体性、原创性。"② 其二,直面人类发展的重大问题,不断总结中国经验,在深入探索共产党执政规律、社会主义建设规律、人类社会发展规律的过程中,不断分析新情况、解决新问题、作出新概括,回答当今世界发展的共性问题,着力挖掘中国经验的价值,增强

---

① 习近平. 决胜全面建成小康社会 夺取新时代中国特色社会主义伟大胜利:在中国共产党第十九次全国代表大会上的报告 [M]. 北京:人民出版社,2017:44.
② 中共中央文献研究室. 习近平关于社会主义文化建设论述摘编 [M]. 北京:中央文献出版社,2017:85.

中国话语的时代内涵和世界意义，为解决人类社会面临的发展难题和共同挑战贡献中国智慧。其三，在充分论证中国特色社会主义理论科学性的基础上，加强中国话语与其他理论和知识体系的对话与交流，敢于发声亮剑，彰显中国特色社会主义理论的现实力量，突出强调中国特色社会主义理论对人类优秀文明的吸纳和包容。

创新话语表达方式。随着社会信息化的不断深入，承载话语的信息已不再是简单的线性传播而转化为网状传播。呈现传播主体多样化、传播渠道开放化、传播形态社会化等特征。网络的开放性、离散性使信息的快速传递和资源的广泛共享得以实现，打破了单向性、局域式的传播生态格局。网状传播结构中任何一个节点都可以生产、发布信息，然后又回流到网络之中，话语表达幻化为数据符号穿梭于网络世界。这种符号集文字、声音、图像于一体，能极大地调动公众的多维感官，共同作用于认识对象。话语在不断被网民浏览、转载和评论的过程中得以传播扩散，潜移默化影响着网民的思想观念。同时，随着数字化技术的迅猛发展，依托组织机构开展的话语传播逐渐让位于以大众传媒为载体的社会传播，话语的表达方式正从抽象文字转变为以感性形象为主。从风靡网络社会的微博、微信到移动智能终端App软件的普及，媒体的交互性和即时性，高度的自主性和参与性，带来人类社会交往方式、思维方式和意义建构的深刻变革。在这种情况下，中国话语国际传播的受众已不再是被动的接受者，原有的单向被动"灌输"的话语表达模式已失去市场。在充分利用网络新媒体等传播渠道的同时，我们必须学会用国际社会易于接受的方式表达话语精髓，才能避免失语。应当准确把握世界发展大势，积极参与全球治理体系改革和建设，牢牢抓住国际议题设置权，勇于阐发自己的论域，提升中国话语的言说能力，开启国际话语的中国时代。应当多采用西方人易于理解的表征语言来诠释中国。不否定个性，不回避感性，在肯定人的合理合法需求的基础上，使中国话语所蕴含的中国价值能引起更多的共鸣。应当多采用通俗易懂、轻松活泼的言说方式，综合文字、图像、音频、视频等方式承载话语信息，力求用最短的时间让受众获取最大限度的信息收益。

提高话语实践效果的兑现性。国际强势话语体系的更替是国家综合实力比拼的结果。在大发展大变革大调整的世界格局中，我国的发展站到了新的历史起点，中国特色社会主义事业开启新的篇章。经济的快速发展，社会的深刻变革，文化的相互激荡，对人们的思想观念、生活方式和价值取向产生了深刻影响。中国在时空高度压缩与叠加的历史情境中，面临诸多政治经济社会改革难题，我国社会主要矛盾已经转化为人民日益增长的美好生活需要和不平衡不充分的发展之间的矛盾。人民对美好生活的向往体现为对获得公平发展权利、共享发展成果的冀求，这也正是中国话语要表达的新时代中国特色社会主义美好图景。我们必须紧紧围绕人民群众的重大关切提出解决方案、实现理论突破，并用理论指导实践，将科学的理论转化为改造现实的强大力量，努力使中国话语所倡导的价值、理念变为现实，让人民拥有看得见、摸得着的获得感、幸福感，以取信于中国人民、立信于国际社会。新时代赋予我们党新的使命，必须加强自身建设，全面从严治党，形成更加廉洁、更加高效、更加阳光的政治生态，不断提高党的执政能力和领导水平。紧紧围绕解决发展不平衡不充分的问题，出台切实可行的政策措施，满足人民不同层次、更高水平的需求，让人人拥有机遇，享有成果，促进社会公平正义。以卓著的社会治理成果，向国际社会展现中国话语改造社会现实的能力。

（作者系重庆市中国特色社会主义理论体系研究中心重庆邮电大学分中心研究员；本文刊载于《光明日报》2017年12月25日第11版）

牢牢把握网络舆论引导权

郑 洁

习近平总书记在全国宣传思想工作会议上强调,要加强传播手段和话语方式创新,让党的创新理论"飞入寻常百姓家"。互联网作为一种新型技术手段,为新的时代条件下继续保持党同人民群众的血肉联系提供了新的途径。让党的理论"飞入寻常百姓家",必须加强网络话语权建设,提升网络舆论引导的有效性,牢牢把握网络舆论引导权。

建设网络话语传播平台。加强网络话语传播平台的建设和管理,有助于畅通普通民众提供利益诉求的表达渠道,扩展主流意识形态话语的传播范围,为赢得网络话语权奠定基础。这需要加强主流意识形态网络话语阵地建设。在网络时代开展意识形态建设工作,需要高度重视网络的传播作用,主动出击,抢占传播阵地,牢牢把握网络舆论主动权;需要建立专门的马克思主义理论网站和红色网站,将其打造成人们学习政治理论的服务平台,提供丰富的网络意识形态理论学习资源,拓展多样化的理论学习方式。

加强网络话语引导。信息网络时代维护国家意识形态安全,必须加强对网络话语的引导。"要牢牢把握正确舆论导向,唱响主旋律,壮大正能量,做大做强主流思想舆论"①,有效构建用于展现社会主义主流意识形态的编码方式、解释框架以及传播模式,发挥主流意识形态网络话语对公众网络生活的正向引领作用。这需要加强各级党组织和各级政府的网络执政能力建设。要结合网民的实际需要,建立并完善"一站式"网络信息服务,关注网民网络话语走向及呈现的特性,注重引导网络话语;要及时提供网民关心的重要信息,及时解答网民所关心的各种问题,保证网民的知情权。

创新网络话语方式。恰当的话语表达方式有助于提升群众对我国主流意识

---

① 习近平. 习近平在全国宣传思想工作会议上强调 举旗帜聚民心育新人兴文化展形象 更好完成新形势下宣传思想工作使命任务[N]. 人民日报,2018-08-23(1).

形态的认同感。这就需要转化话语表达方式和创新网络话语传播方式,不断增强主流意识形态的吸引力。要不断创新信息传播手段,善于运用微博、微信等使用方便、快捷、门槛低,受大众喜爱的传播形式;要发挥新兴传播媒介的优势,综合运用文字、图片、音频、视频等多种形式传播主流意识形态的内容,丰富主流意识形态传播形式,更加生动地、立体地阐释传播内容。同时,人们也可以在接受主流意识形态网络话语传播后,及时表达自己的感受,发表自己的见解,为意识形态工作者改进主流意识形态网络话语传播工作提供参考,为国家发展与社会稳定建言献策。

优化网络话语环境。随着网络社会的不断发展,网民的表达欲望空前高涨,网络上存在大量的垃圾信息,网络空间治理有待加强。为此,需要优化网络话语环境,为人们提供一个和谐的对话环境、引导网民理性表达诉求。一方面,构建和谐有序的对话环境。要关心老百姓的利益诉求,贴近老百姓的生活实际,为民众排忧解难,充分保障话语受众的对话权利,使其主动参与对话。另一方面,营造风清气正的网络舆论环境。要正确引导网络舆论发展,在建立正确舆论导向的基础上加强网络舆情监测、进行舆论引导和舆情处置,有效疏导和控制负面舆情,为主流意识形态网络话语的传播营造清朗的网络舆论环境。

完善网络话语反馈机制。完善网络话语反馈机制和评价机制,可以提升我国主流意识形态网络话语的传播效果。一方面,完善网络回应制度。要重视与普通网民的交流互动,通过网络互动平台的合理设置,进一步引导网络话语并积极传播主流意识形态网络话语。在设计互动程序时要注重实效性,打造畅通的网络回应渠道,通过及时、有效的网络回应实现与民众的良性互动。另一方面,完善网络话语效果评价机制。通过收集、整合受众对主流意识形态的意见与看法,意识形态工作者可以明确了解哪些网络话语的传播效果较好,哪些还有待改进,从而为增强主流意识形态网络话语传播的针对性与实效性奠定基础。

(作者系重庆市中国特色社会主义理论体系研究中心重庆邮电大学分中心研究员、重庆邮电大学马克思主义学院副院长;本文刊载于《学习时报》2019年1月14日第04版)

社会主义核心价值观的文化意蕴

张 能

党的十八大报告提出，"倡导富强、民主、文明、和谐，倡导自由、平等、公正、法治，倡导爱国、敬业、诚信、友善，积极培育和践行社会主义核心价值观"①，党的十九大报告则把"培育和践行社会主义核心价值观"作为新时代坚持和发展中国特色社会主义的重要方略之一，这些要求彰显了我们党对价值观建设问题的高度重视。党的十八大以来，习近平总书记围绕培育和弘扬社会主义核心价值观，提出了一系列富有创见的新思想、新观点、新举措。从文化学的角度来看，价值观实际上就是价值文化，是价值观在文化和社会实践领域中现实化的展开。我们党所倡导的社会主义核心价值观，实际上就是要引领构建一种区别于西方主流价值文化的中国特色社会主义价值文化。这对于团结凝聚亿万人民群众、同心同德实现中华民族伟大复兴中国梦具有重要的理论价值和实践意义。当前，有必要深入研究中国特色社会主义价值文化的本质规定和内在要求，不断增强中国特色社会主义价值文化的凝聚力、吸引力和感召力。

深入研究中国特色社会主义价值文化，首先就要在广阔的世界历史视域内准确把握这一价值文化的本质性规定。对文化和价值观问题的研究，不能孤立地看，而要依据马克思主义社会形态理论，联系一种文化和价值观所据以立足的具体社会形态来深入探讨。当今西方主流价值文化，从本质上看，实际上就是资本主义价值文化。这种价值文化是资本主义社会观念形态的反映，它的产生和发展与资本主义制度的形成和发展紧密相关。它既是资本主义生产力迅速发展、生产社会化程度不断提高的结果，也是西方资本主义价值观的现实化。这种价值文化是建立在生产资料私有制基础之上、为资产阶级服务的，它本身所遵循的是资本增殖的逻辑。与此相对，作为坚持以马克思主义为指导、建立

---

① 中共中央文献研究室. 十八大以来重要文献选编：上 [M]. 北京：中央文献出版社，2014：578.

在生产资料公有制基础之上的中国特色社会主义价值文化,是代表最广大人民群众的根本利益的、民族的科学的大众的文化,它从根本上顺应生产力的发展要求,符合人民的根本利益。中国特色社会主义价值文化,既是中国特色社会主义的本质规定和内在要求,也是全国各族人民在建设中国特色社会主义实践中致力构建的核心价值文化,更是中国共产党和中国人民在文化和价值观领域的正确选择。归根结底,资本主义价值文化所遵从的是资本增殖的逻辑,表达的是资本剥削民众的权利、诉求和狂欢;中国特色社会主义价值文化则遵从经济、政治、文化、社会、生态文明"五位一体"的实践模式,并推动着社会主义现代化建设和中华民族伟大复兴。

一种价值文化,总有其根本诉求。中国特色社会主义价值文化最根本的诉求和最集中的体现,就是要为国家富强和人民幸福而不断艰苦奋斗、发愤图强。资本主义价值文化以个人主义为圭臬,其社会基础是"原子化"的个人。伴随资本主义文明的兴起和发展,一种以"民主、自由、法制、人权"为核心的价值理念逐渐形成并流行开来。其中,自由是资本主义主流价值文化所推崇的核心价值文化理念。自由主义信奉个人主义,注重个体自由的权利。当代西方自由观或者以自由为主导的主流价值观更趋于实用化,即关注于实际问题的论域。但是,这种资本主义社会的自由,归根结底是"资本"的自由,也就是资本拥有者——资产阶级的自由。而对于出卖劳动力的无产者来说,"自由"仅仅是劳动这个商品的"观念价值"。如同马克思所言,劳动者被迫同生产资料相分离,"自由"得一无所有。其他价值范畴,如民主、人权等同样如此。因此,在资本主义制度下,其价值文化离不开资本的统摄,而流于表面、空头和伪善。社会主义作为超越资本主义的社会形态,它的立足点不是"原子化"的个人,而是具有整体性的人民。社会主义价值文化反对个人主义而主张集体主义,着眼于作为群体的人民,而非"个体性"的生存范畴。换言之,中国特色社会主义价值文化是为人民服务的价值文化。由于人民群众是中国特色社会主义价值文化建设的主体,是一切中国特色社会主义价值文化创造的最深厚的源泉,因此国家富强、人民幸福是中国特色社会主义价值文化的应有之义。加强中国特色社会主义价值文化引领,发展社会主义先进文化,是实现国家富强和人民幸福不可或缺的重要内容。

一种价值观或价值文化,最重要的是要落地生根,转化成社会民众的文化心理和行为方式。正由于此,党的十九大报告要求,要以培养担当民族复兴大任的时代新人为着眼点,强化教育引导、实践养成、制度保障,发挥社会主义核心价值观对国民教育、精神文明创建、精神文化产品创作生产传播的引领作用,把社会主义核心价值观融入社会发展各方面,转化为人们的情感认同和行为习惯。这就为社会主义核心价值观和价值文化的现实转化与践履提供了根本遵循。当前,我们要根据实际需求,加强习近平新时代中国特色社会主义思想的学习研究和贯彻落实,加强中国特色社会主义共同理想、共产主义远大理想的宣传教育,引导树立正确的世界观、人生观、价值观,并进一步加强社会主义核心价值观的阐释、宣传、教育工作,在机关、企事业单位、社区、学校营造普及推广的良好氛围,尤其是开展内容丰富、形式多样且有针对性的价值文化建设和精神文明创建活动,采取丰富多样、循序渐进的引导方式,让社会主义核心价值观和中国特色社会主义价值文化在新时代氤氲化育,成长壮大,放射出动人的文化光芒。

(作者单位:重庆市中国特色社会主义理论体系研究中心重庆邮电大学分中心;本文刊载于《中国社会科学报》2018年6月28日第01版)

提高党的新闻舆论传播力引导力影响力公信力

罗 静

做好党的新闻舆论工作，是治国理政、定国安邦的大事。《习近平谈治国理政》第二卷收录了习近平总书记在党的新闻舆论工作座谈会上的讲话要点，深刻阐述了党的新闻舆论工作的地位作用、职责使命、原则要求等一系列重大理论和实践问题。党的十九大报告特别强调，要"坚持正确舆论导向，高度重视传播手段建设和创新，提高新闻舆论传播力、引导力、影响力、公信力"[①]。

提高党的新闻舆论传播力、引导力、影响力、公信力，根本在于牢牢坚持党的全面领导。作为马克思主义政党，我们党在革命、建设、改革的各个时期，都始终高度重视新闻舆论工作，旗帜鲜明地强调新闻舆论工作必须坚持党性原则。党的十九大全面规划部署了到21世纪中叶建成富强民主文明和谐美丽的社会主义现代化强国的路线图和时间表，党要团结带领全党全国各族人民实现"两个·百年"奋斗目标，实现中华民族伟大复兴的中国梦，更需要进一步坚持和加强对新闻舆论工作的全面坚强领导，确保新闻舆论战线对党绝对忠诚，始终以党的旗帜为旗帜，以党的意志为意志，以党的使命为使命，深入宣传好社会主义新时代党的理论和路线方针政策，深入宣传好全国各族人民为实现"两个一百年"奋斗目标、实现中华民族伟大复兴中国梦进行的奋斗和取得的成就，为进行伟大斗争、建设伟大工程、推进伟大事业、实现伟大梦想营造好氛围，凝聚向心力，提供正能量。新时代坚持和加强党对新闻舆论工作的全面领导，必须加强思想引领。新闻舆论战线要旗帜鲜明地坚持以习近平新时代中国特色社会主义思想为指导，自觉坚定理想信念，补足精神之钙，做到始终与党和人民同呼吸、与时代共进步，积极宣传马克思主义真理、宣传党的主张、反映人民伟大实践和精神风貌，唱响主旋律。坚持和加强党对新闻舆论工作的全面领

[①] 习近平.决胜全面建成小康社会 夺取新时代中国特色社会主义伟大胜利：在中国共产党第十九次全国代表大会上的报告[M].北京：人民出版社，2017：42.

导，必须把牢政治方向。习近平总书记在党的新闻舆论工作座谈会上用"48个字"概括了新闻舆论工作的职责和使命，排在第一位的就是高举旗帜，坚持正确政治方向。党和政府主办的媒体，是党和政府的宣传阵地，必须姓党。党的新闻舆论媒体要时刻牢记身份，牢固树立"四个意识"特别是核心意识、看齐意识，坚定自觉地在思想上、政治上、行动上同以习近平同志为核心的党中央保持高度一致，经常主动向党中央看齐，向党的理论和路线方针政策看齐，所有工作都要体现党的意志、反映党的主张、维护党中央权威、维护党的团结，切实做到在党言党、在党爱党、在党忧党、在党为党。坚持和加强党对新闻舆论工作的全面领导，必须落实领导责任。新闻舆论工作处在意识形态斗争最前沿，各级党委和领导干部要将新闻舆论工作纳入意识形态工作责任制，自觉承担起政治责任和领导责任，为新闻舆论工作健康发展提供根本保证。

提高党的新闻舆论传播力、引导力、影响力、公信力，核心在于牢牢坚持正确舆论导向。"文者，贯道之器也。"对新闻舆论工作来说，这个"贯道"就是要"坚持正确舆论导向"，即传达正确的立场、观点、态度，引导人们分清是非，激发人们向上向善的精神力量。坚持正确舆论导向，要做到各个方面、各个环节全覆盖，不能留死角，不能有真空地带。无论是党报党刊党台党网，还是都市类媒体和新兴媒体，所有媒体都要讲导向；无论是严肃的时事政治报道，还是休闲的社会娱乐新闻，所有报道都要讲导向；无论是采编签发环节，还是广告经营环节，所有环节都要讲导向。坚持正确舆论导向，要把准新兴媒体这个关键。从报纸、广播、电视"老三家"独领风骚到微博、微信、客户端等新兴媒体的强势崛起，媒体格局正在发生深刻变革。以互联网为载体的新兴媒体日益成为信息传播主渠道和社会舆论集散地，不断削弱传统媒体的力量，形成了传统媒体和新兴媒体二元媒体结构和二元舆论生态。管好用好新兴媒体，已成为当前和今后一段时期坚持正确舆论导向的命门所在。

提高党的新闻舆论传播力、引导力、影响力、公信力，重点在于大力推进融合创新。从"铅与火""光与电"到"数与网"，随着科学技术特别是以数字技术、网络技术为代表的现代信息传播技术迅猛发展和广泛应用，大量新的媒体形态如雨后春笋般涌现，给媒体格局、舆论生态、传播方式等诸多方面带来了深刻调整和重大变化。"不日新者必日退。"面对日新月异的信息传播技术，面对影响力日益扩大的新兴媒体，做好新闻舆论工作，比以往任何时候都更加需要创新。做好新时代新闻舆论工作创新，要特别强化融合发展理念。推动传统媒体和新兴媒体融合发展，打造新兴主流媒体，掌控互联网上的话语主导权，是当务之急和大势所趋。要因势而谋、应势而动、顺势而为，推动网上网下各种媒介资源、生产要素有效整合，推动信息内容、技术应用、平台终端、人才队伍共享融通，形成全方位、多层次、多声部的主流舆论矩阵，构建舆论引导新格局。做好新时代新闻舆论工作创新，要特别强化创新意识。在充分研究、把握现代新闻传播规律和新兴媒体发展规律的基础上，主动适应新媒体时代分众化、差异化传播趋势，以问题为导向，推动新闻舆论工作理念、内容、体裁、形式、方法、手段、业态、体制、机制九大方面的创新，切实增强党的新闻舆论工作针对性和实效性，提升吸引力和感染力。

提高党的新闻舆论传播力、引导力、影响力、公信力，关键在于大力推进队伍建设。习近平总书记强调指出，媒体竞争关键是人才竞争，媒体优势核心是人才优势，要加快培养造就一支政治坚定、业务精湛、作风优良、党和人民放心的新闻舆论工作队伍。加强新闻舆论工作队伍建设，首先要强化马克思主义新闻观教育。马克思主义新闻观是党的新闻舆论工作的"定盘星"，要通过各种渠道、各种方式，用马克思主义新闻观筑牢新闻舆论工作者的思想根基，解决好"为了谁、依靠谁、我是谁"这个根本问题，引导广大新闻舆论工作者坚持正确政治方向、正确舆论导向、正确新闻志向和正确工作取向，自觉做好党的政策主张的传播者、时代风云的记录者、社会进步的推动者、公平正义的守望者。其次要提升新闻舆论工作者的业务素质和业务能力。新媒体时代，传统媒体时代所固化的新闻舆论格局被打破，新闻舆论工作者习以为常的思想观念、思维方式和能力构成随之被颠覆，新闻舆论工作者必须主动适应新媒体时代的岗位要求，向集采、写、摄、录、编、网络技能运用及现代设备操作等多种能力于一身的"全媒型"人才转变。

（作者单位：重庆市中国特色社会主义理论体系研究中心重庆邮电大学分中心；本文刊载于《重庆日报》2018年1月11日第05版）

高校文化育人要有时代性

朱方彬　陈瑞涵

文化是一个民族的血脉，作为一种精神力量，它的存在关乎国家兴衰。习近平总书记在党的十九大报告中强调："文化是一个国家、一个民族的灵魂。文化兴国运兴，文化强民族强。没有高度的文化自信，没有文化的繁荣兴盛，就没有中华民族伟大复兴。"① 中共中央办公厅、国务院办公厅印发了《关于实施中华优秀传统文化传承发展工程的意见》，明确提出传统文化要"贯穿国民教育始终"。教育部党组印发的《高校思想政治工作质量提升工程实施纲要》指出要"注重以文化人以文育人"。说到底，文化自信，是更基础、更广泛、更深厚的自信，是一个国家、一个民族发展中更基本、更深沉、更持久的力量。

高校是推动新时代中国特色社会主义文化建设的排头兵，理应增强使命意识，把文化育人落到实处，围绕立德树人的根本任务，在实践中进行文化创造，在历史中实现文化进步，增强师生文化认同、心理认同，让好思想、好声音、好学生成为学校的主导、主调、主力，汇聚起中华民族伟大复兴的磅礴力量，为进行伟大斗争、建设伟大工程、推进伟大事业、实现伟大梦想提供坚强的思想保证和强大的精神力量。

让新思想主导校园文化建设

经过长期努力，中国特色社会主义进入了新时代，这是我国发展新的历史方位。新时代意味着新起点、新任务、新要求、新作为。习近平总书记在党的十九大报告中指出："必须坚持马克思主义，牢固树立共产主义远大理想和中国特色社会主义共同理想，培育和践行社会主义核心价值观，不断增强意识形态领域主导权和话语权，推动中华优秀传统文化创造性转化、创新性发展，继承

---

① 习近平. 决胜全面建成小康社会 夺取新时代中国特色社会主义伟大胜利：在中国共产党第十九次全国代表大会上的报告［M］. 北京：人民出版社，2017：40.

革命文化，发展社会主义先进文化，不忘本来、吸收外来、面向未来，更好构筑中国精神、中国价值、中国力量，为人民提供精神指引。"① 在新时代的新语境下，高校文化育人就要把稳思想之舵，用习近平新时代中国特色社会主义思想武装头脑，提升思想政治教育效果。

一是要抢占新阵地。在不断加强和改进学校党委理论学习中心组学习、教职工政治学习等传统学习基础上，主动抢占思想政治教育新阵地，建设有影响力、公信力的网络思政教育平台，开发有引导力、传播力的微信公众号、客户端，建立新媒体思想政治教育矩阵，推动思想政治教育跨网络、跨平台、跨终端开展，把思想引领贯穿到学校教育教学全过程。

二是要用好主渠道。着眼于提升师生思想政治素质，发掘信息网络优势，用好思想政治理论课这个主渠道，推进思想政治理论课"理论教学·实践锻炼·网络教育"三维融合的综合教学改革，探索推进思想政治理论课与学生日常行为表现相结合的制度，将正确政治方向、价值导向贯穿到立校办学、育人育才全过程。

让好声音响彻校园内外

我国社会主要矛盾的转化决定了文化需求、精神享受、情感熏陶、道德滋养、艺术生活的丰富多样和品质提升已经成为人民过上美好生活的必要条件。习近平总书记指出，必须加强全社会的思想道德建设，激发人们形成善良的道德意愿、道德情感，培育正确的道德判断和道德责任，提高道德实践能力尤其是自觉践行能力，引导人们向往和追求讲道德、尊道德、守道德的生活，形成向上的力量、向善的力量。在新矛盾的新要求下，高校文化育人就要抓住根本，筑牢信仰之基，用社会主义核心价值观引领高校文化建设，让好声音成为校园主调。

一是要培育和践行社会主义核心价值观。广泛开展理想信念教育，加强爱国主义、集体主义、社会主义教育，开展道德诚信、感恩励志、安全法治等专题教育，实施公民道德建设、文明修身、绿色上网工程，举办中国梦系列主题活动，把中华优秀传统文化、革命文化、社会主义先进文化教育融入学校教育教学方案，把社会主义核心价值观融入人才培养全过程，转化为师生的情感认同与行为习惯，把社会主义核心价值观真正内化于心、外化于行。

---

① 习近平. 决胜全面建成小康社会 夺取新时代中国特色社会主义伟大胜利：在中国共产党第十九次全国代表大会上的报告［M］. 北京：人民出版社，2017：23.

二是要选树校园典型。开展校园评优表彰活动,组织校园先进典型巡讲活动,编辑出版优秀学生先进事迹汇编,树立师生身边的典型,倡导形成创先争优的良好氛围。

把学生培育成新时代弄潮儿

习近平总书记在党的十九大报告中把"坚持以人民为中心""坚持社会主义核心价值体系""坚持在发展中保障和改善民生"作为新时代坚持和发展中国特色社会主义的基本方略之一,提出要"把人民对美好生活的向往作为奋斗目标""优先发展教育事业""坚定文化自信,推动社会主义文化繁荣兴盛"。围绕新部署和新任务,高校文化育人就要落脚于学生的培育,尤其要注重健康气质、创新精神、创业能力等方面的培养,让好学生成为校园主力,成长为新时代的弄潮儿。

一是要突出健康气质。坚持体魄健康和心理健康并重,倡导体育文化运动风尚,举办特色校园文化活动,提供心理咨询服务,做好心理健康教育工作,促进学生身心健康发展。

二是要突出创新精神。贯彻国家创新驱动发展战略,改革人才培养模式,完善科教融合、产教融合、校企联合等协同育人机制,推动社会实践教育课程化,促进科研资源、教学资源向创新型人才培养转化,不断培养学生的创新精神,不断提升学生创新创业的能力。

(作者单位:重庆市中国特色社会主义理论体系研究中心重庆邮电大学分中心;本文刊载于《重庆日报》2018年1月28日第09版)

坚定文化自信　建设精神家园

敖永春

文化兴国运兴，文化强民族强。文化具有强大的感召力和凝聚力，是人民构建精神家园、增进思想认同的基础。党的十九大报告站在时代和全局的高度深刻阐释了坚定文化自信的重大现实意义，为我们在新时代进一步推动文化建设和文化繁荣指明了前进方向和奋斗目标，为坚定文化自信、建设文化强国、共筑中华民族的精神家园提供了根本遵循。

中国特色社会主义文化是坚定文化自信、建设精神家园的坚实根基。"文化自信是一个民族、一个国家以及一个政党对自身文化价值的充分肯定和积极践行，并对其文化的生命力持有的坚定信心。"① 中国特色社会主义文化是党和国家事业稳步推进的思想保障和精神力量，也是我们在世界文化激荡中站稳脚跟、坚定文化自信、建设精神家园的坚实根基。博大精深的中华优秀传统文化、激昂向上的革命文化、生机勃勃的社会主义先进文化让我们有充足的实力坚定文化自信，有足够的底气坚定文化自信。正如习近平总书记所说："当今世界，要说哪个政党、哪个国家、哪个民族能够自信的话，那中国共产党、中华人民共和国、中华民族是最有理由自信的。"② 文化自信积淀着中华民族最深层的精神追求，代表着中华民族独特的精神标识，构筑着中华儿女的精神家园。"无论哪一个国家、哪一个民族，如果不珍惜自己的思想文化，丢掉了思想文化这个灵魂，这个国家、这个民族是立不起来的。"③ 新时代，新征程，坚定文化自信是伟大实践之所向、人民诉求之所向、国家发展之所向、创新出新之所向。在实现伟大梦想的征程中充分发挥中华文化的积极作用，建设好中华民族共有的精

---

① 习近平. 在纪念孔子诞辰2565周年国际学术研讨会暨国际儒学联合会第五届会员大会开幕会上的讲话[N]. 人民日报，2014-09-25（02）.
② 习近平. 习近平谈治国理政：第二卷[M]. 北京：外文出版社，2017：36.
③ 中共中央文献研究室. 习近平关于社会主义文化建设论述摘编[M]. 北京：中央文献出版社，2017：5.

神家园,"我们就能毫无畏惧面对一切困难和挑战,就能坚定不移开辟新天地、创造新奇迹"①。

社会主义核心价值观是坚定文化自信、建设精神家园的强大依托。社会主义核心价值观是当代中国精神的集中体现,凝结着全体中国人民共同的价值追求。发挥社会主义核心价值观对精神文化产品创作生产传播的引领作用,把社会主义核心价值观融入文化建设的各方面,是坚定文化自信,构筑中国精神、中国价值、中国力量,推动社会主义精神文明和物质文明协调发展,为人民提供精神指引的强大依托。在新时代中国特色社会主义文化建设道路上,只有形成导向正确、积极健康的文化环境,才能成就文化理想、实现文化价值;只有营造生动活泼、蓬勃向上的文化氛围,才能焕发文化生命力、创造力;只有高扬文化建设主旋律,传播正能量,才能彰显文化自信。社会主义核心价值观引领的文化氛围既是文化建设保持前进动力、保持发展定力的内在要求,也是保证文化建设发展成果、发展质量的外在需求。坚定文化自信必须坚持马克思主义为指导,建设具有强大凝聚力和引领力的社会主义意识形态,培育和践行社会主义核心价值观,加强思想道德建设,并贯穿到中华优秀传统文化、红色革命文化和社会主义先进文化的继承、发展和弘扬中,贯穿到对世界优秀文明的借鉴吸纳中,更好地发展面向现代化、面向世界、面向未来的,民族的科学的大众的社会主义文化。

为人民服务的文化导向是坚定文化自信、建设精神家园的现实遵循。坚定文化自信,就要始终坚持以人民为中心的创作导向。习近平总书记明确指出,人民是历史的创造者,是时代的雕塑者。坚持以人民为中心,首要的是解决好文化为什么服务这个根本性、原则性问题,要始终坚持为人民服务、为社会主义服务的根本方向,始终坚持百花齐放、百家争鸣的方针。只有始终坚持文化建设与其价值取向同向同行,文化建设随时代而行、与时代同频共振,才能避免文化建设偏离初心和使命。坚定文化自信,建设精神家园就是要把实现好、维护好、发展好人民最关心最直接最现实的利益作为出发点和落脚点,坚持以人民为中心,倡导讲品位、讲格调、讲责任,抵制低俗、庸俗、媚俗,不断推出讴歌党、讴歌祖国、讴歌人民、讴歌英雄的精品力作,贴近实际、贴近生活、贴近群众,做到文化发展为了人民、文化发展依靠人民,让文化发展成果更多惠及全体人民,不断满足人民群众的精神文化需求。离开人民,文化建设就会变成无根的浮萍、无病的呻吟、无魂的躯壳,坚定文化自信,建设精神家园更

---

① 习近平. 习近平谈治国理政:第二卷[M]. 北京:外文出版社,2017:36.

无从谈起。只有坚持文化服务人民的正确方向，真正做到以人民为中心，才能坚定文化自信，激发全民族文化创新创造活力，建设社会主义文化强国，共筑中华民族的精神家园，激励全国各族人民朝气蓬勃迈向未来。

满足人民美好生活需要的文化产品是坚定文化自信、建设精神家园的实践指向。满足人民过上美好生活的新期待，必须提供丰富的精神食粮。作为精神食粮的文化，既是丰富生活、激励人心的正能量，同时也是一个国家的软实力。没有高度的文化自信，没有文化的繁荣兴盛，就没有中华民族的伟大复兴。坚定文化自信，建设精神家园必须以人民群众对美好生活的需要为尺度，要根据人民群众的现实需求着力解决文化建设中"不平衡""不充分"的矛盾，努力为群众提供更加符合其现实需求的文化产品和文化服务，满足群众对美好生活的真实诉求。只有文化建设"风生水起"，人民生活才能"有声有色"。坚定文化自信，建设精神家园要大力推动文化事业和文化产业发展，完善公共文化服务体系，深入实施文化惠民工程，丰富群众性文化活动。大力推出更多思想性、艺术性、观赏性高度统一的文艺精品，为人民群众提供积极的、高尚的、丰富的精神文化产品，滋养中华儿女的精神家园，推动中华民族不断向前发展。

"文化自信是一个国家、一个民族发展中更基本、更深沉、更持久的力量。"① 建设文化强国是时代的召唤，是人民的呼声，也是党的伟大使命。为此，我们应坚定文化自信，建设好中华民族共同的精神家园。

（作者单位：重庆市中国特色社会主义理论体系研究中心重庆邮电大学分中心；本文刊载于《重庆日报》2018 年 2 月 22 日第 05 版）

---

① 习近平. 决胜全面建成小康社会 夺取新时代中国特色社会主义伟大胜利：在中国共产党第十九次全国代表大会上的报告［M］. 北京：人民出版社，2017：23.

打造文化品牌 助推文化强市

户可英

党的十九大报告指出,要坚定文化自信,推动社会主义文化繁荣兴盛。文化是一个国家、一个民族的灵魂。我国地缘辽阔,区域文化特色各异。重庆作为西部唯一的直辖市,具有浑然天成的自然之美和悠久厚重的人文之美,区位优势明显。重庆要依托文化底蕴,彰显时代特色,大力打造文化品牌,发展文化产业。这是深入贯彻落实习近平总书记对重庆提出的"两点"定位以及"两地""两高"目标和"四个扎实"要求,实现文化强市目标的必然要求。

挖掘文化底蕴,发展旅游文化

作为一座历史文化名城,重庆展现着它独特的文化魅力。从地理环境上说,重庆山多坡陡,丘陵交错;山水相连,悬崖飞瀑;溪涧纵横,独立峻绝。可以说,整个重庆就是一个山环水绕、江峡相拥的山城群落,这在全世界都是独一无二的。多少人陶醉于重庆地区的锦绣奇山,写下了许多慷慨激昂的不朽诗篇,这其中就包括广为人知的李白、杜甫、刘禹锡、李商隐、欧阳修、杨慎等。独特的文化环境赋予了重庆人民刚毅、劲勇的气质。重庆人开拓进取,豪爽正直,开放包容,吃苦耐劳。其鲜明的个性不仅促生了川剧、红岩等独特的文化成果,还留下了众多的文明遗迹。远古文化有巫山人原人遗址;历史文化有合川钓鱼城、三国文化、三峡文化;宗教文化有大足石刻、华岩寺;抗战文化、革命传统文化有红岩村、白公馆、渣滓洞、烈士墓及刘伯承、聂荣臻、陈独秀故居纪念馆等。可以说,重庆文化资源相当丰富。

如今,重庆又向世界展示着新的山城风貌。如梦如幻的山城夜景,纵横交错的高架桥,四季盎然的绿树鲜花,再加上数不清的天然风景区,让人大饱眼福、流连忘返。重庆人民要借助自然优势,坚定文化自信,积极传承和保护巴渝文化根脉,弘扬巴渝文化、三峡文化、抗战文化、移民文化和红岩精神,不断扩大文化影响力,发展"文化+"旅游、"文化+"商业,打造巴渝旅游文化品牌。

发展文化产业，实现创收增值

不断推动文化产业融合发展。文化天然具有融合、衍生的特质，重庆要结合自身的资源禀赋，优化文化产业布局，实现文化与科技、经济、金融等深度融合，形成"文化+"科技、"文化+"金融、"文化+"商贸、"文化+"制造业、"文化+"农业的多样性产业格局。强化文化产业链整合、企业孵化等功能，积极构建文化产业集群，引导文化产业协调、联动发展，促进文化产业规模不断提升，文化产值不断加大，使文化产业逐渐成为重庆市的支柱产业。

培育文化产业精品生产体系。要依托巴渝文化、三峡文化、抗战文化和红岩精神，不断提升创作能力，向全国推出更多渝产原创优秀影视作品，繁荣社会主义文艺；推动音乐、美术、舞蹈、书法等各种文艺形态蓬勃发展，不断丰富市内书籍、报刊、网络、影视等文化宣传内容，使人民享受到更多、更精美的精神食粮。

创建文化产业现代化传播体系。重庆市文化产业发展要坚持以内容提升为本，不断推动媒体建设。传播力是文化功能实现的基础。要逐步实现数字广播电视户户通，不断加大数字影院在全市的覆盖率，实现文化传播融生活、娱乐和商业于一体；要壮大报刊经营阵营，促使传统媒体和数字媒体进行有机融合，打造有全国性影响力的网络、报刊宣传平台；要积极开展国内外文化交流活动，逐步在海外设立文化出口企业，广泛传播重庆特色文化品牌。

优化教育环境，培养高素质文化产业人才

产业发展靠人才，人才培养靠教育。首先要注重对本土人才的培育工作。发展普惠性学前教育，保障基础教育均衡发展，实现高中教育提质攻坚，促进高等教育、职业教育与产业对接。人才与发展匹配，以产教融合为主攻方向构建现代职业教育体系，以"双一流"建设带动高等教育质量整体提升，提高教育服务发展的能力。

其次，要具备国际化视野，积极拓展文化产业人才国际交流渠道。实施走出去和引进来战略，积极培育和引进国际型文化产业人才，助推国际型文化创意产品生产。同时，争取国内外一流大学和科研机构来渝合作发展，促进重庆文化产业人才与国内外文化企业交流学习。加快国际化经营人才的培训与选拔，培养一批具备创新能力、管理能力、谈判能力、国际能力的复合型人才。

最后，要营造有利于文化产业人才成长的环境氛围。人才的成长需要开放

包容、充满活力的人文氛围。要加大宣传力度，营造良好氛围，增强文化产业人才的自豪感、责任感和使命感。在人文环境营造方面，重庆要不断解放思想，鼓励创新，改革教育体制、丰富文化生活，建立完善的人才政策，适度放宽学历、年龄的限制，提高人才待遇，为文化产业人才搭建良好平台。一个地区文化产业发展的兴盛与否，取决于该地区人民文化素养的高低。因此，要积极培养市民的优秀文化观念，坚持以文化人，不断提升城市精神文明，消除不良风气影响，使全体人民在文化强市共建共享中有更多获得感和幸福感。

（作者单位：重庆市中国特色社会主义理论体系研究中心重庆邮电大学分中心；本文刊载于《重庆日报》2018年10月4日第03版）

弘扬中华优秀传统文化的三重维度

武 蕾 敖永春

文化是民族的血脉和灵魂。中华民族历经磨难仍巍然屹立于世界民族之林，中华文明历经五千年延续不断仍具旺盛生命力，究其重要原因就在于拥有博大精深的优秀文化。中国共产党高度重视中华优秀传统文化，在中国革命、建设和改革中，一贯继承、弘扬、提升中华优秀传统文化。

弘扬中华优秀传统文化要不断彰显中华民族精神

一是彰显中华民族的伟大创造精神。中华民族是具有非凡创造力的民族，我们创造了伟大的中华文明，我们也能够继续拓展和走好适合中国国情的发展道路。中华民族五千多年的灿烂文化始终积淀着一种自强不息、开拓进取的创造精神基因，这种精神基因是中华民族生存、不断发展的生机和活力所在。

二是彰显中华民族的伟大奋斗精神。只有奋斗才能推动历史进步，中国人民自古就明白，世界上没有坐享其成的好事，要幸福就要奋斗。中华民族走过的历程，充满着苦难和辉煌、曲折和胜利，所取得的成就是中国人民用鲜血、汗水奋斗出来的，在不懈奋斗中创造了彪炳史册的伟业，推动了历史进步。

三是彰显中华民族的伟大团结精神。团结就是力量，团结才能前进，中国人民是具有伟大团结精神的人民。在几千年历史长河中，中国人民始终团结一心、同舟共济，建立了统一的多民族国家，发展了56个民族多元一体、交织交融的融洽民族关系，形成了守望相助的中华民族大家庭。

四是彰显中华民族的伟大梦想精神。人因梦想而伟大，中国人民是具有伟大梦想精神的人民。在几千年历史长河中，伟大梦想精神深深地融入中华民族血脉，成为中华优秀文化的基因，成为中华民族历经磨难而屹立不倒、克服险阻而坚毅前行的精神支撑，是激励中华民族走好新时代长征路的强大动力。

弘扬中华优秀传统文化要不断推动其创造性转化和创新性发展

兴文化，必须推动中华优秀传统文化创造性转化、创新性发展。中国在长达五千多年历史发展的长河中，创造了灿烂辉煌的民族文化。面对前人留下的浩瀚的中华优秀传统文化，我们要结合中国特色社会主义新时代的新特点进行创造性转化、创新性发展，归结起来就是"扬弃继承、转化创新"。

创造性转化与创新性发展是一个整体，却又各有侧重、各有所指。创造性转化是指中华传统文化的现代转型，包括在理念上、内容上、表达上、形式上等各层面。就是尊重文化发展规律，坚持不忘本根、辩证取舍，有鉴别地加以对待，取其精华、去其糟粕，守住中华文化本根，传承中华文化基因。既不是全盘继承，也不是全部抛弃，而是推陈出新，进行创造性转化。创新性发展是指中华传统文化的提升超越，重在阐发立足现实并解决当今时代问题的创新内容。就是着眼服务当代、面向未来，对中华优秀传统文化的内涵加以补充、拓展、完善，赋予新的时代内涵和现代表现形式，使中华优秀传统文化的当代价值充分弘扬，为今人所取、为今人所用，实现创新性发展。

传承中华文化，既不是简单复古，也不是盲目排外，而是古为今用、洋为中用、辩证取舍、推陈出新，摒弃消极因素，继承积极思想，"以古人之规矩，开自己之生面"①，实现中华优秀传统文化的创造性转化和创新性发展。

弘扬中华优秀传统文化要不断提升中华文化影响力

提升中华文化影响力，必须推动传统文化与当代文化同向同行，不能厚古薄今。既要弘扬优秀传统文化，把优秀传统文化的精神标识提炼出来、展示出来，把优秀传统文化中具有当代价值、世界意义的文化精髓提炼出来、展示出来。也要传播优秀当代文化，展示当代中国的发展进步、当代中国人的精彩生活，推动反映当代中国发展进步的价值理念、文艺精品、文化成果走向海外。

提升中华文化影响力必须讲好"三个故事"。一是向世界主动讲好中国共产党治国理政的故事；二是向世界主动讲好中国人民奋斗圆梦的故事；三是要讲清楚中国坚持和平发展合作共赢的故事。"一个故事胜过一打道理。"讲好中国故事是提升中华文化影响力的基本途径。

提升中华文化影响力，必须构建现代传播体系。一是要推动媒体融合发展，

---

① 习近平. 在文艺工作座谈会上的讲话［M］. 北京：人民出版社，2015：26.

推动传统媒体和新兴媒体尽快从相"加"迈向相"融",提高对外宣传的传播力和影响力,增强国际传播话语权。二是要创新表达方式,实现话语转换,讲好中国故事、传播好中国声音,不断提升中华文化的吸引力和感染力。三是要完善国际传播工作格局,创新宣传理念、创新运行机制,解决"有理说不出""说了传不开""传开叫不响"等问题,不断提升中华文化影响力。

(作者单位:重庆市中国特色社会主义理论体系研究中心重庆邮电大学分中心;本文刊载于《重庆日报》2018年11月22日第10版)

马克思主义在中华优秀传统文化"双创"中的地位与作用

代金平

中华传统文化是马克思主义中国化的文化土壤,影响着马克思主义中国化的路径和成果;马克思主义及其中国化成果是中华传统文化在当代传承发展的指导思想,为中华优秀传统文化的创造性转化和创新性发展(简称"双创")提供立场、观点和方法。正确处理马克思主义和中华优秀传统文化的关系,明确马克思主义在中华优秀传统文化"双创"中的地位与作用,是科学有效推进"双创"工作的基础和前提。

马克思主义为中华优秀传统文化及其"双创"提供评判标准。传统文化,因其产生和传承的历史语境的局限,不可能直接嫁接到现代生活之中,成为解答当代难题的万能钥匙;同时,我们也不能因为其存在的局限性,否定或排斥其时代价值。对此,习近平总书记说:"要继承和弘扬我国人民在长期实践中培育和形成的传统美德,坚持马克思主义道德观、坚持社会主义道德观,在去粗取精、去伪存真的基础上,坚持古为今用、推陈出新,努力实现中华传统美德的创造性转化、创新性发展,引导人们向往和追求讲道德、尊道德、守道德的生活。"① 这就是说,要通过"双创"实现中华优秀传统文化(中华传统美德)的传承与发展,实现中华优秀传统文化与社会主义核心价值观的融合,这也是我们对待中华优秀传统文化的正确态度和方法。

中华传统文化纷繁复杂,要推进中华优秀传统文化的"双创",首先就是要正确识别或甄选出中华优秀传统文化基因。"双创"就是要按照时代特点和要求,对那些至今仍有借鉴价值的内涵和陈旧的表现形式加以改造、补充、拓展、完善,赋予其新的时代内涵和现代表现形式,激活其生命力,增强其影响力和感召力。马克思主义,尤其是作为马克思主义中国化最新理论成果的习近平新

---

① 习近平. 习近平谈治国理政:第一卷 [M]. 北京:外文出版社,2018:160-161.

时代中国特色社会主义思想，作为时代精神的精华，是解决当下中国面临的一切问题、实现中华民族伟大复兴的中国梦的根本指导思想，自然也是中华优秀传统文化"双创"的指导思想。因此，"双创"的过程，就是坚持马克思主义的立场、观点和方法对传统文化抽丝剥茧的过程，更是根据时代发展需要赋予其新生命的化蛹为蝶的过程。

马克思主义为中华优秀传统文化"双创"确立立场、主体与目标旨向。中国特色社会主义文化无疑是马克思主义文化。当下中华优秀传统文化的"双创"，作为中国特色社会主义文化建设的重要内容，必须坚持马克思主义立场。唯物史观告诉我们，人民群众是社会实践的主体，是历史创造者。正是人民群众在社会实践中创造了光辉灿烂的文化，离开了人民群众当然也就谈不上文化的传承与发展，谈不上优秀传统文化的"双创"。只有融入群众的日常生活之中，融入群众的社会实践之中，"双创"工作才不至于流于空谈，才能在人民群众丰富的实践中实现优秀传统文化的传承发展。

明确了"双创"的立场，也就明确了"双创"的目标旨向——为人民服务、为社会主义服务，不断铸就中华文化新辉煌；同时明确了"双创"的主体力量——人民。习近平总书记在中共中央政治局第十二次集体学习时指出："让13亿人的每一分子都成为传播中华美德、中华文化的主体。"① 这也就是说，13亿多中华儿女既是中国特色社会主义的建设主体，也是中华优秀传统文化"双创"的主体，是社会主义核心价值观的践行者，这是时代赋予每一个中国人的历史使命。

马克思主义为中华优秀传统文化"双创"确立原则与方法。在"双创"中坚持马克思主义，就是要用马克思主义的观点和方法指导"双创"工作。马克思主义观点，在此主要指唯物史观的基本观点。"双创"要坚持一切从实际出发，从中国当下的社会现实出发，从中国特色社会主义发展的实际出发，从中国文化繁荣发展的现状出发，研究文化发展面临的机遇与挑战、存在的问题与条件；把握文化发展的一般规律和中国特色社会主义文化发展的特殊规律，探寻中华优秀传统文化"双创"的有效路径。马克思主义方法论，是指唯物辩证法的方法论，"双创"要坚持唯物辩证法的基本原则，深入研究中华优秀传统文化"双创"的深刻内涵，正确处理继承与创新的关系、坚持与发展的关系、转化与发展的关系，坚持目标导向与问题导向的统一，切实推进文化强国战略的实施。

---

① 习近平. 习近平谈治国理政：第一卷［M］. 北京：外文出版社，2018：161.

在2014年10月召开的文艺工作座谈会上,习近平总书记指出:"传承中华文化,绝不是简单复古,也不是盲目排外,而是古为今用、洋为中用,辩证取舍、推陈出新,摒弃消极因素,继承积极思想,'以古人之规矩,开自己之生面',实现中华文化的创造性转化和创新性发展。"[①] 这是习近平总书记提出的"双创"工作的系列具体原则和方法。习近平总书记围绕"双创"工作,提出了一系列原则和方法,是将马克思主义基本原理与中国文化建设实践相结合的结果,是马克思主义中国化的生动体现。

(作者单位:重庆市中国特色社会主义理论体系研究中心重庆邮电大学分中心;本文刊载于《重庆日报》2018年12月13日第12版)

---

① 中共中央文献研究室.十八大以来重要文献选编:中[M].北京:中央文献出版社,2016:136.

要大力弘扬社会主义先进文化

张 能

"文化兴国运兴,文化强民族强。"① 党的十九届四中全会提出,发展社会主义先进文化、广泛凝聚人民精神力量,是国家治理体系和治理能力现代化的深厚支撑。这一重要部署与重要论述,体现了我们党对建设社会主义先进文化的高度重视。回顾改革开放以来的历程,中国共产党人以高度的文化自觉不断引领和推进中国特色社会主义文化发展。文化已经愈发成为我国社会主义建设道路上不可或缺的部分,只有大力弘扬和发展新时代社会主义先进文化,积极推进社会主义文化强国建设,才能为实现中华民族伟大复兴凝心聚力。当前,中国特色社会主义进入新时代,如何推进新时代社会主义先进文化事业的发展,不仅是一个亟须思考和解答的命题,也是一个实践问题。

大力弘扬社会主义先进文化,必须始终坚持以马克思主义为指导。社会主义先进文化就是以马克思主义、毛泽东思想、邓小平理论、"三个代表"重要思想、科学发展观和习近平新时代中国特色社会主义思想为指导的文化。社会主义先进文化以马克思主义为根本指导思想,体现了我们建设文化强国的社会主义性质和社会主义道路等原则问题。社会主义先进文化又汲取了中华优秀传统文化的精髓,具有鲜明的中国风格、中国气派。要坚持马克思主义的立场观点方法,坚持社会主义先进文化的前进方向,树立正确的政治方向、政治立场,推动社会主义先进文化建设更好地适应时代、跟上时代。要坚持推进马克思主义中国化时代化大众化,建设具有强大凝聚力和引领力的社会主义意识形态,使全体人民在理想信念、价值理念、道德观念上紧紧团结在一起。

大力弘扬社会主义先进文化,就要深刻理解和把握社会主义先进文化的人民性、传承性和开放性。首先,人民性是马克思主义最鲜明的品格,也是无产

---

① 中共中央党史和文献研究院. 十九大以来重要文献选编:上 [M]. 北京:中央文献出版社,2019:29.

阶级政党一切实践活动的原则和依据。社会主义先进文化是为了人民、服务人民的文化。坚持以人民为中心的发展思想，遵循"人民至上"的价值追求，牢固树立以人为本的理念，这是社会主义先进文化建设的前进方向。唯物史观告诉我们，文化建设必须坚持人民性，以人民为中心发展文化。大力弘扬社会主义先进文化，要为人民大众服务，要代表最广大人民的根本利益。社会主义先进文化如果不能为人民服务，就会成为无源之水，也必将失去其生命力。其次，社会主义先进文化源自中华民族五千多年文明历史所孕育的中华优秀传统文化，熔铸于党领导人民在革命、建设、改革中创造的革命文化，植根于中国特色社会主义伟大实践。革命文化和社会主义先进文化不是共时态的两种东西，而是历时态的一种东西。我们要从建设中国特色社会主义先进文化的伟大实践出发，借鉴和传承中华优秀传统文化中积极的、有用的部分，弘扬和发展优良的革命文化，使之与时代精神相契合，这样才能有助于我国形成独树一帜的社会主义先进文化。再次，社会主义先进文化建设，既要继承中华优秀传统文化，又要面向世界，实行对外开放，在此基础上发展社会主义先进文化。在兼收并蓄中博采众长，做到以我为主、洋为中用。在实践中建设具有创造性和开放性的社会主义先进文化。

大力弘扬社会主义先进文化，其关键落脚点是为实现中华民族伟大复兴提供精神支撑。中华民族伟大复兴，不仅仅是民族的振兴，更是文化的复兴、精神的繁荣。一个民族的伟大复兴需要强大的物质力量，也需要强大的文化精神力量。没有文化的繁荣兴盛，就没有民族的伟大复兴。发展社会主义先进文化的目的在于充分发挥文化价值。要坚定中国特色社会主义文化自信，以文化的自信建设自信的文化，加快提升文化软实力，为实现中华民族伟大复兴提供坚强的思想保证、强大的精神力量、丰富的道德滋养。要把培育和践行社会主义核心价值观作为聚气凝魂、固本培元的基础工程，坚持以社会主义核心价值观引领文化建设，广泛开展社会主义核心价值观的宣传教育，凝聚实现民族复兴的强大正能量。要继承和发扬中华优秀传统文化和传统美德，坚持创造性转化、创新性发展，深入发掘其中蕴含的思想资源，汲取发展社会主义先进文化的精神养分，助推社会主义先进文化发展。

（作者单位：重庆市中国特色社会主义理论体系研究中心重庆邮电大学分中心；本文刊载于《重庆日报》2019年12月10日第11版）

移动互联网时代高校意识形态安全教育研究

郑 洁 徐 强

党的十九大报告强调,"意识形态决定文化前进方向和发展道路"①。当前,做好意识形态安全工作极其重要,因为"意识形态工作是党的一项极端重要的工作"②,意识形态安全是国家安全体系中的重要组成部分。习近平总书记指出,"牢牢掌握意识形态工作领导权……必须推进马克思主义中国化时代化大众化,建设具有强大凝聚力和引领力的社会主义意识形态,使全体人民在理想信念、价值理念、道德观念上紧紧团结在一起。"③ 当前,移动互联网已成为意识形态斗争的主战场,微博、微信等网络新媒体成为虚假谣言、错误思潮、反对言论的集散地。作为意识形态工作的重要阵地,高校必须高度重视意识形态安全教育工作,并将其作为一项重大战略任务来抓,积极探寻相关的应对策略,以切实增强高校意识形态安全教育的实效性,维护我国意识形态安全。

一、移动互联网时代高校意识形态安全教育的现实考量

移动互联网主要是指在报刊、广播、电视等传统媒体发展的基础上,充分利用数字技术、网络技术、移动技术,并通过互联网、宽带局域网、无线通信网、卫星等渠道,以及计算机、手机、数字电视机等终端,向用户提供信息和娱乐服务的新兴媒体形态。它具有传播的即时性与互动性、信息的海量性与共享性、交流的个性化与群体化等特征。在数字化技术的驱动下,移动互联网逐渐成为各种舆论信息扩散传播、社会思潮碰撞融合以及思想文化交流发展的重要场所。当网络上出现大量虚假和迷惑性信息时,易混淆视听,使大学生在庞

---

① 习近平. 决胜全面建成小康社会 夺取新时代中国特色社会主义伟大胜利:在中国共产党第十九次全国代表大会上的报告[N]. 人民日报,2017-10-28(1).
② 习近平. 习近平谈治国理政:第一卷[M]. 北京:外文出版社,2014:153.
③ 习近平. 决胜全面建成小康社会 夺取新时代中国特色社会主义伟大胜利:在中国共产党第十九次全国代表大会上的报告[N]. 人民日报,2017-10-28(1).

大而复杂的信息洪流中逐渐迷失自我,进而对社会主流意识形态的选择产生困惑、迷茫甚至无所适从。由此,作为意识形态工作的前沿阵地,高校须依托移动互联技术,适应社会变化和时代趋势,加强高校意识形态安全教育。这是高校发挥自身重要职能、掌握意识形态工作主动权、维护社会主义意识形态安全的重要体现。

(一) 应对国际社会意识形态领域斗争的重要手段

移动互联技术凭借其所具有的信息传播"无屏障"优势,逐渐成为不同意识形态斗争的新阵地。西方发达国家巧妙利用网络论坛、微博、微信等新媒体平台对大学生进行意识形态渗透。它们极力鼓吹西方政党制度与价值观念的优越性,并肆意发布质疑中国共产党历史合法性与抨击我国社会制度的言论,企图影响大学生的政治态度,诱导大学生否定甚至排斥社会主义主流意识形态。此外,部分国外基金会等各类组织机构还以各种形式在高校培育"代言人",意图策反部分师生。因此,高校意识形态安全教育工作面临的最根本的问题就是如何赢得青年大学生。而依托移动互联网开展高校意识形态安全教育则有利于解决以马克思主义为指导的主流意识形态入脑入心的问题,提高大学生对主流意识形态的认同,强化大学生的政治意识,帮助大学生把握政治方向,增强思想定力以及辨别错误观点的能力,进而有效应对国际社会意识形态领域的斗争,打好意识形态领域防卫战。

(二) 国家培养合格社会主义事业接班人的思想保证

党的十九大报告明确指出,"青年兴则国家兴,青年强则国家强。青年一代有理想、有本领、有担当,国家就有前途,民族就有希望。"[①] 移动互联技术的不断发展与普遍应用为社会信息的流动模式、话语形态等带来了新的变化,复杂多元的网络信息很大程度上冲击着大学生的价值观念与行为方式,导致部分大学生社会意识淡薄、理想信念动摇、政治观念淡化,这更加凸显出高校开展意识形态安全教育的重要性和必要性。在移动互联网时代因势利导,积极开展高校意识形态安全教育有利于增强大学生这一青年群体对中国特色社会主义的正确认识与高度认同;有利于实现以社会主义核心价值观引领高校校园文化、提高大学生抵制各种错误思潮的积极性;有利于引导大学生主动向党的理论路线方针政策看齐,培养其担当精神和责任意识,从而为国家培养合格的社会主

---

① 习近平. 决胜全面建成小康社会 夺取新时代中国特色社会主义伟大胜利:在中国共产党第十九次全国代表大会上的报告 [N]. 人民日报,2017-10-28 (1).

义事业接班人提供强有力的思想保证。

（三）促进和谐校园构建的内在需求

和谐校园是社会和谐的重要组成部分，它是指以学校为纽带，充分调动一切积极因素形成发展合力，并在促进学校教育各子系统协调运转的基础上形成的健康有序的稳定状态。构建和谐校园是与时俱进、彰显时代性的做法。在移动互联网时代，面对愈加隐蔽的"非意识形态""去意识形态"现象，面对大学生信息交互的网络依赖、高校课程教育的MOOC浪潮以及传播内容的复杂多样等现象，国家主流意识形态能否赢得大学生的理解、认同和支持，关系到高校意识形态安全教育的全局。为此，只有积极引导大学生正确认识与使用新媒体，最大限度地减少移动互联网技术带来的冲击，并依托移动互联网开展意识形态安全教育相关的实践活动，充分发挥大学生在高校意识形态安全教育过程中的主体作用，营造良好的校园氛围，才能真正实现大学生个人与社会以及自身发展的和谐，增强大学生对国家主流意识形态的认同感与归属感，最终促进和谐校园的构建。

（四）促进大学生健康全面发展的迫切需要

"意识形态不是自发产生的，而是在教育引导的基础上逐渐形成的。"[①] 大学生作为国家社会发展的中坚力量，他们的思想道德素质对国家发展的前途与命运具有直接的影响。实现大学生的成长成才需在提高其科学文化素质的同时，提高其思想政治素质。大学生正处于世界观、人生观和价值观形成的重要阶段，对一些问题缺乏理性的思考和正确的判断，思想认知处于"碎片化"状态，且时常出现情绪波动与选择迷惘的情况。在移动互联网时代，不良网络信息的泛滥对大学生的健康成长构成了极大威胁，大学生容易出现各种心理问题与精神障碍。因此，及时进行高校意识形态安全教育，是提升大学生的思想素养、培育与引导大学生树立正确的价值观念、强化大学生的信息处理与理性应用新媒体的能力、促进大学生健康全面发展的迫切需要，具有重要的现实意义。

二、移动互联网时代高校意识形态安全教育面临的机遇

高校作为知识、人才的汇聚地，是意识形态生产和传播的中心与前沿阵地。移动互联网打破了时空的界限，为各种网络信息的交汇扩散、各种社会思潮的

---

① 李军良，王苑岭. 大学生主流意识形态认同的实践路径[J]. 人民论坛，2011（34）：114-115.

交锋较量、各种思想文化的交流融合提供了新的载体，对高校意识形态安全教育产生了深刻的影响。移动互联网以其独特的传播优势，给高校意识形态安全教育带来了积极的影响和诸多新机遇。

（一）高校意识形态安全教育主体性增强

教育主体是指在高校意识形态安全教育实践活动过程中，制作、控制以及传播信息的，能够引导大学生客观接受相关信息的个人或者组织，承担着传播正面向上的信息以及阻止、控制不合乎时代发展潮流的，阻碍学生健康全面发展的不良信息传播的任务，以引导大学生向正确的方向发展。但是，传统的意识形态安全教育极易因教育者与被教育者之间存在的诸如地位、性格等的差异而在开展工作过程中存在缺乏互动交流等问题，这在一定程度上阻碍了高校意识形态安全教育工作的顺利开展。而移动互联网则在适应现代人崇尚自由、渴望参与这一特点的基础上，为教育者与被教育者之间进行自由平等的交流提供了有利条件。由此，移动互联网时代所体现出的教育自主性使得大学生能够变被动接受为主动参与，并在内容丰富的网络环境中，自由地选择浏览信息，探索与寻求新的学习内容，进而实现教育者与被教育者之间的互动交流。而在这一过程中，大学生能够自主地接受相关信息，并逐渐成为高校意识形态安全教育活动中真正意义上的教育主体，主体性得以增强。

（二）高校意识形态安全教育时空性拓展

移动互联网自身所具有的快捷性与开放性特征，使得大学生能够随时随地、随心地接入任何一个网络端口，享受网络传播带来的便利，或查阅资料，或搜集信息等。由此，移动互联网时代高校意识形态安全教育的管理范围已不仅仅局限于大学生校内生活的某一段时间或者校园这一现实的物理空间，而是凭借移动互联网所具有的时效性打破时空限制，解构传统的"围墙"功用，为不同地区、不同国家的学生共享信息或者在线上与教育者进行互动探讨提供了有利条件。与此同时，这也在很大程度上引导着大学生将自己获取的信息转化为有意义的知识。与诸如听专家讲座、开主题班会等传统的意识形态安全教育方式不同的是，移动互联网时代的高校意识形态安全教育依托移动互联技术，将图像、声音、文字等相融合，并借助微信、微博、手机短信、网络论坛等较为灵活且能够彰显个性的方式发送给大学生，以激发大学生的学习兴趣，使之更为全面、更加积极地获取信息和发表对相关社会热点信息的看法，并及时与他人进行沟通交流，这符合大学生的内在需求与个性化发展的要求。概而言之，移动互联网创造了能够为大学生提供思想服务的、与高校意识形态安全教育管理特质相契合的新的教育环境。

(三) 高校意识形态安全教育实效性提高

传统的意识形态安全教育,高校大都采用"灌输式"教育,在这一过程中,教育者是"权威",相对而言,受教育者则居于"劣势"地位,被动地接受相关教育信息。这使得受教育者极易产生逆反心理,削弱了意识形态安全教育的效果。而移动互联网则在融合"两微一端"等多种信息传播媒体特点的基础上,将相关教育信息进行合理加工,并通过音频、视频等多种形式呈现给学生,以增强教育的吸引力和感染力。此外,在移动互联网时代,海量的信息既为学生提供了丰富的学习资料,也为实现教育主客体间的互动交流、进行网络问答解疑提供了有利的条件。大学生对移动互联网上呈现的信息资源可以进行二次开发、重组甚至是使之再生,其目的在于通过对高校意识形态安全教育内容的不断补充与更新,使之更加贴近大学生实际,符合大学生的心理要求与接受习惯,进而在完善相关教育内容的同时,丰富高校意识形态安全教育者与大学生所共享、共建的学习资源,以强化教育的凝聚力和说服力,进而提高其实效性。

(四) 高校意识形态安全教育新合力形成

当前,物联网、云计算、大数据全方位深入各行各业,人工智能、无人驾驶、共享单车从概念走向现实。高校意识形态安全教育工作在借助互联互通的移动互联技术基础上,使学校、家庭、社会之间能更好地通力合作,形成教育合力。首先,高校凭借先进的互联网技术发挥学校教育的主导性作用,促进了线上教育与线下教育之间合力的形成。通过新媒体新技术有针对性地将教育内容融入高校所开设的相关课程中,提高了意识形态安全教育的影响力和辐射力。其次,方便快捷的移动互联技术促进了学校教育与家庭教育之间合力的形成。在开展意识形态安全教育的过程中,高校教育者充分考虑家庭教育的基础性作用,通过微博、微信、QQ群等新媒体平台让家长在工作繁忙之余,及时了解孩子在学校的学习生活状态的同时,也及时获得家长对学生优点及不足的反馈,以更加深入地了解学生。最后,移动互联网创造的人类生活新空间促进了高校教育与社会教育之间合力的形成。积极运用社会教育所具有的引导性作用,为高校意识形态安全教育营造良好的社会氛围,引导大学生自觉遵守社会道德规范,践行社会主义核心价值观,为高校意识形态安全教育工作的顺利开展提供可靠保障。简而言之,移动互联技术让信息交流可以跨越万水千山,有助于学校、家庭、社会之间形成黏性更强、效果更佳的教育合力。

三、移动互联网时代高校意识形态安全教育面临的挑战

党的十九大报告在提到"我们的工作还存在许多不足,也面临不少困难和挑战"时指出,"意识形态领域斗争依然复杂,国家安全面临新情况"①。任何技术都是一把双刃剑。移动互联网时代,机遇与挑战并存,新变化与新问题同在。面对复杂、多元的移动互联网环境,传统的高校意识形态安全教育理念、方式等均受到了严峻的挑战。

(一)高校部分教师意识形态安全教育理念滞后

移动互联网时代的海量化信息传播为大学生选择信息提供了极大的便利,他们往往更倾向于通过独立判断进行信息的选择与应用。而部分教育者却固守传统,仍一味地将大学生理解为"被动的信息接收者",忽视大学生主观能动性的发挥,忽视大学生的感受,抓不住教育的关键,难以实现与大学生之间的话语对接。部分教育者在面对社会发展中的热点、难点问题时,刻意回避,不及时向大学生做出回应并加以引导,致使一些与社会主流价值观相悖的现实问题不能被大学生正确认识,这在一定程度上动摇了大学生原有的理想信念,甚至对教育内容产生了"表面很美好,现实不美丽"的怀疑或抵触情绪。这在降低教育内容对大学生吸引力的同时,也使得大学生的部分学习时间被依托于网络传播的非主流意识形态所抢占,引发大学生对国家主流意识形态的认同危机;教育者所具有的地位层级与身份属性也被逐步消解,逐渐丧失其树立威信的信息优势。传统的主导地位受到冲击,天然具有的支配权与先导权被逐步解构,进而导致教育者在引导与控制相关教育活动的过程中陷入极其被动的局面,意识形态安全教育的实效性大幅降低。

(二)高校传统意识形态安全教育方式单一

在移动互联网时代,信息传播的多样性影响着人们的生活方式、交往方式、认知方式和思维方式。目前,部分高校教师没有跟上时代发展潮流,在教育教学过程中注重"黑板+粉笔+讲解"的单向说教与内容传输,强调面对面地对学生进行理论灌输,方式方法单一,致使大学生感到枯燥乏味。这种为"教育"而教育的教学方式较为抽象,缺乏寓教于乐的教育内容,既无法适应移动互联网时代大学生对休闲娱乐时间"碎片化"的需求,也不能满足大学生随时随地

---

① 习近平.决胜全面建成小康社会 夺取新时代中国特色社会主义伟大胜利:在中国共产党第十九次全国代表大会上的报告[N].人民日报,2017-10-28(1).

进行沟通的需要，缺乏互动性，难以吸引大学生的注意力。此外，高校在开展意识形态安全教育的过程中，往往沿袭传统，采取诸如理论考试、组织讲座等方式"强迫"大学生参与其中。这在一定程度上降低了大学生学习的积极性。高校教师大多具有较丰富的知识积累和较高的学术理论水平，但往往因忙于科研等多种原因而忽视教学方法的改进，致使教学方式方法单一，出现单向灌输、形式呆板，"重理论、轻实践"，不能将最新知识有效传递给大学生等问题。这就使得教师自身知识难以与大学生实际需求进行有效对接，不利于高校意识形态安全教育工作的有效开展。

（三）高校师生媒介素养有待提高

移动互联技术的传播相较于传统媒体而言是全新的，其对教育者的媒介素养提出了更高的要求。如果教育者缺乏对网络技术发展应有的敏感度，或者无法熟练使用相关的网络技术，则可能会丧失教育的有利时机。当前，西方价值观念在网络上有一定生存空间，个别高校教师受到诸如新自由主义、民主社会主义等异质思潮的影响，理想信念趋于模糊，政治信仰日益迷茫，被发展为西方敌对势力对我国进行意识形态渗透的"代言人"。同时，移动互联网的广泛应用，在促进大学生的学习生活朝着开放化、多样化方向发展的同时，也为以充满功利色彩的各种错误思想观点与具有庸俗趣味的不良信息滋生蔓延提供了条件。这使得大量的负面信息进入大学生的视野，进而对信息甄别判断能力欠缺的大学生的理想信念产生了强烈的冲击，致使其思想出现混乱、政治立场发生动摇，甚至导致行为失范。依托移动互联网进行的意识形态安全教育的有效传播也难以顺利开展，高校意识形态安全教育所具有的价值引导功能随之弱化。

（四）高校意识形态安全教育环境复杂化

在移动互联网时代，部分西方发达国家利用其在移动互联技术方面的优势，采取不正当手段，故意贬低马克思主义的理论价值与实践意义，刻意放大我国改革开放进程中存在的问题，并依托移动互联网制造各种杂音，意图构造相对独立且复杂的信息环境，以扰乱大学生的思想意志，颠覆这一年轻群体的主流价值观，这就加剧了高校意识形态安全教育环境的复杂性。同时，相对于现实的物理空间而言，移动互联网为人们构建的则是一个与之相区别的虚拟生活空间，且具有极强的兼容性与非排他性。它主要依托网络技术与超现实的想象力对人类社会生活的图景进行生动的再现。而在这一虚拟场景中，移动互联网实体实质上是缺席的，出现的仅仅是传递交流意义的虚拟角色。这对社会认知能力较差，且时常处于情绪波动状态的大学生的信息交流行为产生了很大的影响，甚至会导致大学生在面对海量化信息时处于诸如恐慌、迷茫的状态，既不利于学生健全心理机制的形成，也极易诱发人际关系异化、网络成瘾、网络孤独等问题。这也增加了高校意识形态安全教育环境的复杂程度。

（五）高校意识形态安全教育机制有待完善

在传统媒体环境下，高校掌握着校园信息传播的主导权，能够在剔除阻碍大学生健康发展、危害校园安全信息的基础上，再以先进的思想、主旋律的声音传播校园信息。但是，作为个性化、开放性特征明显的媒介形态，移动互联网在传播相关信息的过程中，大多会脱离学校、教师、家长等权威的控制。由此，以移动互联网为载体传播的信息可能会与教育者所宣传的不同，甚至截然相反。这在一定程度上为不良信息的传播、隐藏提供了有利的条件，使得大量诸如网络谣言、"网络愤青"等非理性、情绪化的网络舆情不断出现，并通过概念模糊或曲解含义的方式在大学校园里肆意传播，冲击大学生的价值观念，进而使得高校意识形态安全教育面临难以避免的现实挑战。随着移动互联网时代信息传播管控难度的加大，部分高校并没有建立相关的细则对大学生的网络行为进行正确的引导和对不良现象进行严加管制。这很容易产生"蝴蝶效应""破窗效应"，使大学生的思想陷入混乱，政治立场逐渐动摇，甚至对高校意识形态安全构成威胁。目前高校在意识形态安全教育监管方面仍需加大力度，对移动互联网披露的信息需严格审核并加以规范。

四、移动互联网时代加强高校意识形态安全教育的对策

习近平总书记在全国高校思想政治工作会议中指出："高校思想政治工作关系培养什么样的人、如何培养人以及为谁培养人这个根本问题。"[①] 党的十九大提出了习近平新时代中国特色社会主义思想。当前，"要充分用好网络手段，通过网络直播、网络视频、网上交流等形式"[②]，推动习近平新时代中国特色社会主义思想深入广大青年大学生心中，做到全网跟进，积极回应大学生的关切。高校必须在增强主动性、掌握主动权、打好主动战，在正确把握新时期主流意识形态传播与大学生学习成长规律的基础上，依托移动互联网的传播优势，提出相应的对策。

---

① 习近平. 习近平在全国高校思想政治工作会议上强调 把思想政治工作贯穿教育教学全过程 开创我国高等教育事业发展新局面［N］. 人民日报，2016-12-09（1）.
② 中共中央关于认真学习宣传贯彻党的十九大精神的决定［N］. 人民日报，2017-11-03（1）.

(一) 更新传统意识形态安全教育理念

习近平总书记指出:"高校教师要坚持教育者先受教育,努力成为先进思想文化的传播者、党执政的坚定支持者,更好担起学生健康成长指导者和引路人的责任。"① 面对移动互联技术不断发展所带来的挑战,应更新传统的意识形态安全教育观念,树立适应移动互联网发展要求的新教育理念。

1. 树立"教师主导,学生主体"的教育理念。移动互联网时代,高校教育者应以"立德树人"为根本遵循,理性认知新媒体,积极树立"既倡导开放,又强调导向;既注重科技,又关注人文;既具有全球性,又彰显个体性"② 的新型意识形态安全教育理念,并明确自身在教育实践过程中所具有的主导地位,坚持正确的政治方向,做到在思想上、政治上、行动上与党中央保持高度一致,确保在意识形态安全教育过程中发挥正确的导向作用。在具体的教育实践活动过程中,教育者应明确意识形态安全教育的目标,并在深度挖掘大学生表现出的个性特点与实际需求的基础上,打破传统的"我说你听"的关系结构,重视大学生主观能动性的发挥,引导大学生积极开展自我教育,尊重大学生的主体性,有效解决主流意识形态的入耳入脑入心问题,致力于培养中国特色社会主义合格建设者和可靠接班人。

2. 树立创新性与实践性相结合的教育理念。党的十八大以来,习近平总书记善用讲故事、打比方等"接地气"的话语方式阐述治国理念,并取得了很好的效果。在移动互联网时代,高校教育者可以尝试转变先前"居高临下、空洞说教"的话语方式,逐渐学会运用大学生熟悉的文体风格或流行的网络语言,将马克思主义这一"硬"理论加以"软化";可以结合网络时事热点,因势利导,提高学生的学习兴趣,让学生在平等、自主的学习氛围中感受社会主流意识形态理论的穿透力;可以依托新媒体平台积极推广中国优秀的文学影视作品,在陶冶学生情操的同时,有效抵制多元文化的冲击,传播正能量;可以通过分析新媒体平台上传播的社会热点等实际问题,找到更多大学生感兴趣的话题,将意识形态安全教育工作落细落小落实,增强大学生对主流意识形态的认同感。

(二) 创新高校意识形态安全教育方法

当前,加强高校意识形态安全教育,要充分运用新技术新应用创新媒体传

---

① 习近平. 习近平在全国高校思想政治工作会议上强调 把思想政治工作贯穿教育教学全过程 开创我国高等教育事业发展新局面 [N]. 人民日报, 2016-12-09 (1).
② 李东阳. 传媒背景下高校学生思政教育有效性研究 [J]. 新闻战线, 2015 (23): 128-129.

播方式，不断增强教育的实际效果。立足于多元多变的移动互联网，不难发现，单一的、机械的教育方法难以适应网络时代的育人实践。面对不断发展变化的教育环境，应着眼于移动互联网的发展趋向，创新高校意识形态安全教育方式方法和平台载体，探索方法手段，将更加新颖的方法、更加先进的传播载体应用于意识形态安全教育过程中。

1. 以课堂教学为主渠道。习近平总书记强调"要用好课堂教学这个主渠道"，"要坚持不懈地传播马克思主义科学理论，抓好马克思主义理论教育，为学生成长奠定科学的思想基础"①。课堂承担着发现并培育学生个性与天赋的重要任务。高校应充分发挥移动互联网的技术优势，搭建新的教育教学平台，在强化课堂教学内容时效性、新颖性的基础上，唱响网络新媒体的主旋律，推进优秀理论成果的数字化进程，进一步将意识形态安全教育内容通过多媒体视频、音频等多种形式融入课堂教学之中，以增强思想政治理论课的影响力，切实提高社会主义意识形态在网络新媒体中的地位，进而有效发挥课堂教学在高校意识形态安全教育中的作用。当前，要把学习党的十九大精神作为学校思想政治教育和课堂教学的重要内容。

2. 以校园文化为着力点。习近平总书记提出："要广泛开展形式多样、健康向上、格调高雅的校园文化活动，实现以文化人、以文育人。"② 党的十九大报告强调，要"加强互联网内容建设，建立网络综合治理体系，营造清朗的网络空间"③。移动互联网时代，高校应在关注专业知识学习的同时，延伸人才培养的其他方面，努力将校园文化建设与人才培养紧密结合，大力净化校园网络空间，及时将内容健康、格调高雅的文化产品提供给大学生，以进一步提高大学生的文化品位，使之自觉抵御诸如"网络语言文化""洋节文化"以及各种"恶搞"、恶俗现象对主流意识形态的侵蚀。

3. 以社团活动为新阵地。校园文化社团活动是大学生依据兴趣、爱好等自发组织的团队力量，为大学生之间互相学习、互相监督、共同进步提供了有利的条件，应成为高校开展意识形态安全教育工作的新阵地。在移动互联网时代，高校可将大学生社团组织的知识竞赛、文艺演出、重大节庆纪念日、校园主题

---

① 习近平. 习近平在全国高校思想政治工作会议上强调 把思想政治工作贯穿教育教学全过程 开创我国高等教育事业发展新局面［N］. 人民日报，2016-12-09（1）.

② 习近平. 习近平在全国高校思想政治工作会议上强调 把思想政治工作贯穿教育教学全过程 开创我国高等教育事业发展新局面［N］. 人民日报，2016-12-09（1）.

③ 习近平. 决胜全面建成小康社会 夺取新时代中国特色社会主义伟大胜利：在中国共产党第十九次全国代表大会上的报告［N］. 人民日报，2017-10-28（1）.

教育活动等制作成微电影,并将视频上传至网络与大学生分享。由此,实现宣传思想工作在新媒体平台上的渗透与发展,做到在充分挖掘与整理校园实践活动中富有的价值理念的同时,强化大学生对社会主义核心价值观的认识,增强社会主流意识形态认同度,进一步扩大高校意识形态安全教育工作的影响力。

4. 以校园媒体为大舞台。加强校园媒体建设,促进传统媒体与新媒体的有效融合是高校发挥其教育职能的迫切要求。高校应积极借助以校园广播、宣传栏等为代表的传统媒体,组织开展社会主义核心价值观专题活动,引导大学生进行学习与讨论,进一步增强高校意识形态安全教育的直观性,深化大学生对教育内容的认知、理解与吸收。同时,高校还有必要充分挖掘新媒体所具有的潜力,依托网络视频、手机等,搭建宣传思想工作立体化平台,并及时向大学生发布学校各项重大政治性活动的相关信息,以拓宽大学生获取信息的途径,抢占校园网络宣传制高点,建设融思想性、知识性于一体的,具有学校特色的、专门的意识形态工作示范性主题网站,强化对大学生的教育与引导,从而确保高校意识形态安全教育工作顺利开展。

(三) 提升师生意识形态安全媒介素养

媒介素养是指在各种信息交叉渗透、新媒体技术快速发展的当代社会,高校意识形态安全教育者与受教育者所应具备的对各种信息认识、评判、运用的态度与能力。当前,应着力提升师生的意识形态安全媒介素养,强化其大局意识,帮助他们正确、客观地认识网络上传播的信息,增强其政治敏感力与防御能力,并规范其网络行为。

1. 提高教师的新媒体教学应用能力。高校应立足于大学生的全面发展,着力培养一批媒介素质过硬,熟悉网络用语和移动互联技术的现代化、信息化运用能力较强的高素质教育工作者,使之了解并能够熟练使用诸如 Word 文字处理、Excel 信息加工、PPT 课件制作演示等网络应用技术,并能够根据不同的教学目标,基于微博、微信、QQ 等新媒体平台选择合适的教学方式。要通过对新媒体教学优势等相关内容的宣传,进一步深化教育者对新媒体教学意义的理解,努力打造出一支既懂教育艺术又懂新媒体技术的现代化、信息化较强的高素质的意识形态安全教育队伍。

2. 规范大学生运用新媒体的行为。移动互联技术的快速发展使大学生的语言习惯和关注点极具时代性。大学生在关注网络舆情信息、表达自己观点的过程中,不可避免地会出现因自身缺乏正确的价值判断而获取不良信息的现象。由此,高校有必要将道德教育融入意识形态安全教育过程之中,广泛开展媒体道德与法制教育，使大学生在使用新媒体时，能够以理性的觉悟、反思的态度自觉遵守诸如使用文明网络用语、不浏览非法网站等网络道德规范，以确保大学生在良好道德的引领下，遵纪守法，对自己的言行负责。

（四）增强高校意识形态安全教育合力

党的十九大报告强调要"加强国家安全教育，增强全党全国人民国家安全意识，推动全社会形成维护国家安全的强大合力"[①]。为有效应对移动互联网带来的复杂多变的环境，需要形成政府、高校、媒体等多方面的教育合力，营造良好的教育环境，进一步增强高校意识形态安全教育的可控性与实效性。

1. 从政府着力，形成正确的思想舆论环境。党的十九大报告指出，要"坚持正确舆论导向，高度重视传播手段建设和创新，提高新闻舆论传播力、引导力、影响力、公信力"[②]。政府应强化主流意识形态阵地的制度化、法律化管理，有效利用红色主题网站等新媒体平台，发挥网络信息"把关人"的作用，加强对舆论的监管，进而牢牢掌握舆论的引导权，充分发挥舆情导向职能。当前，政府应通过官方微博、微信等新媒体平台大力宣传党的十九大精神，并在深入了解大学生的文化诉求与精神取向的基础上，组织开展丰富多彩的线下实践活动，为大学生树立正确的价值观念营造良好的舆论环境。

2. 从高校着手，创造健康的校园媒介环境。高校既是我国社会主流意识形态最系统化的宣传阵地，也是意识形态安全教育的重要舆论场所。在移动互联网时代，高校应设立专门的信息审核部门，加强对校园网络信息管理机构的建设；应培养舆情联络员，把控好各种信息的有效传播，及时拦截或删除新媒体散布的不良信息，强化对网络信息源的监管，减少有害信息在校园内的扩散传播，以确保校园网络空间的清朗，为意识形态安全教育创造健康向上的校园媒介环境。

3. 从新媒体着眼，营造积极的传播环境。高校在开展意识形态安全教育实践活动的过程中，应依托新媒体，引入实效性较强的教育内容，并加以合理开发，注重内容的科学性、可读性与指导性。同时，积极发挥新媒体的教育引导功能，解答大学生的思想困惑，及时回答他们关心的社会问题，促进教育环境由传统的"权威环境"向现代的"人文关怀环境"发展。此外，还应尊重大学

---

① 习近平. 决胜全面建成小康社会 夺取新时代中国特色社会主义伟大胜利：在中国共产党第十九次全国代表大会上的报告［N］. 人民日报，2017-10-28（1）.
② 习近平. 决胜全面建成小康社会 夺取新时代中国特色社会主义伟大胜利：在中国共产党第十九次全国代表大会上的报告［N］. 人民日报，2017-10-28（1）.

生的自主性,提升大学生积极的情感体验,以增强对主流意识形态的情感认同,为大学生营造积极的传播环境。

(五)完善高校意识形态安全教育机制

党的十九大报告提出要"落实意识形态工作责任制,加强阵地建设和管理,注意区分政治原则问题、思想认识问题、学术观点问题,旗帜鲜明反对和抵制各种错误观点"①。移动互联网时代,高校有必要对已有的意识形态安全教育机制进行调整与完善,破除制约其发展的障碍,为意识形态安全教育工作的顺利开展提供机制保障。

1. 建立齐抓共管工作机制。高校应充分发挥移动互联网在育人方面的正能量,积极动员校党委宣传部、学生处、校团委等职能部门的作用,依托校园新媒体建立起意识形态安全教育工作长效机制,严格把关校园网上传播的意识形态相关信息,促进由校党委统一领导、党政齐抓共管、各部门相互协作的意识形态工作新格局的形成。与此同时,高校还应积极开展校园网络文化建设的专项试点工作,有效依托新媒体技术实现校报校刊的数字化,并着力建设诸如辅导员博客、校务微博等有助于师生互动的平台,进而实现意识形态安全教育向教学、科研、管理等各项具体工作渗透的教育教学目标,建立起学校、院系(部门)负责,基层党支部落实的目标责任制与工作机制,强化各职能部门的责任意识,着力提高高校意识形态安全教育的科学化水平。

2. 创建教育评估机制。作为实现科学管理与正确决策的需要,教育评估是移动互联网时代高校意识形态安全教育过程中必不可少的重要环节,有利于克服经验主义与形式主义,确保意识形态安全教育任务的完成。为此,高校应立足于教育目标,设定科学的评估标准,对评估教育过程是否达标,教育任务、内容等是否完成,教育主客体间的互动关系是否正常等内容着重评估考量,进而确保评估结果的全面客观性与科学实效性。此外,评估程序还应遵守民主、公开的原则,不搞形式主义,客观分析教育过程中存在的问题,并及时提出整改意见,加以纠正与调控,以全面实现移动互联网时代高校意识形态安全教育的目标。

3. 健全奖惩问责监督机制。面对网络上散布的各种谣言,高校应积极把握前沿技术,加强对网络宣传阵地的建设与监管。应大力研发适用于高校意识形态安全教育的监控软件,健全相应的标准体系,主动研判大学生意识形态领域

---

① 习近平. 决胜全面建成小康社会 夺取新时代中国特色社会主义伟大胜利:在中国共产党第十九次全国代表大会上的报告[N].人民日报,2017-10-28(1).

出现的新情况、新问题，以及时监测各种不良情况的出现，并对其进行精准分析，加以化解，避免校园突发事件的发生或矛盾的升级。同时，高校还要对在意识形态安全教育工作过程中有突出贡献的师生给予相应的奖励，并鼓励高校师生敢于向意识形态领域存在的诋毁党、社会主义和国家的言论亮剑，做到弘扬主旋律、传播正能量，以增强移动互联网时代高校意识形态安全教育的活力，切实维护高校意识形态安全。

4. 构建教育反馈机制。教育反馈是教育者掌握教学进度、了解教学效果、促进师生交流的重要途径。在教育过程中，受教育者可以通过新媒体平台向教育者反馈自己对某一社会现象、理论热点、时政方针的认识与理解。同时，教育者也能够根据第一时间获得的反馈，及时调整自身的教育方法与进程，从而进一步增强教育内容的针对性和吸引力，提高教育效果。此外，依托新媒体的意识形态安全教育一定程度上也是课堂教学的延伸。为此，应着力将线上反馈与线下反馈有机结合，以全面掌握相关教育信息，科学制订或调整教育教学方案，提升移动互联网时代高校意识形态安全教育的实效性。

总之，面对快速发展的移动互联网技术带来的信息传播革命，高校必须正确把握移动互联网的特点及其发展趋势，不断适应新变化，因势而谋、应势而动、顺势而为，有针对性地采取相关对策推动党的十九大精神进教材、进课堂、进头脑；要用好"两微一端"等新技术和新应用，充分调动大学生参与学习宣传贯彻落实党的十九大精神的积极性，占领信息传播的制高点，以全面增强高校意识形态安全教育的实效性，进而扩大国家主流意识形态的影响，维护我国意识形态安全。

（作者单位：重庆市中国特色社会主义理论体系研究中心重庆邮电大学分中心；本文刊载于《学术论坛》2017年12月10日第6期）

增强中国网络文化软实力

徐 强

党的十八大以来,以习近平同志为核心的党中央,顺应互联网时代发展趋势,着眼于中国网络文化建设发展的伟大实践,从理论和实践结合上系统回答了新时代如何增强和提升中国网络文化软实力这个重大课题,为中国网络文化软实力建设发展提供了行动指南和理论武器。对此,我们要深刻理解领会,坚决贯彻落实。

一、牢牢掌握网络核心技术命门,增强网络文化软实力的技术支撑力

互联网核心关键技术是网络文化技术支撑的最大命门。谁拥有网络核心关键技术,谁就能控制网络信息传播的生死门,就能牢牢掌握网络文化的传播权、主导权和话语权。目前,我国网络核心技术和关键设备严重依赖国外,特别是美国的"八大金刚"牢牢控制国际互联网制网权,严重制约着我国网络文化软实力建设发展,成为我国网络文化软实力技术支撑的最大瓶颈。要掌握互联网发展的主导权、话语权,就必须突破核心技术这个难题,掌握网络核心技术命门。正如习近平总书记所指出的,与世界先进水平相比,中国互联网建设发展最大差距体现在网络核心技术上。那么,我们如何突破网络核心关键技术呢?

1. 树立"三心"意识。习近平总书记指出,"核心技术要取得突破,就要有决心、恒心、重心"[1]。"有决心",就是要有顽强拼搏、刻苦攻关的志气,坚定不移实施创新驱动发展战略。"有恒心",就是要制定信息领域核心技术设备发展战略纲要,分梯次、分门类、分阶段推进,咬定青山不放松。"有重心",就是要面向世界科技前沿、国家重大需求和国民经济主战场,紧紧围绕攀登战略制高点,强化重要领域和关键环节任务部署。"三心"思想凸显了习近平总书

---

[1] 习近平. 在网络安全和信息化工作座谈会上的讲话[M]. 北京:人民出版社,2016:10.

记对突破互联网核心关键技术的战略思考、战略布局和战略自信，为网络核心技术攻关提供了强有力的精神动力。

2. 瞄准世界互联网科技前沿。习近平总书记指出，要建设科技强国、网络强国、数字中国、智慧社会，必须"瞄准世界科技前沿"，"突出基础技术、通用技术、关键共性技术、前沿引领技术、非对称技术、撒手锏技术、颠覆性技术创新"①，推动互联网、大数据、云计算、物联网、人工智能深度融合创新，实现弯道超车，为突破互联网核心关键技术指明了方向。

3. 强强联合、协同攻关。习近平总书记指出，"要打好核心技术研发攻坚战，不仅要把冲锋号吹起来，而且要把集合号吹起来，也就是要把最强的力量积聚起来共同干，组成攻关的突击队、特种兵"②，"可以组建'互联网+'联盟、高端芯片联盟等，加强战略、技术、标准、市场等沟通协作，协同创新攻关"，"建立以企业为主体、市场为导向、产学研深度融合的技术创新体系"③，只有这样才能实现移动核心关键芯片、移动操作系统及自主生态系统创新，才能实现云计算技术体系和端计算技术体系的创新发展，才能构建我国从移动芯片、操作系统、应用软件到智能终端、云计算平台的移动互联网优势生态。

4. 聚天下英才而用之。习近平总书记指出，"人才是实现民族振兴、赢得国际竞争主动的战略资源"④，"聚天下英才而用之"，"培养造就一大批具有国际水平的战略科技人才、科技领军人才、青年科技人才和高水平创新团队"⑤，"网络空间的竞争，归根结底是人才竞争"⑥。要突破互联网核心关键技术，必须不拘一格降人才，下大气力引进高端人才，聚天下英才而用之；必须"建设一支政治强、业务精、作风好的强大队伍，培养造就一大批具有国际视野、世界水平的科学家、网络科技战略人才、网络科技领军人才、卓越工程师、高水平创新团队"，为网络核心技术攻关提供强有力的人才支撑和智力支持。

---

① 习近平. 决胜全面建成小康社会 夺取新时代中国特色社会主义伟大胜利：在中国共产党第十九次全国代表大会上的报告［M］. 北京：人民出版社，2017：31-32.
② 习近平. 在网络安全和信息化工作座谈会上的讲话［M］. 北京：人民出版社，2016：14.
③ 习近平. 在网络安全和信息化工作座谈会上的讲话［M］. 北京：人民出版社，2016：15.
④ 习近平. 决胜全面建成小康社会 夺取新时代中国特色社会主义伟大胜利：在中国共产党第十九次全国代表大会上的报告［M］. 北京：人民出版社，2017：64.
⑤ 习近平. 决胜全面建成小康社会 夺取新时代中国特色社会主义伟大胜利：在中国共产党第十九次全国代表大会上的报告［M］. 北京：人民出版社，2017：31-32.
⑥ 习近平. 在网络安全和信息化工作座谈会上的讲话［M］. 北京：人民出版社，2016：23.

二、牢牢掌握网络意识形态领导权,增强网络主流意识形态影响力

习近平总书记指出,"意识形态工作是党的一项极端重要的工作"①,"必须坚持马克思主义,牢固树立共产主义远大理想和中国特色社会主义共同理想,培育和践行社会主义核心价值观,不断增强意识形态领域主导权和话语权"②。同样,网络意识形态工作是党的一项极端重要的工作。当前,我国网络意识形态领域呈现多元多样多变的特点,网络主流意识形态与非主流网络意识形态的斗争异常尖锐复杂,其实质就是马克思主义主流意识形态与非马克思主义社会思潮的斗争与交锋。很长一段时间以来,马克思主义主流意识形态在网络中受到非马克思主义社会思潮的严重冲击,处于比较弱势和边缘化的地位,削弱了党对网络意识形态的领导权、管理权和话语权。我们该如何加强党对网络意识形态工作的领导呢?

首先,必须旗帜鲜明地坚持党对网络空间的领导,坚持党管网络媒体。网络空间已经成为与陆地、海洋、天空、太空同等重要的人类活动新领域,是国家主权、国家主流意识形态拓展延伸的新空间。"党政军民学,东西南北中,党是领导一切的。"党领导网络空间是党的性质和国家性质所决定的,是使命所系。习近平总书记指出,"党管媒体是把各级各类媒体都置于党的领导之下"③。所有从事新闻信息服务、具有媒体属性的和舆论动员功能的传播平台都必须置于党的领导之下。因此,网络媒体必须同样置于党的领导之下。必须增强政治意识、大局意识、核心意识、看齐意识,自觉维护党中央权威和集中统一领导,自觉在思想上政治上行动上同党中央保持高度一致,落实意识形态工作责任制,加强阵地建设和管理。

其次,必须扎实推进习近平新时代中国特色社会主义思想进网络。要旗帜鲜明、理直气壮地在网上网下宣传、解读习近平新时代中国特色社会主义思想,阐释、解答和回应网民关注的重大理论问题和实践问题,推动新时代中国特色社会主义思想深入人心。用喜闻乐见的马克思主义话语讲述中国故事、传播中国声音、塑造中国形象,提升网络主流意识形态影响力、渗透力和凝聚力。

再次,必须旗帜鲜明地反对和抵制各种网络错误思潮。旗帜鲜明地反对、

---

① 习近平. 习近平谈治国理政:第一卷[M]. 北京:外文出版社,2018:153.
② 习近平. 决胜全面建成小康社会 夺取新时代中国特色社会主义伟大胜利:在中国共产党第十九次全国代表大会上的报告[M]. 北京:人民出版社,2017:23.
③ 中共中央文献研究室. 习近平关于社会主义文化建设论述摘编[M]. 北京:中央文献出版社,2017:42.

揭露、批驳网上历史虚无主义、新自由主义、西方宪政民主、民主社会主义、西方普世价值论等各种错误思潮，严厉打击利用网络诋毁党和国家、抹黑英雄人物、妖言惑众等行为，绝不给任何错误思潮、错误思想和错误观点提供网络传播渠道。

三、牢牢坚持以人民为中心的创作导向，增强网络文化产品吸引力

习近平总书记指出，"社会主义文艺是人民的文艺，必须坚持以人民为中心的创作导向"①，"以人民为中心，就是要把满足人民精神文化需求作为文艺和文艺工作的出发点和落脚点，把人民作为文艺表现的主体，把人民作为文艺审美的鉴赏家和评判者，把为人民服务作为文艺工作者的天职"②。我国网络文化内容产品就数量、规模而言，毫无疑问名列世界前茅，但总体来说创新能力、创意能力不强，原创力作鲜少，精品严重不足，难以满足网民日益增长的网络文化需求。那么，该如何坚持以人民为中心的创作导向呢？

一是要努力创作大批网络文化产品精品力作。习近平总书记指出，"要繁荣文艺创作，坚持思想精深、艺术精湛、制作精良相统一，不断推出讴歌党、祖国、人民和英雄的精品力作"③，"倡导讲品位、讲格调、讲责任，抵制低俗、庸俗、媚俗"④。"优秀文艺作品反映着一个国家、一个民族的文化创造能力和水平"，要"努力创作生产更多传播当代中国价值观念、体现中华文化精神、反映中国人审美追求，思想性、艺术性、观赏性有机统一的优秀作品"。网络文化产品生产同样如此。为了满足广大网民日益增长的网络文化需要，必须创作出大批具有凝聚力、亲和力、感染力的网络文化精品，创新网络文化产品的内容、形式、载体，创作出内容鲜活、形式多样、喜闻乐见的网络文化精品力作，满足广大网民日益增长的网络文化需求，不断推进中国网络文化大繁荣大发展。

二是要加强网络文化产品知识产权保护。习近平总书记指出："互联网不是法外之地。利用网络进行欺诈活动，散布色情材料，进行人身攻击，兜售非法

---

① 习近平. 决胜全面建成小康社会 夺取新时代中国特色社会主义伟大胜利：在中国共产党第十九次全国代表大会上的报告［M］. 北京：人民出版社，2017：43.
② 中共中央文献研究室. 习近平关于社会主义文化建设论述摘编［M］. 北京：中央文献出版社，2017：160.
③ 习近平. 决胜全面建成小康社会 夺取新时代中国特色社会主义伟大胜利：在中国共产党第十九次全国代表大会上的报告［M］. 北京：人民出版社，2017：43.
④ 习近平. 决胜全面建成小康社会 夺取新时代中国特色社会主义伟大胜利——在中国共产党第十九次全国代表大会上的报告［M］. 北京：人民出版社，2017：43.

物品，要坚决管控，决不能任其大行其道。"① 当前，迫切需要出台网络直播、网络影视、网络音乐等国家层面的网络文化产品法律法规，规范网络文化产品创作、使用、消费、分享等秩序，保护网络文化产品著作者的知识产权和合法权益，严惩网络文化产品侵权、盗版、抄袭、山寨等违法犯罪行为，做到有法可依、有法必依、执法必严、违法必究。

三是要加强不良有害的网络文化产品治理。网络空间是网民共同的精神家园。依法治网是网络文化繁荣发展的前提和基础，是网络文化健康发展最基础、最根本性的保障。习近平总书记指出，"加强互联网内容建设，建立网络综合治理体系"②，"利用网络鼓吹推翻国家政权，煽动宗教极端主义，宣扬民族分裂思想，教唆暴力恐怖活动，要坚决制止和打击，决不能任其大行其道"③。当前，要坚决制止和打击利用网络鼓吹颠覆政权、抹黑党和国家、煽动宗教极端主义、挑动民族仇恨、宣扬民族分裂等网络活动，坚决打击网络诽谤、网络欺诈、网络造谣、网络攻击等非法网络行为，加强网络口袋图书、网络文学、网络游戏、网络视频、网络直播及其两微一端产品的治理，加强网络虚假信息、虚假宣传、虚假炒作、造谣诽谤信息的治理，加强网络淫秽色情信息、淫秽色情照片、不雅视频、性广告等的治理，加强网络封建迷信、网络占卜算卦、网络宗教渗透的治理，提高网络文化产品的品质，净化网络空间，营造良好的舆论生态。

四、牢牢坚持正确舆论导向，增强网络舆论引导力

习近平总书记指出，"舆论导向正确，就凝聚人心、汇聚力量，推动事业发展；舆论导向错误，就会动摇人心、瓦解斗志，危害党和人民的事业"④，"做好网上舆论工作是一项长期任务，要创新改进网上宣传，运用网络传播规律，弘扬主旋律，激发正能量，大力培育和践行社会主义核心价值观，把握好网上

---

① 习近平. 习近平谈治国理政：第二卷 [M]. 北京：外文出版社，2017：336.
② 习近平. 决胜全面建成小康社会 夺取新时代中国特色社会主义伟大胜利：在中国共产党第十九次全国代表大会上的报告 [M]. 北京：人民出版社，2017：42.
③ 习近平. 习近平谈治国理政：第二卷 [M]. 北京：外文出版社，2017：336.
④ 中共中央文献研究室. 习近平关于社会主义文化建设论述摘编 [M]. 北京：中央文献出版社，2017：43-44.

舆论引导的时、度、效"①,"营造清朗的网络空间"②。当下的中国正处于战略机遇期和黄金发展期,也处于矛盾凸显期和危机高发期,各种危机层出不穷,各种热点应接不暇,各种舆情突发频发,给网络舆论引导带来了前所未有的挑战,网络舆论导向工作难度加大。那么,我们该如何坚持正确的舆论导向呢?

首先,必须把正确的政治方向摆在第一位。习近平总书记指出:"要让主旋律和正能量主导报刊版面、广播电台、电视屏幕,主导网络空间、移动平台等传播载体,不能搞两个标准,形成'两个舆论场'。"③ 因此,各级网络主流媒体、各门户网站、各商业网站、各专业网站、各社交网站和自媒体,必须坚持正确的政治方向、坚持以人民为中心的工作导向,传播正能量,弘扬主旋律,讲好中国故事,唱好中国声音,增强主动性、掌握主动权、打好主动仗,不断巩固和壮大主流思想舆论,不断提高政治辨别力和网络舆论引导力。

其次,树立正确的网络舆论引导理念。即树立"核心价值"理念(用社会主义核心价值观引领网络舆论)、"先发制人"理念(要在第一时间发布权威信息)、"关键节点"理念(关键节点的转发评论量、粉丝数大小、不同内容性质科学分析)、"互动联动"理念(及时沟通、互动、疏导),科学引导网络舆论。

再次,把握好网络舆论引导的时、度、效。时、度、效是检验新闻舆论工作水平的标尺。时,就是时机、节奏;度,就是力度、分寸;效,就是效果、实效。因此,做好网络舆论引导工作,必须从时、度、效着力,体现时、度、效要求,才能抢占先机,掌握制高点,赢得主导权。

(作者单位:重庆市中国特色社会主义理论体系研究中心重庆邮电大学分中心;本文刊载于《红旗文稿》2018年1月10日第1期)

---

① 中共中央文献研究室. 习近平关于社会主义文化建设论述摘编 [M]. 北京:中央文献出版社,2017:35.
② 习近平. 决胜全面建成小康社会 夺取新时代中国特色社会主义伟大胜利:在中国共产党第十九次全国代表大会上的报告 [M]. 北京:人民出版社,2017:42.
③ 习近平总书记在党的新闻舆论工作座谈会上的重要讲话引起强烈反响 [EB/OL]. (2016-02-20) [2017-11-20]. http://politics.people.com.cn/n1/2016/0220/c1001-28136846.html.

新时代网络强国战略思想研究

谢霄男　李　净　李文清

实现中华民族伟大复兴，是点燃每一位华夏儿女逐梦激情的思想引擎。中华民族伟大复兴的实现，在新时代条件下具有新的时代意涵。在信息时代已然来临的今天，社会主义现代化强国的建设、中华民族伟大复兴的实现不应仅局限在实体社会层面，亦应体现在虚拟社会层面。在虚拟社会实现民族复兴，中国不仅应该成为网络大国，还应该致力于建设网络强国。显然，以习近平同志为核心的党中央关于建设网络强国的战略思想，对于推动新时代中国特色社会主义的发展、社会主义现代化强国的建设以及中华民族伟大复兴"中国梦"的实现，均有着重要的理论价值和现实意义。为此，笔者拟从以下七个方面对新时代网络强国思想进行研究。

一、网络强国建设的总体性要求：保障国家的网络安全

习近平主席于 2017 年 9 月 3 日，在金砖国家工商论坛开幕式上的讲话中指出："世界仍不太平，地区冲突和热点问题一波未平、一波又起。恐怖主义、网络安全等威胁相互交织，为世界蒙上一层阴影。"① 显然，建设网络强国，需要应对一系列源自国内外的威胁与挑战，而最大的威胁与挑战，莫过于对国家网络安全的威胁。2017 年 4 月 15 日，是中国第二个全民国家安全教育日。国家安全内在地包含了维护国家的网络安全。国家的网络安全受到威胁，实现民族复兴赖以需要的稳定社会环境就会受到破坏。习近平总书记对保障国家的网络安全尤为重视，他在 2016 年 4 月 19 日主持召开的网络安全和信息化工作座谈会上强调，要"全天候全方位感知网络安全态势"②。由此，我们能够切身感受到，

---

① 习近平. 共同开创金砖合作第二个"金色十年"：在金砖国家工商论坛开幕式上的讲话[N]. 人民日报，2017-09-04 (2).
② 习近平. 在网络安全和信息化工作座谈会上的讲话[N]. 人民日报，2016-04-26 (2).

以习近平同志为核心的党中央已将维护网络安全上升到国家安全的战略高度。将保障国家的网络安全作为网络强国建设的总体性要求，是以习近平同志为核心的党中央治理网络空间始终秉持的基本准则。习近平总书记于2014年在北京召开的中央国家安全委员会第一次会议上，发出了保障国家网络安全的时代性号召。国家网络安全是非传统意义上的国家安全，但与传统意义上的国家安全一样，都是建设网络强国须臾不可忽视的重要因素。在人类已经迈入信息化时代的今天，保障国家网络安全已然是建设网络强国的总体性要求。国家的富强应该具有全域性，习近平总书记的讲话彰显了全域性的强国战略思想。无论是传统意义上的国家安全，还是非传统意义上的国家安全，对于实现中华民族伟大复兴而言，均有着同等重要的地位。为此，习近平总书记有关国家安全体系的思想是全面的、立体化的。他总共列出了11种关系国计民生的国家安全内容，而保障国家的网络安全赫然在列。目前，中国网民数量已有7亿之众，且网民大军的组成部分正趋向低龄化，而青年是祖国的未来，赢得青年也就赢得了未来。保障国家的网络安全，无异于开展一场新的、大规模的战役。显然，这场战役已经打响，能否取得这场战役的最终胜利，决定了我们能否顺利建成网络强国，并最终实现中华民族伟大复兴。以习近平同志为核心的党中央正大力推进国家治理体系与治理能力现代化。将保障国家安全作为网络强国建设的总体性要求，这就意味着将网络治理作为国家治理的重要组成部分。提升国家治理能力，同时也就意味着提升保障国家网络安全的能力。对此，习近平总书记早于2013年11月就曾指出，网络安全事关社会稳定与国家安全，需要引起高度重视。他于2014年2月又重申了这一观点，并指出要将保障国家网络安全上升到战略高度，充分显示了以习近平同志为核心的党中央对网络安全问题的高度重视。保障国家网络安全，是网络强国建设的总体性要求，是由当前暴露或隐藏的种种冲击和威胁决定的。自从中国经济实现腾飞，国家逐渐全面建成小康社会以后，西方一些资本主义国家以及受其蛊惑的某些发展中国家和欠发达国家，渐渐产生了不同程度的恐慌心理。于是，在西方一些资本主义国家的主导下，不断利用各种传播媒介，鼓噪"中国威胁论""黄祸论"以及"中国崩溃论"等带有较强政治目的的言论。这些负性言论的甚嚣尘上，尤其是利用互联网的传播，对中国的网络安全构成了不可小觑的影响。[①] 与此同时，西方一些资本主义国家通过网络窃听技术、黑客网络攻击等非法手段，不间断地对中

---

① 徐仲伟. 论网络空间发展中的我国文化安全问题［J］. 重庆邮电大学学报（社会科学版），2012，24（1）：1-6.

国的安全进行攻击。与外界对中国网络进行攻击相对应的,是中国的网络防御与保护工作还有较大的提升空间。例如,中国目前的网络安全管理体制尚存在诸多需要改革的问题,如在管理层面上,存在多头管理,责任不明确等弊端;① 在监督层面上,存在任务繁重,效率低下等不足。网络安全是国家整体安全不可或缺的组成部分,网络具有渗透性与全域性等特点。网络安全得不到保障,必然会波及政治、经济、文化等各领域,渗透到学校、家庭、社会等各场域,覆盖老人、中年、青年、少年儿童等各年龄层次。习近平总书记在2017年2月17日召开的国家安全工作座谈会上,号召我们要为实现"中国梦"提供坚实的安全保障,就要始终做到以人民安全为宗旨,始终不渝地走中国特色国家安全道路,以积极有为的姿态努力开创国家安全工作新局面。② 因此,响应习近平总书记的伟大号召,切实保障国家网络安全,是建设网络强国的总体性要求,是时代赋予我们的新的使命。

二、网络强国建设的基础性保障:捍卫国家的信息主权

习近平总书记从战略高度提出,要构建和平、安全、开放、合作的网络空间。网络强国正是在这一网络空间中得以建设并建成的,而网络空间的构建要秉持和平、安全、开放、合作的原则,其前提是各个国家能够捍卫自身的信息主权。换言之,若国家的信息主权遭到侵犯,就很难避免爆发冲突和矛盾。国家的信息主权受到威胁,就难以营造安全的网络空间。各国为了捍卫本国的信息主权,就会限制乃至拒绝与他国在网络空间进行交往。而在动荡、闭锁、安全感缺失的网络空间中,各国彼此之间的合作会受到极大的抑制。习近平总书记指出:"每一个国家在信息领域的主权权益都不应受到侵犯,互联网技术再发展也不能侵犯他国的信息主权。"③ 为扩大各国之间的合作与交流,其彼此之间应该充分尊重对方的信息主权。捍卫国家的信息主权,是构建和谐、健康网络空间的题中之义,是建设网络强国的基础性保障。习近平总书记提出的全球互联网治理的首要原则,即为"尊重网络主权"④。他于2015年12月16日在第二

---

① 王世伟. 习近平"网络治理观":深入学习贯彻习近平关于网络治理的重要论述[J]. 中国信息安全,2014(11):29-32.
② 牢固树立认真贯彻总体国家安全观开创新形势下国家安全工作新局面[N]. 人民日报,2017-02-18(1).
③ 习近平在巴西国会的演讲:弘扬传统友好,共谱合作新篇[N]. 人民日报,2014-07-18(3).
④ 支振锋. 尊重国家网络主权[N]. 人民日报,2016-02-17(7).

届世界互联网大会开幕式上公开申明,"我们应该坚持尊重网络主权"①。这一原则如果不能被遵守,那么构建网络空间命运共同体也就无从谈起,建立多边、民主、透明的国际互联网治理体系也会遥不可及。习近平总书记在浙江乌镇举行的第二届世界互联网大会上强调,互联网是人类新的家园。在新的家园活动,各国需要遵守新的秩序、新的规范。而最基本的秩序和规范,就是不得侵犯其他国家的信息主权。党的十九大报告中强调要"尊重各国人民自主选择发展道路的权利,维护国际公平正义,反对把自己的意志强加于人,反对干涉别国内政,反对以强凌弱"②。当前,个别国家在国际网络事务上,依凭自身掌握的先进的网络技术,肆无忌惮地对别国的信息主权进行侵犯。而有些被侵犯国因为网络科技水平的滞后,根本无从有效应对。习近平总书记的讲话,代表的是国际正义力量对侵犯他国信息主权者的抗议与震慑。在这个意义上说,习近平总书记无疑是站在了世界道义的制高点上。捍卫国家的信息主权,不仅是负责任大国的义务,更是网络强国的责任。敢于对侵犯信息主权者发出抗议,已经说明了中国不仅要建设网络大国,还正在致力于打造网络强国。习近平总书记于2017年7月30日在内蒙古朱日和训练基地举行"沙场阅兵"庆祝解放军建军九十周年时,也提到中国军队"有信心、有能力打败一切来犯之敌"③。这些来犯之敌中,不无侵犯中国信息主权的宵小之徒。习近平总书记所表达的,是世界上多数发展中国家和欠发达国家以及某些发达国家想说而不敢说的话。国家的信息主权不容侵犯,任何网络监听、网络攻击行为都是可耻的、卑鄙的。习近平总书记所展示的,正是一个泱泱大国领导人的风范。与此同时,也间接向世界昭示一个道理,中国作为一个热爱和平的负责任大国,建设网络强国一定会增强维护世界和平的力量。而中国为世界贡献力量的基础与前提,是本国的信息主权不受侵犯。任何对中国信息主权进行攻击、制造威胁的行为,均视为对中国通向网络强国之路制造障碍。热爱和平、抵制网络霸权的兄弟国家们应该认识到,捍卫信息主权是我们共同的愿景。他国信息主权被侵犯,绝不是一件与己无关的事情。这些国家较之于推行网络霸权、侵犯他国信息主权的国家而言,同属于一个利益场,是一荣俱荣、一损俱损的关系。视其他国家信息主权被侵犯于不顾,助长信息主权入侵者的威风,导致本国信息主权被侵犯,仅仅

---

① 习近平. 在第二届世界互联网大会开幕式上的讲话 [N]. 人民日报, 2015-12-17 (2).
② 习近平. 决胜全面建成小康社会 夺取新时代中国特色社会主义伟大胜利:在中国共产党第十九次全国代表大会上的报告 [M]. 北京:人民出版社, 2017:59.
③ 习近平. 在庆祝中国人民解放军建军90周年大会上的讲话 [N]. 人民日报, 2017-08-02 (2).

是时间上的问题。在强大的信息主权入侵者面前，各个国家只有形成无坚不摧的合力，才能将维护国家信息主权工作落到实处。因此，捍卫国家信息主权，是推进中国进行网络强国建设、助推中国在国际上发挥更大建设性作用的基础性保障。

三、网络强国建设的关键性条件：创新国家的网络科技

党的十九大报告指出："创新是引领发展的第一动力，是建设现代化经济体系的战略支撑。"① 无论在实体社会，还是在虚拟社会，科技创新都是社会发展的重要推动性力量。是否有过硬的网络科学技术，是衡量网络强国建设的一项重要指标。习近平总书记强调科技的发展与国家的富强、民族的振兴存在着紧密的内在关联。网络科技的发展，直接关乎网络强国的建设。为此，以习近平同志为核心的党中央在党的第十八次代表大会上，毅然制定并实施创新驱动发展战略。推动网络科技创新，无异于网络强国建设的加速器。近年来，中国网络科技创新水平尽管取得了可喜成绩，但从整体上看，网络科技创新能力不强仍然是制约中国建设网络强国的一大瓶颈。实际上，掌握核心技术正是实施创新驱动发展战略的核心。② 掌握网络科技的核心技术，打破国际垄断，避免在网络科技方面亦步亦趋，是建设网络强国的应然要求。而要掌握网络科技的核心技术，就要摆脱传统思维的束缚，大幅度提高自主研发等创新能力。2016年4月19日，习近平总书记在网络安全和信息化工作座谈会上的讲话中，将互联网核心技术视为我国最大的"命门"。该种技术受制于人，是我们最大的隐患。③ 国家网络科技创新能力，不仅关乎网络强国的建设，还在一定程度上关乎国家的安危。某些国家能够成功进行网络监听与网络攻击，就在于其能够借助各网络公司，在其所生产的产品中安插后门程序。显然，继续沿用西方某些发达国家的网络科技产品，国产的网络科技产品长期得不到认可，建设网络强国很可能成为奢谈。而振兴中国的网络科技产业，需要不断创新国家的网络科技。创新网络科技，掌握网络科技核心技术，免受网络安全威胁，是建设网络强国的关键性条件。习近平总书记指出，网络强国的建设，不仅要有自己的技

---

① 习近平. 决胜全面建成小康社会 夺取新时代中国特色社会主义伟大胜利：在中国共产党第十九次全国代表大会上的报告[M]. 北京：人民出版社，2017：31.
② 习近平. 敏锐把握世界科技创新发展趋势切实把创新驱动发展战略实施好[N]. 人民日报，2013-10-02（1）.
③ 习近平. 加快推进网络信息技术自主创新朝着建设网络强国目标不懈努力[N]. 人民日报，2016-10-10（1）.

术，这些技术还必须过硬。网络科技之于网络强国的建设而言，无异于是其根基。网络核心科技越强，网络强国建设的根基就越牢、越稳。在对外交往上，中国始终奉行独立自主的外交原则。在网络强国建设之路上，我们仍然需要奉行独立自主的建设原则，网络科技的关键核心技术，我们必须将之牢牢抓在自己手中。创新国家的网络科技绝非易事，网络强国的建设之路何其艰难。但网络强国建设之路是中华民族伟大复兴的必经之路，不管山再高、不论水再深，我们都要勇于攀登、敢于跋涉。创新网络科技，我们不能妄自菲薄。改革开放四十年来，中国网络科技取得的斐然成就，值得我们由衷骄傲和自豪。但与此同时，我们必须承认并正视中国网络科技水平与世界先进国家之间仍然存在巨大的差距。为弥合这种差距，必须尽快提高网络科技的创新水平。基于此，党中央从宏观上制定了网络科技研发战略，在政策上对网络创新工作者给予必要的扶持，以加大网络科研成果转化工作。习近平总书记在2016年10月9日召开的十八届中央政治局第三十六次集体学习时的讲话中，更是倡导实施网络信息领域核心技术设备攻坚战略，推动高性能计算、移动通信、量子通信、核心芯片、操作系统等研发和应用取得重大突破。① 这些尝试和探索，能够切实加强中国的网络强国建设事业。创新国家的网络科技，任重而道远。但这一征程已经开启，在以习近平同志为核心的党中央带领下，通过各部门的协调配合，以及网络科技人员的不懈奋斗，中国的网络科技创新能力一定能够得到大幅度增强，中国的信息产业一定能够得到整体性提升，中国的网络强国建设事业一定能够得到跨越式发展。

四、网络强国建设的根本性动力：繁荣国家的网络文化

党的十九大报告将文化在社会发展中的作用，提高到一个新的高度。他指出："文化是一个国家、一个民族的灵魂……没有文化的繁荣兴盛，就没有中华民族伟大复兴。"② 为此，我们要"激发全民族文化创新创造活力，建设社会主义文化强国"③。社会主义文化强国的建设，需要繁荣发展我国的网络文化。习近平总书记站在新的历史起点上，将繁荣国家的网络文化纳入繁荣社会主义文

---

① 习近平. 加快推进网络信息技术自主创新朝着建设网络强国目标不懈努力 [N]. 人民日报，2016-10-10（1）.
② 习近平. 决胜全面建成小康社会 夺取新时代中国特色社会主义伟大胜利：在中国共产党第十九次全国代表大会上的报告 [M]. 北京：人民出版社，2017：40-41.
③ 总体布局统筹各方创新发展努力把我国建设成为网络强国 [N]. 人民日报，2014-02-28（1）.

化中来，从而为社会主义文化注入了新的意涵。繁荣国家的网络文化，是建设网络强国的根本性动力，是实现中华民族伟大复兴的实然要求。在2016年4月19日召开的网络安全和信息化工作座谈会上，习近平总书记倡导培育积极健康、向上向善的网络文化。为了早日实现民族复兴的伟大目标，网上网下要形成同心圆。① 习近平总书记关于建设网络强国与繁荣网络文化关系的论述，具有较强的深意。网络文化较之于传统文化而言，是一种新的文化样态。这种文化最鲜明的特征，是将传统文化与网络技术的发展紧密地结合在一起。传统文化借助网络这一平台载体，在覆盖范围、传输速度以及影响能力等方面均有了质的飞跃。在这一时代背景下，将繁荣国家的网络文化与建设网络强国结合起来进行分析，显示了党中央致力于抢占文化制高点，加快中华民族伟大复兴早日实现的治国方略。国家网络文化的繁荣，具有似自然性，也即应遵循一定的规律。换言之，就是要在网络传播的过程中，不断创新网络宣传方式，积极弘扬正能量。遵循这一规律，网络文化就能够繁荣起来。反之，违背这一规律，在网络传播过程中，网络宣传方式单一，甚至完全忽视网络宣传，负性信息在网络上大肆散播，网络文化非但不会繁荣，反而会愈加衰败。为此，我们要大力培育积极、健康、向上的网络文化。这种网络文化能够将正能量扩散给人民大众，调动广大人民群众建设网络强国的积极性、主动性与创造性。从当前的社会主义实践来看，培养积极、健康、向上的网络文化，就是要利用网络的平台媒介，大力培育与弘扬社会主义核心价值观。② 社会主义核心价值观具有凝聚中华民族共识的作用，是广大人民群众在网络泛舟中抵御、甄别不良思潮侵蚀头脑的屏障。习近平总书记告诫我们要巩固壮大主流思想舆论，而将这一工作落到实处，就是要将培育与践行社会主义核心价值观作为繁荣网络文化的新的节点和契机。以习近平同志为核心的党中央特别重视实现传统媒体与新媒体的融合。传统媒体较之于新媒体而言，在信息传输上具有单向性。也就是说，信息接收者所接收的信息具有被动性和非自主选择性。通过搭建网络平台，新媒体技术很好地解决了传统媒体单向性传输的不足。网民通过新媒体，大大提高了其吸收信息的自由度。然而，新媒体具有开放性特征，这使得一些负性信息未经虑化就能够在网络空间传播。传统媒体较之于新媒体，在传播正能量、抵御不良思想侵袭方面，具有自身的优势。为此，繁荣国家网络文化，需要实现传统媒

---

① 习近平. 在网络安全和信息化工作座谈会上的讲话［N］. 人民日报，2016-04-26（2）.
② 于世梁. 论习近平建设网络强国的思想［J］. 江西行政学院学报，2015，17（2）：37-43.

体与新媒体的深度融合,以发挥各自的长处为建设社会主义网络强国服务。习近平总书记关于传统媒体与新媒体如何实现深度融合,也给出了重要的建议,他认为二者可以从管理、渠道、内容、平台以及经营等方面寻找融合点。传统媒体与新媒体的深度融合,势必推动国家网络文化的繁荣,助力网络强国的建设。优秀的社会主义文化不仅要坚守实体社会舆论宣传的"上甘岭",还要构筑虚拟社会舆论传播的牢固防线。这是中华民族共有的精神家园,是我们血脉相连的文化基因。而遵循网络文化发展规律,实现传统媒体与新媒体的深度融合,必然能够将繁荣中国的网络文化推向新的高潮,为网络强国建设提供根本性的动力支持。

五、网络强国建设的现实性依托:汇聚国家的网络建设人才

近年来,以习近平同志为核心的党中央特别重视人才在网络强国建设中的作用。在中央网络安全和信息化领导小组第一次会议上,习近平总书记指出唯有将网络建设人才充分地汇聚起来,才能切实建设网络强国。① 汇聚国家的网络建设人才,是建设网络强国的现实性依托。21世纪的竞争,说到底是人才的竞争。2016年5月,习近平总书记在谈及人才队伍制度建设时指出:"办好中国的事情,关键在党,关键在人,关键在人才。综合国力竞争说到底是人才竞争。"② 网络强国的建设,说到底是人才的汇聚。习近平总书记在主题为网络安全和信息化工作的"四·一九"讲话中强调,"建设网络强国,没有一支优秀的人才队伍,没有人才创造力迸发、活力涌流,是难以成功的。念好了人才经,才能事半功倍"③。汇聚国家的网络建设人才,我们应秉持开放包容的原则,既要积极培育本土的网络建设人才,又要积极吸纳国外优秀的网络建设人才为我所有。汇聚国家的网络建设人才,于网络强国建设而言尤为重要,但将这一工作落到实处绝非易事。这一工作难就难在网络建设人才能否留得住、引得来。所谓"留得住",是指中国培养的网络建设人才,能否避免"人脑外流",为建设社会主义网络强国贡献力量;所谓"引得来",是指中国能否从其他国家和地区吸纳顶尖的网络建设人才为我所用。汇聚国家的网络建设人才是一项基础性和长期性的工作。既要"留得住",又要"引得来",我们需要建立健全网络人才培育及引进的长效机制。该机制的建立健全,不应仅仅关注物质待遇,还应

---

① 习近平:汇聚人才建设网络强国[J].中国人才,2014(7):4.
② 习近平.加大改革落实工作力度让人才创新创造活力充分迸发[N].人民日报,2016-05-07(1).
③ 习近平.在网络安全和信息化工作座谈会上的讲话[N].人民日报,2016-04-26(2).

重视精神因素。物质待遇解决的是网络建设人才最基本的吃、喝、住、穿等需求，而精神层面的肯定、支持、帮助与鼓励，对网络建设人才而言同样重要。目前，汇聚网络建设人才应大力培育和弘扬社会主义核心价值观。社会主义核心价值观既能够增进本国人民的价值认同，也能够吸引更多海外人才为社会主义国家网络建设事业服务。习近平总书记关于汇聚网络建设人才问题，设定了三条标准，其中第一条就是政治强。网络建设人才政治素质强的基础，是认同社会主义核心价值观，认同中国共产党的领导，认同中国特色社会主义制度、理论体系及道路。从海外吸纳的网络建设人才，在政治立场上不能是反社会主义、反党、反人民的。政治立场不坚定，在网络强国的建设过程中，这些人非但不能形成助力，还很有可能形成阻力。汇聚网络建设人才的第二条标准是业务精。网络强国建设，贵在一个"强"字。中国已经是当之无愧的网络大国，由"大"转"强"，没有业务精深的网络建设人才作支撑是难以为继的。网络建设人才业务精，既要相关部门给予必要的科研支持，又需要网络建设人才自身锲而不舍的攻关。网络建设人才应明确自身所肩负的建设网络强国的责任和使命，这是其钻研业务不竭的精神动力。汇聚网络建设人才的第三条标准是作风好。中国共产党人之所以能取得今日之成就，全在于党的作风优良。网络建设人才保持良好的作风，是建设网络强国的必然要求。良好的作风是与庸懒散等不良作风相对立的，网络建设人才保持良好作风，就要戒除不利于网络强国建设的种种不良作风。习近平总书记用"千军易得，一将难求"形容网络建设人才的汇聚工作。建设网络强国，我们需要具有世界水平的科研人才、卓越的工程师，而非碌碌无为、毫无创新能力的庸才；我们需要网络科技的领军人才、高水平的创新团队，而不仅仅是普通的网络科技研发人员。国家网络建设人才汇聚工作的好坏决定了网络强国建设的成败。这项工作不仅具有迫切性，还具有必要性，需要引起人们的高度关注和重视。因此，汇聚国家的网络建设人才，是建设网络强国的现实性依托。

六、网络强国建设的应然性选择：增强国家的网络治理能力

在互联网环境下建设社会主义现代化强国，需要应对一些新的挑战与变化。网络虚拟空间是一个"万花筒"，可以进行无穷无尽的变化。传统的政府管理模式，是以政府为主体，自上而下进行的。然而，政府赖以使用的资源是有限的。面对无穷变化的网络世界，我们亟待在管理方式上实现新的变革。以习近平同志为核心的党中央尤为重视网络治理，而非传统意义上的网络管理。网络治理与网络管理虽然仅一字之差，但其背后所隐藏的价值理念却大大不同。网络治理的主体是多元的,而网络管理的主体是相对单一的;网络管理的性质更多带有强制性,而网络治理的性质更多带有协商性;网络管理所触及的边界范围主要是公权力所覆盖的领域,而网络治理所覆盖的领域更多的是公共范围。网络治理较之于网络管理,因为主体的多元化、性质的协商性以及覆盖范围的广域性而更有利于社会主义网络强国的建设。习近平总书记为增强国家的网络治理能力,提出了诸多可行性的建议和指示。他尤为重视从法律制度层面提升国家的网络治理能力,强调要"依法治理网络空间"。网络的虚拟性常常给人一种法外之地的错觉。在现实社会,人们不敢肆无忌惮地传播负性信息,是因为忌惮于法律的惩处。而在虚拟的网络空间,人们却鲜有这样的顾忌。究其根源,在于互联网领域法规层次较低。在以习近平同志为核心的党中央带领下,《互联网新闻信息管理规定》《网络安全法》《电子商务法》等相继进入立法程序。[1] 网络立法是增强国家网络治理能力的基础,这一工作取得实质性的进展,虚拟网络空间无法可依的现象就能够得到根本性的改观。为促使更多的社会力量参与到网络立法的工作中,以习近平同志为核心的党中央采取了"开门立法"的方式,也即充分听取社会各界对网络立法的意见。[2] 网络立法应充分尊重并听取社会各界的看法,网络发展治理的有效运行同样要依靠社会各界的力量。依法治网有三个层面,即依法管网、依法办网以及依法上网。这三个层面均与"人"紧密相连。广大人民群众在依法管网、依法办网以及依法上网中,均发挥着不可忽视的作用。充分调动广大人民群众参与到依法治网的时代洪流中,是增强国家网络治理能力的生动体现。为集中审理涉网案件,保障广大人民群众合法的网络权益,杭州互联网法院于2017年8月18日正式挂牌成立。[3] 习近平总书记指出:"网络空间是亿万民众共同的精神家园。网络空间天朗气清、生态良好,符合人民利益。"[4] 杭州互联网法院的成立,对于国家网络治理能力的增强,良好网络生态环境的营造,人民现实利益的保障起着巨大的推动作用。增强国家的网络治理能力,是网络强国建设的应然性选择。我们除了要将关注的重点聚焦在国内以外,还应放眼世界,积极构建崭新的国际互联网治理体系,努力打造网络空间命运共同体。网络的开放性与全球化特征,使得互联网治理不能仅依靠一国或几国的力量。建设社会主义网络强国,需要联合其他国家的力量,共同应对网络虚拟空间的风险与挑战。关于如何打造网络空间命运共同

---

[1] 互联网管理新规:解析与把握 [J]. 中国记者,2017 (6):8.
[2] 姜继葆. 开门立法汇集民意 [N]. 中国青年报,2017-08-30 (1).
[3] 乔文心. 探索互联网审判新模式 [N]. 人民法院报,2017-08-19 (1).
[4] 习近平. 在网络安全和信息化工作座谈会上的讲话 [N]. 人民日报,2016-04-26 (2).

体，习近平总书记提出了五点主张，即加快全球网络基础设施建设、打造网上文化交流平台、推动网络经济创新发展、保障网络安全以及构建互联网治理体系。这五点主张是增强国家治理能力的新思想、新理念。践行这五点主张，是社会主义网络强国建设的应然性选择。

七、网络强国建设的有效性支撑：提升国家的网络话语权

当前，中国网民占全国人口总数已过半，占世界网民总数已过两成。也就是说，10个中国人中有5人以上是网民；每5个世界网民中，有1个是中国人。① 可见，中国已是当之无愧的网络大国，我们当下的任务是由网络大国走向网络强国。习近平总书记在网络安全和信息化工作座谈会上的讲话指出，"大国网络安全博弈，不单是技术博弈，还是理念博弈、话语权博弈"②。能否掌握并增强国家的网络话语权，关系到我们能否在大国网络安全博弈中立于不败之地，关系到我们建设网络强国的道路是否畅达。2016年10月9日，习近平总书记在主持召开中央政治局第36次集体学习时强调，要"加快提升我国对网络空间的国际话语权和规则制定权，朝着建设网络强国目标不懈努力"③。掌握并增强国家的网络话语权，是一项关系到民族复兴的历史重任。提升国家的网络话语权，有两个向度：一个是对内的，另一个是对外的。对内的向度指的是网络强国建设，必须紧紧抓牢国内的网络话语权。进而言之，中国共产党作为执政党，不仅在实体社会中是领导者，在虚拟社会中其领导地位也不可移易、不可动摇。提升国家的网络话语权，就要坚决与在意识形态领域对中国进行网络攻击的行为进行斗争。这场斗争虽然没有硝烟，但其残酷性与艰巨性丝毫不逊于实体战役的斗争。掌握并增强国家的网络话语权，也就是要共同坚守马克思主义信仰这一全国人民共筑的精神堡垒。网络强国建设，其领导者是中国共产党，其依靠力量是最为广大的人民群众。抓牢国家的网络话语权，有助于广大人民群众团结在中国共产党的领导下，齐心协力推进网络强国建设工作。国家的网络话语权任何时候都不能丢，丢了，我们的旗子就可能变色，丢了，我们的路子就可能走错。中国共产党是代表人民利益的执政党，我们切实提升网络话语权，建设社会主义网络强国，就是要最大限度地增进人民的福祉。将网络话语

---

① 沈金萍. 第39次《中国互联网络发展状况统计报告》发布我国网民达7.3亿 [J]. 传媒, 2017 (3)：30.
② 习近平. 在网络安全和信息化工作座谈会上的讲话 [N]. 人民日报, 2016-04-26 (2).
③ 加快推进网络信息技术自主创新朝着建设网络强国目标不懈努力 [N]. 人民日报, 2016-10-10 (1).

权牢牢掌握在中国共产党人的手中,也就意味着将这份权力牢牢交给最广大的人民群众。对外的向度指的是中国共产党抓牢网络话语权,建设网络强国,是世界爱好和平、走社会主义道路国家和人民的共同期盼、共同心愿。① 中国自古以来就是一个热爱和平的国家,早在明朝时期,中国就掌握了高超的远洋航海技术,但我们并未将这一技术运用在对其他国家进行武装侵略上,而是将之运用于扩大世界交往上。与中国形成鲜明对比的是,一些西方国家却将远洋航海技术作为侵略他国、扩大本国领地和商品销售市场的工具。网络话语权掌握在谁的手中,很大程度上决定着世界发展的大势是走向和平还是动荡。中国提出"一带一路"倡议和投资"亚洲基础设施投资银行"等,是为了让周边国家和世界各国人民都享受到中国发展带来的实惠。习近平总书记在党的十九大报告中指出,在国际交往中,我国"将高举和平、发展、合作、共赢的旗帜,恪守维护世界和平、促进共同发展的外交政策宗旨"②。中国当今的国内生产总值虽然已经跃居世界第二位,但中国代表第三世界国家利益的立场没有变,代表社会主义前进方向的发展道路没有变。抓牢中国的网络话语权,也就意味着增进了世界稳定、和平与正义的力量。提升国家的网络话语权,作为中国网络强国建设的有效性支撑,是中国人民的责任与使命。提升国家的网络话语权,不仅是今时今日需要高度关注的事情,而且在任何时期、任何条件下都是不容松懈、不能忽视的基础性工作。

(作者单位重庆市中国特色社会主义理论体系研究中心重庆邮电大学分中心;本文刊载于《重庆大学学报》(社会科学版)2018年7月17日第5期)

---

① 王树文. 网络时代社会协同政府治理模式构建:基于政务微信的视角[J]. 学习与探索, 2016 (3):54-59.

② 习近平. 决胜全面建成小康社会 夺取新时代中国特色社会主义伟大胜利:在中国共产党第十九次全国代表大会上的报告[M]. 北京:人民出版社, 2017:12, 59, 31, 40-41.

牢牢掌握网络意识形态工作主动权

郑 洁

2019年1月25日,习近平总书记在主持中央政治局第十二次集体学习时强调:"要从维护国家政治安全、文化安全、意识形态安全的高度,加强网络内容建设,使全媒体传播在法治轨道上运行。"① 在信息无处不在、无所不及、无人不用的全媒体时代,我们必须清醒看到,意识形态领域斗争依然复杂,而能否牢牢掌握意识形态工作领导权,很大程度上取决于能否牢牢掌握网络意识形态工作的主动权。要坚持党对意识形态工作的领导权,积极营造风清气正的网络空间,既积极主动阐释好中国道路、中国特色,又有效维护我国政治安全和文化安全。

一、增强网络话语权构建的主动性

当前,积极应对不同网络话语交锋,必须坚持以立为本、立破并举,不断增强社会主义意识形态的凝聚力和引领力。

1. 把握网络话语交锋特征。网络话语权争夺实质是利益的争夺,其背后蕴含着网络生存发展空间、意识形态以及经济、政治等方面的利益之争。在经济全球化背景下,整个世界处于相互交流、相互激荡的状态之中,少数西方发达国家利用自身经济、科技优势,以世界互联互通、交流互鉴为由,对其他国家进行渗透、干扰的情况时有发生,经济、政治、文化等交流的外衣下掩藏着意识形态领域的严峻斗争,这就需要把握网络话语交锋形势,洞悉网络话语交锋特征,敏锐把握对其进行治理的时机,牢牢掌握网络话语主动权。通常情况下,网络话语交锋建立在经济实力与科技实力的基础上,具有长期性、隐蔽性、渗透性、复杂性和多样性等特征。只有充分把握这些特征,掌握网络话语权交锋

---

① 习近平. 习近平在中共中央政治局第十二次集体学习时强调 推动媒体融合向纵深发展 巩固全党全国人民共同思想基础 [N]. 光明日报, 2019-01-26(1).

的规律,才能更好地应对不同网络话语交锋,赢得网络话语权。

2. 加强主流媒体话语引导。信息网络时代维护国家意识形态安全,必须加强主流媒体对网络话语的引导。要运用信息革命成果,推动媒体融合向纵深发展,做大做强主流舆论,发挥主流意识形态网络话语对公众网络生活的正向引领作用。要结合网民的实际需要,关注网络话语走向及呈现的特性,及时提供网民关心的重要信息,及时解答网民关心的各种问题,保证网民的知情权,从而接纳和认可政府所传递的信息。要提高领导干部"治网"水平,打造一支网络技术运用熟练、知识储备水平高的复合型人才队伍。

3. 建设网络话语传播平台。习近平总书记在主持中央政治局第十二次集体学习时强调:"打造新型传播平台,建成新型主流媒体,扩大主流价值影响力版图,让党的声音传得更开、传得更广、传得更深入。"① 网络话语传播平台有其自身的特点和规律,尊重这些特点和规律进行建设和管理,有助于畅通普通民众提供利益诉求的表达渠道,扩展主流意识形态话语传播范围。要主动出击,抢占传播阵地,建立专门的马克思主义理论网站,打造政治理论学习服务平台,提供丰富的网络意识形态理论学习资源。要统筹处理好传统媒体和新兴媒体、中央媒体和地方媒体、主流媒体和商业平台、大众化媒体和专业性媒体的关系,形成资源集约、结构合理、差异发展、协同高效的全媒体传播体系。

二、推进网络话语权的整体优化

思想理论的创新发展,离不开具有自身特点的相应话语体系创新。掌握网络意识形态话语权,更离不开创新发展。要实现我国主流意识形态网络话语内容的优化与创新,必须构建一套既符合网络特点又反映我国主流意识形态内涵与特征的话语体系。

1. 丰富网络话语内容。习近平总书记在主持中央政治局第十二次集体学习时强调:"主流媒体要及时提供更多真实客观、观点鲜明的信息内容,掌握舆论场主动权和主导权。"② 要加强主流意识形态内容建设,使话语内容紧跟时代发展潮流,紧贴人民群众的生活,反映社会实际,将晦涩的专业性话语转变为通俗的生活化语言。要立足实践进行话语阐释,及时回应和观照现实,增强话语理论与现实问题的契合度,提升主流价值观话语内容的说服力。

---

① 习近平. 习近平在中共中央政治局第十二次集体学习时强调 推动媒体融合向纵深发展 巩固全党全国人民共同思想基础[N]. 光明日报,2019-01-26 (1).
② 习近平. 习近平在中共中央政治局第十二次集体学习时强调 推动媒体融合向纵深发展 巩固全党全国人民共同思想基础[N]. 光明日报,2019-01-26 (1).

2. 创新网络话语方式。要加强传播手段和话语方式创新,让党的创新理论"飞入寻常百姓家",不断增强主流意识形态的吸引力。要不断创新信息传播手段,打通"报、网、端、微、屏"各种资源,实现全媒体传播,将时下流行的H5、AR与VR技术融入其中;要发挥新兴传播媒介的优势,综合运用文字、图片、音频、视频等多种形式传播主流意识形态的内容,丰富主流意识形态传播形式,更加生动地、立体地阐释传播内容。

3. 优化网络话语环境。一方面,要积极利用互联网信息传播广、传播速度快等优势,建立信息公开平台,保证信息公开透明,为营造良好的对话环境提供条件;要关心老百姓的利益诉求,贴近老百姓的生活实际,为群众排忧解难,充分保障话语受众的对话权利,使其主动参与对话。另一方面,要正确引导网络舆论发展,在建立正确舆论导向的基础上,加强网络舆情监测,进行舆论引导和舆情处置,有效疏导和控制负面舆情,为主流意识形态网络话语的传播营造清朗的网络舆论环境。

三、健全网络话语权的系列机制

近年来,移动互联网以迅雷之势融入人们的生产生活,成为社会管理的难题之一,这就需要科学认识网络传播规律,提高治网用网水平,使互联网这个"最大变量"变成我们事业发展的"最大增量"。为此,需要健全以下机制。

1. 网络话语法治机制。网络不是法外之地,管网治网,需要不断健全和完善网络空间法律法规,需要坚持依法治网,规范网络主体行为。习近平总书记2014年2月27日在中央网络安全和信息化领导小组第一次会议上强调:"要抓紧制定立法规划,完善互联网信息内容管理、关键信息基础设施保护等法律法规,依法治理网络空间,维护公民合法权益。"① 为此,一方面,要完善网络话语法律制度。网络立法是网络管理的基础,国家立法部门要完善网络法律法规,建立健全互联网法律体系,用法律明确规范各种思想传播的界限,确保我国网络意识形态安全。另一方面,要严格依据法律法规执法。各级执法部门要依据法律法规严格执法,对通过互联网散布威胁国家安全、颠覆社会主义制度、危害国家安定等内容的行为予以严厉打击,对散播网络谣言、传播淫秽色情信息的行为予以严肃惩罚。

2. 网络话语监管机制。对网络话语实施监管,需要从加强网络话语预警机制与监督机制建设两方面入手,双管齐下,不断强化网络话语监管机制,确保

---

① 习近平. 习近平谈治国理政:第一卷 [M]. 北京:外文出版社,2018:198-199.

网络话语监管贯穿于网络话语主体信息传播的全过程。一方面，建立网络舆情预警机制。从维护我国意识形态安全出发，构建科学的、动态的网络舆情预警指标体系。另一方面，建立合理的网络话语监督机制。要不断创新、完善网络话语监督技术，善于运用技术手段及时发现、迅速定位并快速清除有害信息，稀释大众对某些不良信息的关注度；要促进公民理性思考与表达，严厉打击、惩处发表不良言论而误导大众、危害我国意识形态安全、破坏社会稳定的不法行为。

3. 网络话语回应机制。通过完善话语回应反馈机制，不断扩充渠道接收受众的反馈意见，不断完善主流话语效果评价机制，提高我国主流意识形态网络话语的影响力。一方面，完善网络回应制度。要重视与普通网民的交流互动，通过网络互动平台的合理设置，进一步引导网络话语，并积极传播主流意识形态网络话语。在设计互动程序时要注重实效性，打造畅通的网络回应渠道，通过及时、有效的网络回应实现与群众的良性互动。另一方面，完善网络话语效果评价机制。通过收集、整合网络话语受众对主流意识形态的意见与看法，深入了解和分析哪些主流意识形态网络话语传播效果较好、哪些还有待改进，从而为增强主流意识形态网络话语传播的针对性与实效性奠定基础。要重视网络受众反馈与评价中暴露出来的问题，有针对性地调整网络话语传播方案，提升传播效果。

四、提升网络话语权的国际影响力

习近平总书记在2018年8月召开的全国宣传思想工作会议上指出："展形象，就是要推进国际传播能力建设，讲好中国故事、传播好中国声音，向世界展现真实、立体、全面的中国，提高国家文化软实力和中华文化影响力。"① 在互联网领域，西方国家凭借科技信息优势占据话语主动权，如何转变网络话语由"被动"为"主动"，提升主流意识形态网络话语权的国际影响力，是我们面临的一个重要课题。

1. 开阔国际视野。开阔国际视野，拓展网络空间，不断提升主流意识形态网络话语权在国际上的认同度，才能推动我国实现由网络大国向网络强国的转变。一方面，放眼世界，增强网络话语"全球性"。要用好互联网这个"最大变量"，寻找网络话语传播的"最大公约数"，扩大网络话语传播格局，促使中国

---

① 习近平. 习近平在全国宣传思想工作会议上强调 举旗帜聚民心育新人兴文化展形象 更好完成新形势下宣传思想工作使命任务［N］. 人民日报，2018-08-23（1）.

在国际社会获取更大的信任,树立正面的国家形象、维护国家利益。另一方面,立足传统,展现网络话语"中国特色"。要始终以中国特色为抓手,从中华优秀传统文化中挖掘思想精华和汲取精神养分,运用网络积极传播和推广中华优秀传统文化,向世界展现中国魅力、表达中国观点,推进中国传统文化走向世界。要构建具有中国特色、中国风格、中国气派的网络话语国际传播体系,全方位展示中国文明开放的负责任大国形象。

2. 谋求广泛合作。在意识形态网络话语国际传播进程中,要转变单一的对外宣传模式为多样化的、有亲和力的对话模式,争取国与国之间平等的对话与交流。要尊重世界文化的多样性,运用互联网技术推进不同文明之间的平等对话,营造良好的网络对话交流氛围,在对话中树立良好的中国形象、展现中国风格。要树立网络外交思维,重视互联网技术和网络平台在开展对外交往、对外传播和外交参与等方面的作用,创新网络媒体发展的方式方法,提升网络外交的主动性,促进中国的网络话语走向世界。

3. 推进网络治理。要在各种国际组织和平台上推进网络安全的对话与合作,努力从网络空间安全的倡导者、建设者向引领者转变。要把握世界互联网发展大势,加快网络信息技术创新研发,大力发展网络信息产业,将经济发展优势转化为对外话语主动权,增强中国网络话语在国际网络传播体系中的分量与地位,切实提高我国网络话语的国际影响力,维护我国主流意识形态安全。

当前,舆论生态、媒体格局、传播方式发生深刻变化,要因势而谋、应势而动、顺势而为,加快推动媒体融合发展,使主流媒体具有强大传播力、引导力、影响力、公信力,形成网上网下同心圆。要加强传播手段建设和创新,发展网站、微博、微信、电子阅报栏、手机报、网络电视等各类新媒体,推动党的声音直接进入各类用户终端,努力占领新的舆论场。要增强主流意识形态网络话语体系的科学性、网络话语方式的可接受性、网络话语传播途径的新颖性,从而有效维护我国意识形态安全。

(作者单位:重庆市中国特色社会主义理论体系研究中心重庆邮电大学马克思主义学院分中心,重庆邮电大学马克思主义学院;本文刊载于《红旗文稿》2019 年第 03 期)

新媒体视域下政府话语权构建面临的困境及破解

敖永春

党的十九大报告明确指出:"不断增强意识形态领域主导权和话语权。"① 话语权的强弱是话语影响力、辐射力、渗透力、感染力的重要表征,政府话语权是体现政府社会权力与政治权力的核心所在,凸显社会权力和社会资源生产与分配的根本问题。随着新媒体的不断发展,"媒介化"的话语构建环境逐渐生成,新媒体已经成为信息的汇聚地与社会舆论的放大器。面对如此态势,着重思考新媒体视域下政府话语权构建的特点以及构建过程中出现的问题,探求如何在新媒体语境下合理构建政府话语权业已成为当下学术界与理论界的一个重要课题。

一、新媒体视域下政府话语权的构建方向及特征

(一)新媒体视域下政府话语权的构建方向

随着现代语言学的不断发展,话语已经或主动或被动地赋予了权力的意味,就如同福柯提到的"话语即权力"②。所谓话语权,就是"话语主体所传播的信息在社会上的影响力"。从本质上而言,政府话语权就是政府当局及其公务人员通过发布相关信息所产生的社会影响力。无论何时,话语权的争夺都尤为重要。随着新媒体的不断应用,各种意识形态话语权的交融交织交汇更加明显,话语权的重要性愈加凸显,毫不讳言,它已经在国家综合实力中占据重要地位,是对现行局势的一种客观反映。传统媒体时代,政府话语权由相关部门严密控制并通过政策和法律法规得以凸显,单向一维的传播机制决定了广大受众只是被动接受信息,缺乏相应的民意反馈渠道与机制,有效地巩固了政府话语权。随着网络信息技术的发展,新媒体的不断涌现给普通民众的话语表达带来诸多便

---

① 本书编写组.党的十九大报告辅导读本[M].北京:人民出版社,2017:23.
② 刘婷.微时代政府网络话语权提升的路径研究[D].重庆:重庆邮电大学,2017:15.

利,与此同时,也给政府话语权带来了相应挑战。基于新媒体所特有的传播主客体一体化、传播渠道多样化、传播方式互动化等特点,原有一维单向的构建方式极大地阻碍了新媒体时代政府话语权的发展。面对微博、微信等新媒体,政府部门务必更新话语体系、创新话语表达方式,积极构建多元主体、双向互动、渠道多样、疏导结合的话语权构建方式,营造出民众有话说、敢说话、说真话的社会环境,以期更好地维护和巩固政府话语权。

(二)新媒体视域下政府话语权的构建特征

传统媒体时代,政府掌握着广播、电视、报刊等大众传媒,民众话语表达渠道被严格限制,政府话语权得以有效巩固。网络信息技术的发展极大地催生了具有虚拟性、即时性、互动性等特点的新媒体平台,有效激发了民众的话语表达欲望,满足了民众的表达诉求,与此同时,必然呈现出不同于传统媒体时代政府话语权的新特点。

1. 话语权主体的草根化

传统媒体时代,政府话语权牢牢掌握在政府部门及其官员手中,普通民众未能染指。随着新媒体的不断勃兴,原有传统媒体线性传播方式已被新型网状传播方式所取代,从"政治赋权"到"技术赋权"的态势日益凸显,从"他人赋权"到"自我赋权"的局势日益明朗。由此可见,话语权的主体愈加凸显大众化与分散化。严格意义上说,"自我赋权就是分割社会总体的话语权"①,从本质上而言便是削弱政府话语权的主导地位。网络通信技术的发展与新型传播载体的出现为民众分散政府话语权提供了技术支撑与平台支持。与此同时,民众权利意识不断觉醒,广大民众纷纷依托新型传播技术、假借新媒体平台发言发声,彰显主张,抢占传统政府话语权主体的应有地位,原有政府话语权的构建方式也在不停解构。在此背景下,话语权主体不断地凸显平民化、草根化。

2. 话语权主导的弥漫化

话语权弥漫化的实质就是说话权被分割,话语的主导权被日益分散。传统媒体时代,从传播主体来看,话语权掌握在社会高层或精英人士手中,普通民众的话语主导权极其有限,甚至可以忽略不计。从传播渠道来看,话语的传播主要依托广播、电视及报刊等单向度、缺乏互动、传播主体明确的载体进行,有效保障了话语权的集中,凸显了政府部门对话语权的主导地位。诸如微信、微博等新兴传播载体的出现打破了传统媒体对话语权的垄断格局,导致话语权出现弥漫化趋势。新媒体背景下,每个人都能在网络上自由发声,传播自己的

---

① 陈伟球.新媒体时代话语权社会分配的调整[J].国际新闻界,2014,36(5):79-91.

观点，一些不当言论也借助这个平台肆意散布，极大冲击了我国政府话语权的主导地位。加之，新媒体核裂变式的传播速度、多元互动的传播方式使得民众的声音广泛流传，影响深远。这些都冲击了政府话语权的主导地位，话语权的弥漫化日益严重。

3. 话语权内容的易变性

传统媒体时代，信息发布者多为接受过良好教育的政府官员、媒体人员和专家学者，他们往往具有坚定的政治立场、明确的目标追求，凸显出强烈的政治特性与权威特质。在此背景下的信息发布程序复杂、内容规整，历经专业人员层层把关，内容真实可信且不易嬗变，具有较长的生命周期。新媒体技术的不断发展在扩大话语传播范围的同时也不可避免地给话语权的稳固性与持久性带来诸多挑战，致使话语权内容的易变性趋势愈加明显。从发声主体来说，每个人都能借助新媒体自由发表言论，而网络空间的自由并未解决"群体观念亟其多变"①的问题，从而弱化了话语权的稳固性，致使话语内容极易变化。从传播载体来说，新兴传播载体种类繁多，不便审查与管控，为那些情绪化的、失真的消息提供了绝佳的传播渠道，从而在一定程度上增加了话语权内容的易变性。

二、新媒体视域下政府话语权构建的症结所在

诚然，新媒体的不断应用和发展打破了话语在政府和民众之间的金字塔结构，改变了政府部门对舆论信息的垄断格局，为普通民众的话语表达提供了平台，拓展了表达渠道，健全了表达机制。但是，这些新媒体的不断发展不可避免地给政府话语的整合能力带来了一定挑战，话语权的相对扩散和转移给政府的社会整合能力带来了诸多风险。

（一）构建主体分散化消解政府话语主导性

传统媒体时代，政府话语权的构建主体主要为政府机关及其控制的相关大众传媒。在此背景下，此类话语权构建主体较为集中且均得到了良好的教育与引导，党性修养强，政治素养高，能够及时发声，正确发声，极大地推进了我国政府话语权的构建。然而，随着新媒体的发展，这一切都发生了巨大变化，"互联网+""大数据""云计算"无不在解构我们现行社会的同时又开始重构。短短数十年间我国的网民数量和网络域名等基础设备设施呈现几何式增长。截

---

① 古斯塔夫·勒庞. 乌合之众：大众心理研究［M］. 冯克利，译. 北京：中央编译出版社，2017：118.

至2017年12月,我国网民规模达7.72亿,全年共计新增网民4074万人,互联网普及率为55.8%。① 新媒体时代,每个人都变成了一个话语的源头或传播纽带,极大地削弱了政府话语权的聚合力,弱化了政府话语权的主导性,甚至出现了民众话语与政府话语均权的趋势。话语权在社会结构中的分布状况与社会地位、传播方式等要素密切相关。在传统媒介时代,政府部门和社会精英凭借着对媒介的高效整合,通过程序烦琐的代议制民主制度而在公共领域中占据着话语权的绝对优势。② 新媒体平台的发展与民众权利意识的觉醒,为每个公民提供了发声的平台与动力,而话语权构建主体的多样与分散,不可避免地导致社会上充斥着各种话语体系、各式利益诉求、各类价值表达,从而极大地分割了政府话语的主导力,冲击了政府话语权的主导地位。

(二) 构建内容碎片化冲击政府话语规整性

话语权的构建内容从本质上来说就是话语本身,但同时又完成了对话语本身的超越,凸显出权力的意蕴。正如"话语不过是对事物的论述,尽管需要基本的逻辑、句法和语义,但任何论述都不可能是空白的,总是包含了对事物的价值判断。"③ 随着新媒体的发展,带有"碎片化"的新兴词汇,诸如"碎片化"传播方式、"碎片化"阅读等不断出现,无不影响着我们的生活方式和生产方式。诚然,"碎片化"阅读等为民众日常生活带来了诸多便利,但其潜在的危害性亦不容忽视,在政府话语权的构建过程中更是如此。传统社会背景下,政府话语权的构建内容经过了多次探讨,说什么、对谁说、怎么说都是按照一定的标准进行,内容规整划一、逻辑清晰、论证有力,极大地维护了政府话语权的权威性。而在新媒体的背景下,一方面,由于微信、微博等新载体的不断运用,信息传播速度不断加快,政府为了顺应这个变化,导致话语权构建内容不断向简单的方向发展,不再寻求详细的推理与论证,而注重相关信息的及时传达,逐步凸显了话语权构建内容的碎片化。另一方面,广大民众接收信息的渠道也发生相应变化,微信、微博等新平台的风靡,致使民众不再仅通过传统媒体来获取外界消息,不再追求系统完备的信息表达,趋向于涉猎式的浏览、碎片式的阅读,从而进一步加剧了政府话语权构建内容的碎片化。

---

① 中国互联网络信息中心. 第41次中国互联网络发展状况统计报告 [R/OL]. (2018-01-31) [2019-03-21]. http://www.cac.gov.cn/2018-01/31/c_1122346138.htm.
② 罗佳. 论自媒体时代政府话语权的危机与变革 [J]. 求实, 2012 (7): 52-55.
③ 姚国宏. 话语、权力与实践:后现代视野中的底层思想研究 [M]. 上海:上海三联书店, 2014:74.

（三）构建渠道多样化弱化政府话语管控力

话语权的构建并不是与生俱来的产物，它必须借助相应的载体与渠道才能进行，政府话语权亦是如此。传统媒体时代，政府及其相关单位往往借助广播、报刊、电视等载体表达其观点，进而构建一种极具政治权威与政治特色的话语权。基于传统媒体单向一维的特征，政府话语权的构建极其高效，民众的认同度颇高，起到了巩固主流意识形态话语权的作用。诚然，传统媒体背景下政府话语权的构建渠道具有诸多优势。但随着新媒体的涌现，传播媒体不断凸显市场化，话语权的大小也改由受众决定，广大受众相继完成从传统媒体到新媒体的场域转换，政府凭借其特殊身份取得的话语权威由此逐步丧失。仅仅依托传统媒体并不能满足政府话语的表达，为此各种新媒体凭借其即时性等优势受到政府部门的青睐，各级组织相应开通各种新媒体官方平台。虽然政府部门正积极通过新媒体新技术强化政府话语权，但正如我们对新媒体的已知远远小于未知一样，我国政府话语权的构建在此背景下仍旧存在诸多问题。基于新媒体的种类多样，形式多变，与此同时又具有虚拟性、开放性、交互性、多样性等特点，使得政府话语权的构建渠道多种多样，不便管理，从而削弱了政府话语权的管控力。

（四）构建方式互动化提高政府话语风险性

传统媒体时代，政府借助对广播、电视、报刊等传统媒体的掌控大大增强了政府话语权的主导力，凭借其特有的审查监督管理机构确保了政府话语的准确、高效、有序，有效减少了因话语失范而导致的政府话语权弱化现象。诚然，传统媒体时代，政府话语权的构建方式一维单向，凸显集约式的特点、支配性的特征，相应规避了政府话语权构建的潜在风险。随着新媒体时代的到来，原有话语权构建模式已不能适应媒体与社会发展需要，政府部门纷纷借助新媒体发言发声，以期巩固政府话语权。一方面，新媒体具有高交互性等特点，传播者与广大受众极易产生互动且传播速度极快，在此背景下，话语权逐渐完成从"集约式"到"分散式"的转变、从"中心化"到"去中心化"的转换，增加了话语构建者之间的交流与互动，为某些不利于政府话语权建设的部分言论提供了传播空间，增加了政府话语权的风险。另一方面，新媒体的高开放性等特点增加了信息透明度，使政府与受众、受众与受众之间具有了对话性的基础，甚至有了"广场政治"回归的意蕴。高交互性和高开放性为民众的知情权提供了前提基础，但并未解决网络中存在的群体非理性问题，不少意识形态属性不明的言论在此发酵，不明真相的受众转发、讨论极大地增加了其影响范围，互动化的构建方式提高了政府话语权的风险。

三、新媒体视域下政府话语权构建的四重维度

新媒体的不断涌现与发展拓展了普通民众话语表达场域与表达渠道,给政府话语权的构建与强化带来了极大的挑战与冲击。面对如此挑战,我们可以从整合政府话语权构建主体、融合构建内容、统筹构建渠道和协调构建方式四重维度加以思考,以期在新媒体背景下增强政府话语权。

(一)整合构建主体,汇聚主流声音

微信、微博等新媒体的不断发展极大地拓展了普通民众发言发声的平台与渠道,逐渐打破了话语权一家独大的格局。正因为"政府话语的主导能力是政府话语权的核心"①,为此,亟须通过整合政府话语权的构建主体来增强政府话语的主导能力。首先,尊重普通民众的话语表达。新媒体技术的不断发展促使政府话语权的构建主体日益分散化,普通民众作为我国社会最大群体,其话语表达对于政府话语权的构建具有极其重要的影响,为此,尊重普通民众的话语表达权利对于政府话语权的整合大有裨益。其次,团结网络意见领袖。"网络意见领袖是指那些在网络平台上通过频繁地对某一话题发表原创性的观点和见解,影响信息的传播与共同话题的表达,在大众的观念形成与价值判断中起着重要作用的群体。"② 网络意见领袖粉丝数量众多,在网络空间拥有巨大的感染力与号召力,通过意见领袖之口传递相应的政策信息,容易与广大民众产生共鸣,从而取得事半功倍的效果,有利于汇聚主流声音。再次,更新政府话语的表达形式。促使政府话语完成从原有行政指令性到亲和平民性的转变,构建一种既符合时代发展要求,又符合民众根本需求的话语表达形式,从而产生"可通约性的话语优势"③。努力构造以政府部门为主导、网络意见领袖为补充、普通民众为主体的话语权构建模式,从而有效整合政府话语权的构建主体,汇聚主流声音。

(二)融合构建内容,彰显中国特色

面对新媒体背景下政府话语权构建内容碎片化的态势,我们必须坚持"内

---

① 张可,王新婷.自媒体时代政府话语权面临的挑战与对策[J].人民论坛,2014(23):56-58.
② 蒋成贵,李春华.网络意见领袖的现状及培养[J].思想教育研究,2016(7):56-60.
③ 周银珍.中国梦意识形态话语权研究综述[J].重庆邮电大学学报(社会科学版),2016,28(3):19-26.

容为王"这一根本原则,积极主动融合政府话语权的构建内容,以此来消解构建内容碎片化的负面影响。一是坚持整体性原则。整体是"许多力量融合为一个总的力量而产生的新力量"。① 政府及相关部门应将网络空间中的言论进行有效整合,将普通民众的利益诉求融入政府话语的表达中,使其感受到政府始终铭记"权为民所系,利为民所谋"的宗旨,从而增加民众对政府话语的有效认同。二是坚持层次性原则。有效融合政府话语权的构建内容绝不是政府部门的单打独斗,必须有层次有系统地进行,既要坚持政府官方部门的主导地位,又要满足普通民众的合理关切,特别是要联合网络意见领袖、网络大V等力量,从而凸显政府话语的亲和力与感染力。三是坚持开放性原则。邓小平指出:"任何国家要发展起来,闭关自守都不可能,长期闭关自守,把中国搞得贫穷落后,愚昧无知。"② 在新媒体背景下进行政府话语权内容的构建更是如此,政府部门如果只是故步自封,不顺应时代发展的潮流,不满足人民群众的殷切希望,就会造成政府话语权的弱化与分散,不利于政府的长远发展。整合政府话语权的构建内容必须坚持整体性原则、层次性原则和开放性原则,有效促进各构建内容的科学整合,促进政府话语的系统表达,从而彰显中国特色。

(三)统筹构建渠道,确保固本清源

新兴媒体的广泛使用催生了新媒体时代的到来。基于新媒体具有传播速度快、传播受众广、传播渠道多元等鲜明特点,极大地增加了话语传播速度、影响范围和管控难度。鉴于此,政府必须统筹其话语权的构建渠道,确保固本清源。首先,坚持官方发声平台的主导作用。政府话语权的构建理应坚持以官方平台为主导,官方渠道发布的信息较之商业网站、个人账号而言具有天然的科学性和真实性,能够正确地表达相应的政策法规等,坚持官方发声平台的主导作用有利于维护政府话语的权威,从而巩固政府话语权。其次,有效整合主流商业网站。主流商业网站具有信息量冗杂、受众巨大、传播范围广泛等特点,各种信息在商业网站肆意流布,特别是部分不法分子在此传播非法信息,极大地弱化了政府话语的向心力,政府及相关部门必须对其进行有效整合并加以利用,从而巩固政府话语权。再次,增强广大网民的媒介素养。媒介素养是指人们面对各种媒介信息时的选择能力、理解能力、质疑能力、评估能力、创造和

---

① 中共中央马克思恩格斯列宁斯大林著作编译局. 马克思恩格斯文集:第五卷[M]. 北京:人民出版社,2009:379.
② 邓小平. 邓小平文选:第三卷[M]. 北京:人民出版社,1993:90.

生产能力以及思辨的反应能力。① 媒介素养的高低在很大程度上影响网民对网络信息，特别是对政务信息的认知程度，进而影响网民在网络空间的行为举止。提高网民的媒介素养有助于提升其对政府方针政策、官方话语的理解与分析能力，增强网民对政府的认同感，为此，增强广大网民的媒介素养成了增强政府话语权的主要手段。

（四）协调构建方式，保持及时高效

政府话语权的有效构建与整合事关国家长治久安、事关伟大复兴中国梦的实现。鉴于新媒体环境下话语传播的开放性、互动性、自主性等特点，增强政府话语权必须通过协调各种构建方式来实现。一是协调"一元主导"与"多元主体"的关系。"多元"是基础，只有允许多种构建方式的存在，政府的"一元主导"才有现实的根基与前提。"一元主导"是管方向、管大局的，具有高度的政治性与权威性，与此同时，又要尊重其他多元的构建方式，并对其加以引导，从而强化政府话语权。二是协调"单向灌输"与"多维互动"的关系。传统媒体时代，政府话语的表达多是单方面灌输，话语权的构建方式单一，感染力相对不足。随着新媒体的不断发展，普通民众的话语表达极其容易，多元互动的话语表达方式与表达渠道扩大了政府话语的辐射力与影响力。基于此，有效协调"单向灌输"与"多维互动"的关系对强化政府话语权大有裨益。三是协调政府"有效管理"与"贴心服务"的关系。新媒体勃兴之前，政府凭借其特有的政治地位对话语的筛选、传播与管控极其严格，管理职能得以有效彰显，巩固了政府话语权。随着新媒体的广泛使用，社会话语权逐渐下移，普通民众拥有了发声的平台，部分人在网络上大肆宣扬与传播不实言论，扰乱了民众视听，弱化了政府话语权。基于此，亟须协调好政府"有效管理"与"贴心服务"的关系，既要保证政府话语权不受侵蚀，又要保障普通民众正常的话语表达与利益诉求。政府务必提高有效管理与贴心服务的意识和水平，从而增强民众对政府话语的认同感，以期更好地巩固政府话语权。简言之，在新媒体的境遇下政府话语权的构建遇到了政府话语权构建主体分散化、构建内容碎片化等诸多冲击与挑战。面对如此挑战，政府及其相关部门要抓紧研究新媒体的特点与话语传播规律，正如习近平总书记所说："对新媒体，我们不能停留在管控上，必须参与进来、深入进去、运用起来。"政府部门要抓住机遇，改进话语权的构建方式与方法，广泛运用新媒体技术，从而努力推进政府话语权的构建。

---

① 邱沛篁. 媒介素质教育论集 [M]. 成都：四川教育出版社，2004：69.

（作者系重庆市中国特色社会主义理论体系研究中心重庆邮电大学分中心副研究员；本文刊载于《西南民族大学学报》2019年5月10日）

第四篇　创新发展

高校助力推进新时代网络强国建设

李 林

党的十八大以来,以习近平同志为核心的党中央准确把握时代脉搏,以开阔的国际视野和高超的实践智慧,对我国的网络建设、发展提出一系列前瞻性、创造性的新理念新思想新战略,推动我国互联网的发展取得了举世瞩目的成就。党的十九大报告指出,加强互联网内容建设,建立网络综合治理体系,营造清朗的网络空间。① 习近平总书记在中国科学院第十九次院士大会、中国工程院第十四次院士大会上的讲话中强调,要推进互联网、大数据、人工智能同实体经济深度融合,做大做强数字经济。② 加快推进新时代网络强国建设,必须坚持以习近平新时代中国特色社会主义思想为指导,准确把握网络强国战略思想的科学内涵,全面贯彻以人民为中心的网络发展理念。高校应立足于科学研究、人才培养、服务社会和文化传承创新这四大基本功能,在推进新时代网络强国建设中作出应有的贡献。

强化自主创新能力,抢占信息科技竞争的制高点。习近平总书记指出,"我们要掌握我国互联网发展主动权,保障互联网安全、国家安全,就必须突破核心技术这个难题,争取在某些领域、某些方面实现'弯道超车'。"③ 建设互联网强国,拥有核心技术是最关键的要素之一。高校作为科学研究的主力军,是国家推进创新驱动发展战略最重要的力量之一。高校要加强重大创新平台和创新团队的建设,优化科研激励机制,加大对网络信息技术研究的投入力度,不断提升科研创新能力。要准确把握信息技术重点领域科技发展的战略机遇,选

---

① 中共中央党史和文献研究院. 习近平关于总体国家安全观论述摘编 [M]. 北京:中央文献出版社,2018:130.

② 习近平. 在中国科学院第十九次院士大会、中国工程院第十四次院士大会上的讲话 [M]. 北京:人民出版社,2018:10.

③ 习近平. 在网络安全和信息化工作座谈会上的讲话 [M]. 北京:人民出版社,2016:10.

准关系信息技术发展全局和长远发展的战略必争领域和优先方向,集中优势力量,深入推进协同创新和开放创新,努力实现集成电路、通用芯片等关键共性技术创新,积极布局高性能计算、新一代互联网、大数据、人工智能、量子通信等前沿技术的研发,着力加强智能机器人、智能运载工具、虚拟现实、智能终端等信息核心技术设备攻坚,争取获得引领性原创成果重大突破,把关键技术掌握在自己手里,为网络强国建设提供有力支撑。要加强网络安全前沿技术的研究,以技术进步促进国家网络安全防御能力的不断提升。

着力教育教学改革,加快培养适应网络社会发展的高素质创新人才。习近平总书记指出,"网络空间的竞争,归根结底是人才竞争。建设网络强国,没有一支优秀的人才队伍,没有人才创造力迸发、活力涌流,是难以成功的"。[①] 互联网快速发展带来的技术升级、产业调整、新经济业态以及社会治理模式变革等对人才提出了新的要求,急需一大批具有互联网思维、掌握新技术的复合型创新人才。这类人才不仅要具备扎实的专业知识,还要具有科学精神、人文情怀、伦理判断、审美素养。面对新时代中国特色社会主义建设的伟大使命,高校必须坚持内涵式发展、特色发展,努力创新人才培养模式,改革教育教学范式,紧跟信息技术发展潮流,加快信息技术新兴专业和交叉专业建设,强化人才的工程实践能力、创新能力的培养。

注重产学研结合,全力服务经济社会新发展。当前,新一轮科技革命和产业变革与我国加快转变经济发展方式形成了历史性交汇,"互联网+"正引发深远的产业影响,形成新的生产方式、产业形态、商业模式和经济增长点。高校必须紧跟技术变革的步伐,使科学研究和人才培养与企业、市场紧密结合,与数字经济的发展紧密结合。要加快科研成果转化机制改革,构建科研转化平台,不断提升科研成果转化的效率,充分发挥科技创新的核心支撑作用,充分发挥市场对资源配置的决定性作用。要通过产学研合作推进制造业、农业、金融、能源、物流等传统产业的优化升级,促进传统产业数字化、网络化、智能化;推动人工智能技术成果在"智慧政务""智慧城市""智慧医疗""智慧教育"等领域的创新和示范应用。要通过校企联合进行定制式人才培养,促进教育教学内容和企业需求同步,特别是加快推进云计算、大数据、人工智能等新一代信息专业的人才培养,为产业发展提供有力的人才支撑。要以科技进步为抓手,强化相关领域的科技创新,提高高校服务地方经济社会发展的贡献度。

---

① 习近平. 在网络安全和信息化工作座谈会上的讲话 [M]. 北京:人民出版社,2016:23.

加强网络文化建设,彰显社会主义核心价值观。习近平总书记指出,"要加强网络伦理、网络文明建设,发挥道德教化引导作用,用人类文明优秀成果滋养网络空间、修复网络生态"①。当前,互联网已经成为人类共同的生活空间和精神家园,网络空间命运共同体已然形成。互联网自由、多元、开放的特点促进了网络的繁荣发展,同时也带来了文化冲突、群体撕裂、价值观混乱等问题。高校作为社会文化的引领者,必须牢牢守住网络的文化价值底线,塑造积极向上的网络文化,培育一种正能量的网络价值观,努力在网络空间实现从宣泄到内省、从解构到建构、从娱乐至上到价值塑造的转变。要用社会主义核心价值观引领网络文化建设,强化网络空间的价值引导,倡导文明健康的网络生活方式,培育崇德明礼的网络行为规范,提高学生的网络文明素养,激浊扬清,营造清朗的网络空间。

(作者时任重庆邮电大学校长,现任重庆邮电大学党委书记;本文刊载于《光明日报》2018年6月7日第06版)

---

① 习近平. 习近平谈治国理政:第二卷[M]. 北京:外文出版社,2017:534.

坚持和加强党对科技事业的领导

谢 俊 罗 静

在中国科学院第二十次院士大会、中国工程院第十五次院士大会、中国科协第十次全国代表大会上，习近平总书记指出，"在革命、建设、改革各个历史时期，我们党都高度重视科技事业"① "坚持党对科技事业的全面领导，观大势、谋全局、抓根本，形成高效的组织动员体系和统筹协调的科技资源配置模式"②。百年探索实践为我们党领导科技事业积累了丰富经验。

坚持党的全面领导是我国科技事业的根本政治保证。中国共产党的领导是中国特色社会主义最本质的特征。坚持和加强党对科技事业的全面领导，是我们走向世界科技强国的根本政治保证。党的十八大后，党中央作出"创新是第一动力"的论断，全面实施创新驱动发展战略，一大批重大科技成果相继问世。从创新型国家的提出到建设世界科技强国的目标，我们党在领导科技事业的每一个节点都作出了正确的战略部署，引领国家科技实力从量的积累迈向质的飞跃，从点的突破迈向系统能力提升。

面向国家重大需求是我国科技事业的战略主方向。随着时代的发展变迁，党始终立足国家事业发展全局，聚焦重大战略需求，调整科技事业发展目标和结构。改革开放时期，党中央提出"经济建设必须依靠科学技术、科学技术工作必须面向经济建设"，进一步深化科技体制改革，科技工作迅速且广泛地支撑"自主创新、重点跨越"的建设目标。党的十八大后，面对科技创新成为国际战略博弈的主要战场，为应对科技创新中的短板弱项，解决"卡脖子"难题，创新驱动成为国家重大需求，科技创新成为提高社会生产力和国家综合国力的战略支撑。以国家重大需求为导向，着力解决影响制约国家发展全局和长远利益

---

① 习近平. 在中国科学院第二十次院士大会、中国工程院第十五次院士大会、中国科协第十次全国代表大会上的讲话 [M]. 北京：人民出版社，2021：2.

② 习近平. 在中国科学院第二十次院士大会、中国工程院第十五次院士大会、中国科协第十次全国代表大会上的讲话 [M]. 北京：人民出版社，2021：2-3.

的科技问题,提升科技事业对国家发展战略的整体支撑效能,是党领导科技事业的优良传统。

增强人民生活福祉是我国科技事业的战略主价值。我们党始终把实现好、维护好、发展好最广大人民根本利益作为党的事业的出发点和落脚点。习近平总书记强调:"加快科技创新是推动高质量发展的需要,是实现人民高品质生活的需要。"[①] 科技创新坚持人民至上,生命至上,科技扶贫带动精准脱贫,科技创新助力乡村振兴,科技工作护佑生命健康。尤其是新冠肺炎疫情发生以来,科技工作充分体现了听党指挥,靠前攻关,在临床救治、疫苗研发、疫情防控、复工复产等领域打赢了一场场科技防疫的攻坚战。党领导科技创新始终坚持以人民为中心,始终将满足人民对美好生活的向往作为科技创新的价值追求。

激发人才创新活力是我国科技事业的战略主动力。人才是实现民族振兴的战略资源。在百年奋斗历程中,我们党始终重视培养人才、团结人才、引领人才、成就人才。党的十八大后,我国科技事业实现了跨越式发展,从跟跑、并跑到领跑,国家对创新人才的需求比以往任何时候都更加紧迫。站在新的历史起点上,党将人才资源作为发展的第一资源,必将为我国科技自立自强和建成世界科技强国奠定坚实的人才基础。

(作者系重庆市中国特色社会主义理论体系研究中心重庆邮电大学分中心特约研究员;本文刊载于《光明日报》2021年10月25日第02版)

---

① 习近平. 在科学家座谈会上的讲话[M]. 北京:人民出版社,2020:3.

推进构建高水平社会主义市场经济体制

李 林

党的十九届五中全会提出,全面深化改革,构建高水平社会主义市场经济体制。这是党中央立足我国新发展阶段和国际形势复杂深刻变化作出的重大部署,标志着社会主义市场经济体制建设进入新的历史阶段。进入新发展阶段,推进经济体制改革,构建更加系统完备、更加成熟定型的高水平社会主义市场经济体制,符合时代潮流,顺应社会期待。

构建高水平社会主义市场经济体制是应对百年未有之大变局的必然选择

当今世界正经历百年未有之大变局,新一轮科技革命和产业变革深入发展,我国发展所面临的机遇和挑战都发生了新变化。在经济领域,我国经济已由高速增长阶段转向高质量发展阶段,长期趋势向好,市场空间广阔,发展韧性强劲。加快构建高水平社会主义市场经济体制有着深刻的时代背景,是适应我国经济要素结构和发展方式变化、适应国际环境复杂深刻变化和经济比较优势转化的迫切要求,是当前和未来较长时期我国经济行稳致远、高质量发展的战略方向。在科技创新领域,以大数据、物联网、人工智能等为核心的新一轮科技革命和产业变革正在成为影响各国竞争力重构和大国力量对比加速演变的重要引擎。加快推进构建高水平社会主义市场经济体制,健全市场体系,理顺政府与市场的关系,促进要素畅通,激发市场活力,是主动应对百年未有之大变局和社会主要矛盾发生变化、不断满足人民对美好生活新期待的内在要求,也是实现经济发展质量变革、效率变革、动力变革,推动经济高质量发展的根本途径。

坚持以国内大循环构建社会主义市场经济体制的战略基点

我国经济社会发展新阶段需要新的经济循环格局,需要更好利用国内超大规模市场优势推动市场体制改革,把满足国内需求作为发展的出发点和落脚点,让发展成果更好地为全体人民共享。

形成强大国内市场，构建国内循环体系。依托强大国内市场优势，以体制机制改革贯通生产、分配、流通、消费环节。坚定决心，深化改革，打破行业垄断和区域市场割裂，加快培育一体化内需市场体系。把实施扩大内需战略同深化供给侧结构性改革有机结合起来，以创新驱动、高质量供给引领和创造新需求，提升供给体系对国内需求的适配性。坚决破除妨碍生产要素市场化配置和商品服务流通的体制机制障碍，降低全社会交易成本。优化激励体系，完善扩大内需的政策支撑，形成需求牵引供给、供给创造需求的更高水平动态平衡。

完善竞争性制度安排，激发市场主体活力。公平竞争是高水平市场经济体制的基本要求，也是优化资源配置和提高配置效率的前提。要完善经营性国有资产产权管理体制，毫不动摇巩固和发展公有制经济，推进竞争性环节市场化改革。毫不动摇鼓励、支持、引导非公有制经济发展，优化民营经济发展环境，促进非公有制经济健康发展。健全以公平为原则的产权保护制度，完善和细化知识产权制度规则，加快建立知识产权侵权惩罚性赔偿制度，完善新技术新业态知识产权保护制度。

优化要素市场化配置，建设高标准市场体系。坚持平等准入、公正监管、开放有序、诚信守法，形成高效规范、公平竞争的国内统一市场。要健全产权执法司法保护制度，落实建立健全统一开放的要素市场、推进要素价格市场化改革、创新要素市场化配置方式等改革任务。在土地领域完善城镇建设用地价格形成机制和存量土地盘活利用政策；在劳动力领域放开放宽城市落户限制，促进劳动力、人才社会性流动；在金融领域构建与实体经济结构和融资需求相适应的银行体系，推动股票发行注册制和利率市场化改革；在数据领域完善数据权属界定、开放共享，加快培育数据市场。

坚持以高水平开放推动社会主义市场经济体制深层次改革

进入新时代，对外开放的内涵外延均发生重要变化，具有更多制度型开放特征。新发展格局下高水平对外开放对国内市场体制改革形成倒逼机制，强化了国内国际市场化规则规制全面对接，担负了以高水平开放推动深层次市场化改革的重任。

坚定对外开放自信，促进国内国际双循环。当前，世界经济低迷，全球供应链和产业链本地化、区域化、分散化趋势凸显。在此背景下，更需要坚定对外开放自信，坚持多边主义，以开放、合作、共赢胸怀谋划发展，坚定不移推动经济全球化朝着更加开放、包容、普惠、平衡、共赢的方向发展。立足国内大循环，发挥比较优势，充分利用国内国际两个市场两种资源，以国内大循环吸引全球资源要素，积极促进内需和外需、进口和出口、引进外资和对外投资协调发展。

完善市场准入制度，建设高水平开放型经济体制。全面提高对外开放水平，推动贸易和投资自由化、便利化，增强对外贸易综合竞争力。坚持推进外商投资准入负面清单制度，有序扩大服务业对外开放，依法保护外资企业合法权益。外资准入负面清单制度在构建高水平开放经济体制、促进内外资企业公平竞争上起到了十分重要的作用，在以国际规则倒逼国内改革上起到了显著的示范作用。推行国内市场准入负面清单制度，加快形成各类市场主体公开公平公正竞争的市场机制。

营造一流营商环境，加快制度型开放高地建设。我国营商环境不断优化，持续向好，但仍有很大提升空间。需要进一步实施好外商投资法及配套法规，尊重非歧视性国际惯例，公平对待各类市场主体，保护外资合法权益。坚持以企业为主体，以市场为导向，遵循国际惯例，健全多元化投融资体系，探索建立同国际投资、贸易通行规则相衔接的制度体系，使营商环境更加市场化、法治化、国际化。

（作者系重庆邮电大学党委书记、重庆市中国特色社会主义理论体系研究中心副主任；本文刊载于《重庆日报》2020年12月22日第11版）

加快实现科技自立自强要贯彻新发展理念

高新波

习近平总书记在两院院士大会中国科协第十次全国代表大会上强调,坚持把科技自立自强作为国家发展的战略支撑,立足新发展阶段、贯彻新发展理念、构建新发展格局、推动高质量发展。站在"两个一百年"的历史交汇点上,面对世界百年未有之大变局,面对新一轮科技革命和世界科技竞争的严峻形势,加快建设科技强国,实现高水平科技自立自强,必须完整、准确、全面贯彻新发展理念。

准确把握新发展理念是我国科技自立自强的应然选择。"创新、协调、绿色、开放、共享"的新发展理念,是我们党对执政规律、建设规律、发展规律的科学把握,系统回答了关于发展的目的、动力、方式、路径等一系列理论和实践问题。准确把握新发展理念,需坚持以创新为驱动、以协调为追求、以绿色为标尺、以开放为视野、以广大人民共享发展成果为目标,积极破解发展难题、科学引领发展方向、准确把握发展着力点。近年来,在新发展理念科学指引下,我国在重大基础研究、战略研究和产业研究方面取得历史性成就。原始创新取得重大进展,战略高技术领域取得新跨越,高端产业取得新突破,尤其是在新冠肺炎疫情防控中,科技创新为疫情防控、生产恢复、社会稳定、经济发展提供了有力支撑,打赢了一场场科技防疫的攻坚战。

全面贯彻新发展理念是我国科技自立自强的必然要求。面对世界科技竞争的重大风险挑战,应对科技创新短板弱项,解决一系列"卡脖子"难题,必须坚决贯彻新发展理念。创新是科技自立自强的动力源泉。站在建设世界科技强国的战略高度,国家将科技创新摆在发展全局中的核心位置。我们亟须在提出原创理论、解决前沿科学难题、引领前沿科学发现方面有所作为,实现科技领域跨越式发展,在世界科技竞争中掌握战略主动权。协调是科技自立自强的方式选择。科技创新是促进区域协调发展的重要支撑。科技创新要加快企业、科研院所、高校的协同创新,推进科技创新在拓展发展空间、促进更高水平更高质量发展上下功夫，在有效协调区域联动、促进城乡统筹等方面提供强大的技术供给和成果转化效益。绿色是科技自立自强的模式选择。科技创新是形成新发展格局的有效手段。要牢固树立绿色发展理念，以绿色引领科技创新，聚焦生态文明建设中的关键核心技术攻关，确保科技创新在破解资源浪费、环境污染等核心任务上实现重要突破，引领新的生产和生活方式变革。开放是科技自立自强的路径选择。我国的科技创新不仅要全面提升自主创新能力，而且要以全球视野谋发展，积极参与世界在重大科技创新领域的协同攻关，尤其是在气候变化、节能减排领域，深度融入全球科技创新格局，为构建人类命运共同体贡献中国智慧。共享是科技自立自强的价值选择。坚持以人为本，坚持使全体人民共享科技创新成果，科技创新要聚焦人民需求的公共服务体系、科技扶贫、生命健康等领域，不断推动社会公平正义，满足人民群众日益增长的美好生活需要。

（作者系重庆邮电大学党委副书记、校长，教育部长江学者特聘教授；本文刊载于《重庆日报》2021年6月17日第06版）

抢抓疫情下数字化转型发展机遇

樊自甫　万晓榆

新冠肺炎疫情虽然短期内会给经济发展带来不利影响，但也有效拉动了线上消费需求，加快了产业数字化、政府治理智慧化和公共卫生防疫设施智能化的步伐，为经济社会的转型升级带来了重大机遇。其一，受疫情防控影响，各类在线技术、产品、服务创新激增，钉钉、腾讯会议、华为WeLink等办公软件的使用频次呈现爆发式增长，数字娱乐流量激增，催生了庞大的线上消费需求。其二，疫情让企业充分认识到工业机器人、柔性制造系统、工业互联网等数字化生产设施的重要性，企业的研发设计、生产制造、营销采购等环节的数字化转型将会明显加快，产业数字化发展迎来重要窗口期。其三，受疫情影响，社会和公众对政府治理数字化、智慧化的要求和期盼越来越高，加速涌现出一批在线政务服务平台，政府治理的数字化、智慧化会明显提速。为此，要抢抓疫情带来的数字化转型机遇，积极谋划，加强精准调度，培育数字经济新增长点，转变传统生产方式，创新政府治理模式，努力开创重庆经济高质量发展新局面。

培育新业态新产业，打造数字经济新增长点。抢抓疫情防控期间人们生活、娱乐方式在线化转变机遇，出台场景开放引导政策，推动在线娱乐、在线教育培训、网络直播等线上服务业发展。谋划建设国家网络安全重大科技基础设施，推动网络安全产品及服务在金融、能源、通信、交通等领域的应用，全力抢占网络安全产业的新"蓝海"。积极推动人工智能、区块链、量子信息等技术攻关和产业化应用，加快培育一批新兴信息技术产业。立足我市"芯屏器核网"产业基础，补链成群，做大产业规模、做强产业集群，做好现有电子信息产业的增量提质。积极创建一批高端研发平台、产业创新平台和专业化服务平台，建设一批国家和市级孵化器、众创空间、加速器，不断提升数字经济创新创业能力。

加快生产模式变革，推动制造业数字化转型。重点推动工业互联网标识解析二级节点建设,引导企业建设企业级标识节点及应用系统,利用重庆工业互联网标识解析国家顶级节点优势,率先建成工业互联网标识解析体系,加快推动以工业互联网为核心的智能制造发展。加大组织宣传培训,扩大优质服务主体,树立标杆典型,强化云端安全保障,多措并举推进"企业上云",加快发展"云制造"。广泛开展"数字化装备普及"行动,鼓励制造企业智能化改造制造单元、加工中心、生产线,全面提升制造业数字化、柔性化生产能力。引导企业开展网络化协同制造和个性化定制,推动制造企业生产模式由企业主导向消费者主导(C2M)转型。

强化数字技术赋能,加快城市治理智慧化。加速灾害防治、公共卫生防控设施智能化改造,建设疫情实时态势感知分析预警系统,利用数字技术提升我市重大自然灾害、事故灾难和公共卫生等突发事件的数据动态采集、实时监测和智能分析能力。推动物联网、大数据、人工智能等技术在交通、电力、水利、市政等领域中的应用,加快推进传统设施数字化,全面提升我市公共服务精细化、智能化、人性化水平。加快部署覆盖我市山水林田湖草等生态要素的动态采集、监测、遥感遥控等信息基础设施,推动三峡库区和长江上游环境保护智慧化,筑牢我市生态优势。推动"线上办公"替代"传统办公",持续深化"渝快办"等政务服务平台建设,全面提升政府服务质量。

加大新型基础设施建设,夯实数字化转型发展基础。加速推进5G网络和双千兆网络建设,争取国家新型互联网交换中心试点,打造全国太空互联网时代的全球总部基地和低轨互联小卫星星座应用示范基地,构建空天地一体化高速信息网络。深化国家绿色数据中心试点,建设峰值浮点运算能力达亿亿次级、存储容量达50PB级的高性能超算中心,加快建设一批算力平台、开放平台、算法库、知识库、试验场等应用基础设施。积极创建国家车联网先导区,加快建设基于5G的L4级自动驾驶开放道路场景示范运营基地、低空无人机通用航空物流网络等试验基础设施,搭建无人机低空监测平台,为车联网、自动驾驶、无人配送等新业态培育提供试验验证场所。

构建新型生产关系,适应数字生产力发展。充分利用区块链技术的分布式存储、不可篡改等特性,加快行业信用体系建设,构建透明公平诚信的产业生态环境。建立连接国有企业、民营企业的交易信用体系,构建身份对等的新型生产关系,为民营企业营造公平竞争环境。充分认识网络空间的扁平化、协同化、平台化特征,打破层级化、属地化市场监管模式,推动政府、平台企业、社会公众多元协同监管。清理和规范制约新业态健康发展的行政许可、资质资格等事项，开放公共服务市场、降低准入门槛，最大限度地激发市场主体的创新活力。发挥数据资源在新一轮经济社会发展中的关键要素作用，建立数字资产确认、定价和交易机制，强化数字资产的产权保护，加快释放数字资产红利。

（作者均系重庆市中国特色社会主义理论体系研究中心重庆邮电大学分中心教授；本文刊载于《重庆日报》2020年3月20日第09版）

抢抓战略机遇协同打造数字双城经济圈

樊自甫

中共重庆市委五届八次全会指出，推动双城经济圈建设，使成渝地区战略地位凸显、战略空间拓展、战略潜能释放，为成渝地区发展带来前所未有的战略机遇期。川渝两地要抢抓战略机遇，树立一盘棋思维，深刻把握谋全局与谋一域的辩证关系，加大统筹协调，强化政策协同，聚力打造数字双城经济圈。紧密围绕国家赋予川渝两地的试验任务，以数字产业集聚发展、新型基础设施建设、超大城市智慧治理、数字经济国际合作、促进数字技术和实体经济深度融合为重点，有序推进数字双城经济圈建设。

协同打造数字产业集聚区。一是做大做强数字产业。延伸产业链条，补齐产业链短板，构建"芯屏器核网"全产业链，抢抓机遇加快培育人工智能、区块链、网络安全、数字文创等特色产业集群。二是壮大优质市场主体。联合推进数字经济领域大型国有企业等落户双城经济圈，共建数字经济孵化器、众创空间，引进一批龙头企业，培育一批高成长型中小企业和创新团队。三是搭建数字技术创新平台。围绕人工智能、大数据、物联网、区块链等重点领域集中布局一批高端研发平台、产业创新平台和公共服务平台，解决数字产业发展中的关键核心技术"卡脖子"问题。四是促进区域创新一体化发展。以"一城多园"模式合作共建西部科学城，搭建关键核心数字技术集成攻关平台，打造区域技术创新协作网络。

协同促进数字技术与实体经济深度融合。一是推动成渝地区工业互联网协同发展。围绕成渝地区汽车、电子信息、装备制造等优势产业，建设一批跨行业、跨地区工业互联网平台，共建新技术新产品测试床、实验验证平台等工业互联网试验验证平台。二是携手共建工业互联网标识解析体系。以政府引导、市场主导方式推进标识解析二级节点、递归节点和企业节点及应用系统建设，依托重庆国家标识解析顶级节点优势，率先构建西部地区标识解析与标准体系。三是联合开展建筑业数字化转型。共建BIM项目管理平台和数据中心，有序推动成渝地区建筑勘察、设计、生产、施工、验收等环节数据有效传递和实时共享，联合制定智慧小区、智慧工地、装配式建筑等建设评价标准。四是推动农产品产供销数字化发展。围绕成渝地区特色农（副）产品资源，共建国家级专业农（副）产品交易大数据中心和区域性农村电子商务平台。五是推动成渝地区数字旅游一体化。围绕成渝地区自然风景、人文景观旅游资源和特色农业资源，协同打造智慧旅游大数据管理平台。

携手参与数字经济国际合作。一是携手举办数字经济国际会议论坛。共同举办智博会、"数字丝绸之路"国际合作会议等国际性展览展会，争取中欧峰会、"一带一路"国际合作高峰论坛等高层次会议落地成渝。二是联合开展跨境数据贸易。联手开展数据保护能力认证、数据流通备份审查、跨境数据流通和交易风险评估，共建区域性国际数据交换中心，探索跨境数据安全流动和离岸数据业务试点等首创性改革。三是联合承接国际数字技术及产业转移。联合共建"一带一路"科技创新合作区和国际技术转移中心、创新合作中心，依托成渝地区已建的中新、中德、中日、中国—东盟等产业园，积极承接国际高端产业和创新资源。

推动成渝地区城市智慧治理一体化。一是推动政务服务"一网通办"。推动自然人数据库、地理信息空间数据库、法人数据库等社会公共基础数据库的数据共享，做好成渝地区社会公共信息共享交换平台的互联互通，统一制定数据治理标准。二是实现交通"一卡通行"。以智能化手段推动成渝地区城市轻轨、地铁、公交、航空、高铁、高速、水运无缝对接、多式联运，联合开展智能安检和电子客票服务。三是打造一体化智慧医疗服务体系。共建共享城乡全覆盖的电子病历、电子健康档案和人口家庭数据库，联合建设基于5G网络的远程医疗系统，促进城市优质医疗服务资源向农村偏远地区下沉。四是推动智慧教育一体化。共建成渝地区教育数据资源标准体系，搭建一体化智慧教育平台，推动成渝地区优质教育资源共建共享，缩小区域和校际教学水平差距。五是共同筑牢长江上游生态屏障。加速长江上游生态环境大数据平台和EIM数字孪生平台建设，推动生态环境监测与环境监管跨区域协同联动。

强化新型基础设施互联互通。一是协同打造中新国际数据出口通道。加大中新国际数据通道对成渝地区相关数字经济园区的接入授牌，共享共用中新（重庆）国际互联网数据专用通道。二是协同共建国家信息通信枢纽。推进重庆、成都国家级互联网骨干直联点扩容，共同创建国家新型互联网交换中心试点，加大成渝省际数据出口带宽。三是推动算力基础设施一体化建设。统一规划建设大数据同城灾备、同城双活和异地灾备数据中心，构建一体化的存储平台、云平台和安全平台等基础服务平台，争取国家布局共建高性能智能超算中心。四是推动成渝地区试验设施一体化建设。联合创建国家车联网先导区，共建共享基于5G的L4级自动驾驶开放道路场景示范运营基地、低空无人机通用航空物流网络，联合建立测试评价体系和无人机低空监测平台。

（作者系重庆市中国特色社会主义理论体系研究中心重庆邮电大学分中心特约研究员；本文刊载于《重庆日报》2020年5月12日第07版）

打造高水平科技创新中心要建设高端研发平台

许光洪　张　能

以基础研究为主导的国家（重点）实验室和以提升产业核心竞争力为目标的国家技术创新中心等高端研发平台，是探索重大科学问题、突破关键核心技术、构建创新链供应链产业链的"顶梁柱"，是引育科技人才、积累人才红利、营造创新产业生态的"梧桐树"。重庆要牢牢把握推动成渝地区双城经济圈建设的新机遇，抓住用好国家数字经济创新发展试验区、国家新一代人工智能创新发展试验区和西部（重庆）科学城建设等政策支持，坚持前瞻引领，突出原创导向，强化产学研协同，加快建设一批具有国际重大影响力的高端研发平台，力争在行业影响力、标志性成果、经济社会发展贡献度上实现新的突破，加快建成具有全国影响力的科技创新中心。

拓宽领域"上规模"。近年来，包括重庆在内全国各地通过省部共建、产学研合作等，统筹布局高端研发平台，支撑了地方经济社会发展和创新创造能力提升。但与先进地区相比，重庆高端研发平台在数量和规模上还存在一定差距。重庆要赶超领跑，瞄准世界科技前沿、聚焦国家战略需求、立足重庆现实基础，围绕长江流域和三峡库区生态环境保护需求，争取国家在渝布局三峡库区环境和生态国家实验室，组建三峡库区灾害监测防治等国家重点实验室。围绕跨学科研究，组建植物功能基因组、超低剂量电子显微、应用数学等学科交叉国家研究中心，建设超瞬态物质科学实验装置、超精密跨尺度基标准与溯源研究设施、重离子加速器癌症治疗装置等大科学装置，以及无线能量传输与环境影响等大科学工程。围绕能源电力、生态环境和现代农业等相关领域，建设雪峰山能源电力装备安全、金佛山喀斯特生态系统、三峡库区地表生态过程、寡日照与高温伏旱区粮油作物等国家野外科学观测研究站等。

注重内涵"提能力"。高端研发平台是基础科学研究的聚集地，基础科学研究又是整个科学体系的源头、解决技术难题的总开关。针对重庆高端研发平台高精尖深技术攻关实力不足的现状，要抓紧填空白、补短板、促融合，努力在若干领域走在理论最前沿、占据创新制高点、争创产业新优势。要填补基础研究空白，通过布局国家科研基地，开展与重庆乃至成渝地区、西部地区发展密切关联的数学、物理学、化学、地球科学、生物学、生态学等基础科学研究，不断增添新原理新知识新方法的源头储备和人才储备，实现基础研究从高原到高峰的突破。要补齐核心技术短板，围绕信息科学、生命科学、材料科学、能源科学、环境科学、农学、医学等优势和需要，将重大共性关键技术和重大应用示范相结合，形成一批应用基础研究的原创性成果，解决一批关键核心技术难题。要促进产学研用共融，以重点企业和高校、科研院所为主体，开展数字化网络化智能化、生物技术工程、生态安全工程、应急保障工程等技术攻关，建设一批试验场、体验中心、示范应用基地，以及大型科研仪器设备、大数据中心等科技资源共享服务平台，形成完善的科技资源支撑服务体系，加快科研成果从样品到成品再到商品的转化。密切政产学研用合作，融入全球创新网络，打造科研设施共建共享、关键核心技术集体攻关、科技成果转移转化的全链条、开放式的创新创业生态。

创新机制"强保障"。打造高端研发平台是一项系统工程，离不开资金、人才、项目等体制机制创新。要完善组织架构，实行实验室主任负责制和首席科学家制度，赋予职称评审权，支持设立博士后流动站和联合培养研究生。要建立项目激励机制，优化财政资金支出结构，汇聚高端创新资源，对落地实施的国家重大科技基础设施前期预研项目，国内外知名高校、科研机构在渝联合共建研发机构等给予资金补助，激励全社会加大研发投入。要健全人才培养机制，实施英才计划，办好英才大会，完善人才引育留用政策，把高端研发平台打造成吸引人才、留住人才、用好人才的聚集地，成为通过研究发现和技术攻关培养人才、锻炼人才、提升人才层次的主通道。要健全交流合作机制，强化国际国内交流与合作。既要坚持"请进来"举办国际学术会议、开展国际项目合作、办好国际学术刊物，还要"走出去"服务"一带一路"建设，为国家牵头或参与引领科学前沿、解决全球性难题的国际大科学计划和工程作出贡献。定期选派高端研发平台人员进入国际高端研发机构及合作组织开展合作研究，促进研究理念、研究方法、研究成果的互鉴共享。

（作者单位：重庆市中国特色社会主义理论体系研究中心重庆邮电大学分中心；本文刊载于《重庆日报》2020年6月24日第11版）

深度挖掘数据价值 激活新要素活力

邓维斌　万晓榆

不久前召开的重庆市发展数字经济推进大会强调,要激活新要素,着眼"聚、通、用",推动数据高效集聚,加强数据处理加工,促进数据顺畅融通,推进数据开放共享,深度挖掘数据价值。生产要素范畴由土地、劳动力、资本、技术等向数据拓展,数据正逐渐成为人们进行生产经营活动所需要的主要资源,以及财富创造和经济增长的主要源泉。与土地和资本等相比,数据具有衍生性、共享性、非消耗性三大价值,打破了自然资源有限供给对增长的制约,为持续增长和永续发展提供了基础和可能。如何在保障安全的前提下,促进数据的高效集聚、顺畅流通和开发运用,对充分挖掘数据价值、激活数据要素新动能具有重要意义。

推动数据高效集聚。一是加速建设数据互联互通高速网络。扎实推进5G网络、千兆宽带、IPv6等信息基础设施建设,强化国家级互联网骨干直联点、中新(重庆)国际互联网数据专用通道等关键枢纽设施布局,提前规划部署低轨卫星移动通信和量子通信等未来网络设施,加速形成主城都市区互联互通、共建共享的信息通信高速网络。二是加快建成海量数据存储和高性能计算中心。强化两江水土云计算中心核心承载能力建设,根据区域经济社会发展需要,适时建设区域性、行业性和专业性数据存储分中心,打造布局合理、功能兼容、平滑扩展的大数据存储体系。统筹高性能计算方案提供商、全市高校和科研院所等资源,建设面向各类科学研究、工程应用等的计算资源集聚高地,为大数据汇聚和处理提供计算支撑。三是加速各类数据资源集聚进程。利用重庆工业互联网标识解析国家顶级节点优势,重点推动工业互联网标识解析二级节点建设,结合我市在汽车、摩托车、笔记本计算机等行业的集聚优势,全力支持和打造忽米网、阿里云飞象、领工云等工业互联网示范服务平台,实现人、机器、车间、企业等主体和设计、研发、生产、管理、服务等产业链各环节全要素的泛在互联与数据汇聚。依托互联网领头企业等在业务和技术方面的优势,加强对金融、电信、交通、教育、医疗、电子商务等信息数据的依法合规收集，形成丰富的行业和专业数据资源。

促进数据有序交易。一是打造大数据交易平台。依托数字重庆大数据应用发展有限公司等龙头企业，借鉴贵阳大数据交易所、上海数据交易中心等成功经验，加快打造大数据交易系统、建设交易平台、形成交易联盟，实现数据的共享共用、二次开发和交易流通。二是健全数字交易机制。建立数据格式标准化、数据质量认证、数据定价、数据源追溯、数据交易信息披露、市场主体考核评价等标准及规范体系，提供完善的数据指数开发、数据交易结算与交付、安全保障、数据资产管理和融资等综合配套服务，为数据交易提供保障。三是加强数据交易监管。加强对数据交易从业人员的资格审查、诚信评估和培训，强化工作权限和责任义务。加强对交易会员的条件审核和管控，包括内部监督、风险控制、数据源审核、交易协议订立、数据交易信息统计等。四是丰富数据交易类型。接入涵盖多领域的优质数据资源，通过数据算法和接口进行多源数据聚合，生成增值数据产品。引入招投标对接机制实现对专业数据或产品需求的定制开发，满足数据市场多样化需求。

深化数据开发运用。一是加快政府服务与社会治理智慧化进程。推动大数据、物联网、人工智能等技术在医疗、教育、交通、物流、市政等领域的应用，全面提升我市公共服务精细化、智能化水平。持续深化"渝快办"等政务服务平台建设，推动"线上办公"与"线下办公"协同发展，全面提升政府服务质量。二是助推实体经济转型升级。大力推动大数据在农业生产管理、产品溯源和市场销售中的应用，实现现代农业生产实时监控、精准管理、远程控制和智能决策，为精准扶贫和乡村振兴战略实施提供强有力支撑。创新大数据与服务业融合应用场景，加快推进"大数据+服务业"深度融合，推动服务业向平台型、智慧型、共享型发展。深入分析和挖掘用户需求和市场反馈信息，打通供给侧和需求侧信息流通渠道，精准锁定市场需求，灵活安排和调整产品线，实现个性化生产与服务，推动产品和服务供给模式创新。三是推动政企数据融合运用。研究建立促进公共数据开放和数据资源有效流动的制度规范，探索建立面向互联网头部企业的数据目录备案机制，推进政府数据开放共享、加强与社会数据资源的对接整合，架构起"政—政"数据共享、"政—企"数据开放、"企—企"数据互通的数据流通与融合运用体系，促进数字经济新产业、新业态和新模式涌现。

筑牢数据安全底线。一是完善数据安全法律法规。从网络和信息安全相关法律法规、标准规范和保障规划等方面强化数据安全整体规划和顶层设计，制定地方数据安全防护政策法规及实施细则，对脱敏化数据、模型化数据和人工智能化数据等明确产权归属，对数据采集、存储、分析处理等方面明确安全要求，对数据安全问题明确责任界定。二是完善数据安全制度体系。根据不同数据类型、敏感程度、脱敏状态、可用性等要求，建立数据分级保护机制、安全保护策略和安全评估制度，并根据数据生成方式多元、数据体量庞大以及流动迅疾的特点，推出涵盖数据全生命周期的立体性安全监管标准。三是构筑数据安全技术屏障。加强对重要信息系统和数据资源的安全技术防护措施，推进密码学、区块链、防火墙等安全技术和产品的研发与应用，实现信息安全领域的自主可控。定期对网络设备、数据库、信息系统、应用平台等进行可靠性及安全性检测和评估，及时发现和规避安全风险。四是建立数据安全应急预案和联动防御机制。强化数据风险应急预案部署，提升数据安全事件的应急响应能力。建立信息共享、系统协同、部门协作的联动防御机制，形成全面分析风险、及时获取威胁、协同研判处置的防御策略，提升数据安全联动防御效率。

（作者系重庆市中国特色社会主义理论体系研究中心重庆邮电大学分中心特约研究员；本文刊载于《重庆日报》2020年6月30日第15版）

持续提升重庆工业互联网创新能力

许光洪　王　平

当前,变革生产方式、增强创新动能的工业互联网,正处在产业格局未定的关键期和规模化扩张的窗口期。重庆要贯彻新发展理念,构建新发展格局,持续提升工业互联网创新能力,坚持工业兴市、智造强市,把工业互联网作为数字化转型的实现途径、打造"智造重镇"的关键力量来抓。要本着应用是王道、数据是核心、互联是关键、安全是保障的理念,强弱项、补短板,着力构建创新有团队、研发有平台、成果有转化、产业有链条、投入有产出的协同创新体系,加快建成国家重要的工业互联网创新中心、人才培养基地和产业发展高地。

突出技术协同创新,聚力攻坚突破"卡脖子"技术。根据工业互联网技术图谱,重庆要在保持工业自动化控制、工业无线、工业物联网、供应链协同等技术研发领先优势的同时,在生产自动化设备上,研发支持边缘计算和自诊断、自学习、自决策的功能安全型仪器仪表,开发支持机器学习的分布式协同控制系统。在设备设施互联上,研发时间敏感网络芯片与核心交换机、工业 SDN 网络控制器及多协议高速网关设备、边缘智能服务器与边缘计算平台、支持 IPv6 与 5G 的工厂内网设备等。在大数据平台搭建上,聚焦数据信息处理与分析,打造支撑全市重点产业发展和产业聚焦的行业性工业互联网平台。在产业链协同应用上,在标识、设计、资源配置等方面有突破,打造行业性智慧供应链和智能制造服务平台。在安全防护上,研制工控安全系统、核心安全设备与边缘安全网关,构建安全态势感知与深度防御平台,实现工业互联网的全面可信可管可控可审计可追溯。在标准规范制定上,开展网络与连接、边缘计算与安全、标识与行业应用等标准制定,抢占标准制高点,形成产业竞争主导权。

突出运营模式创新,持续推进重点行业示范应用。坚持企业主导、多方联动。汽车与装备制造因其规模庞大、全产业链协同,可采用"主机厂主导"模式应用工业互联网,主机厂通过对供应商的准入要求以及制定标准规范,加速提升产业链上企业设备设施的数字化自动化网络化，消除终端设备连接不足的制约，实现纵向集成。电子产品制造要针对单品数量大、产品换代快、上下游企业订单紧密联系的特点，采用"供应链主导"模式，由工业互联网支撑代工厂商和上游企业之间物料供应的优化调度与实时配送，并通过供应链企业的标准规范和准入要求，促使代工厂商和上游企业的设备设施数字化自动化网络化。能源与化工产业要根据流程工业特点，通过完善标准规范，对生产过程、计划资源、关键设备等进行全方位管控与优化，解决好安全生产、生产管控、装备效率等，实现价值挖掘和提升。服装与快消产业则要把住产品换代（季）快、个性化订单多、定制化生产特色鲜明的特点，建设工业互联网生态体系，使用户持续、深度参与到产品设计研发、生产制造、物流配送、迭代升级等环节，满足用户个性化定制需求，缩减产品研制周期与生产成本。

突出组织管理创新，形成共建共享发展合力。实现人、机、物的全面互联，推动工业生产质量变革、效率变革、动力变革，需要技术创新、示范应用的持续积累，以及人才、资金、技术等要素资源的持续投入。首要的是集合工业企业、运营单位和科研机构，编制实施好"十四五"全市工业互联网发展专项规划。成立工业互联网创新中心，加强工业互联网发展的整体规划、产业联动、优化布局，促进工业互联网的自动化设备、物联网连接、大数据平台等协同发展。整合财力投入和社会资本，设立工业互联网重大工程创新基金，倾斜支持关键技术创新和企业设施设备数字化智能化网络化。支持高校协同工业企业、运营单位、科研机构等开发课程，建设浸入式应用创新体验中心和工程实训基地，培养应用创新型工业互联网人才。以事业留住人才，以市场留住机构，深化"放管服"，营造良好的工业互联网发展生态，使引进的机构和人才深耕重庆。加强成渝地区双城经济圈及"一区两群"协同联动，共同建设工业互联网的标识解析体系、一体化公共服务平台、一体化安全体系，推广流程和离散工业的企业示范应用，延长和提升重庆智能制造的产业链供应链价值链。

（作者单位：重庆市中国特色社会主义理论体系研究中心重庆邮电大学分中心；本文刊载于《重庆日报》2020年10月22日第12版）

加快推动数字经济和实体经济融合发展

樊自甫 万晓榆

2020线上智博会全方位展示了全球大数据智能化新产品、新技术、新业态以及新模式,为数字经济发展带来了新动能。我们要进一步深化认识、抢抓机遇,用足用好2020线上智博会成果,积极拓展大数据智能化创新应用,加快推动数字经济和实体经济融合发展。数字经济和实体经济融合发展是指通过互联网、大数据、人工智能、物联网等新一代信息技术在传统产业中的深度融合应用,实现传统产业质量变革、效率变革和动力变革,其核心要义是以数字技术赋能为主线,推动传统行业数字化转型、智能化升级。

准确把握数字经济和实体经济在融合发展中的关系。深刻把握实体经济是根基、数字经济是引擎的融合发展总基调,两者之间为相互促进而非替代关系。数字经济特别是互联网、人工智能、大数据等数字技术的发展,有利于提升数字技术在实体经济中的融合应用深度,进一步发挥数字技术在实体经济资源要素配置中的优化与集成作用,更好推动实体经济的数字化转型和智能化升级。当前,重庆传统支柱产业仍存在大而不强、大而不优,面临产品迭代不快、综合效益偏低等问题,需要通过数字经济和实体经济融合发展实现传统产业建强产业链、优化供应链、提升价值链、拓展生态链,进而在产业存量中做大经济增量,做大做强实体经济。

政府市场同时发力协同推进数字经济和实体经济融合发展。由于信息不对称、外部性、市场化程度不够等原因,在数字经济和实体经济融合发展初期,仍存在市场失灵和政府缺位问题,需要更好地发挥政府作用,扩大数字化转型公共服务供给,加快数字化转型促进中心建设,着力构建转型促进公共服务体系,破解中小企业"不会转""不敢转""不能转"的困境。与此同时,加速引进和培育一批数字化转型优质市场主体,扩大市场化服务供给。一是支持以技术和资本为纽带组建产学研用联合体,重点培育一批具备自主研发能力的实体经济数字化转型解决方案供应商。二是着力推动本地龙头企业裂变式发展,组建信息技术服务部门或企业，面向行业内企业提供数字化设计与虚拟仿真、检验检测认证，数字化转型解决方案设计等专业化服务。三是重点支持规划设计、咨询服务等机构延伸业务链条，开展咨询诊断服务和总集成总承包服务，鼓励信息技术服务企业发展智能制造系统集成业务。

以产业互联网建设应用为突破口推动实体经济数字化转型。一是加快工业互联网平台及标识解析体系建设，加速跨设备、跨系统、跨厂区、跨地区互联互通，推动工业制造协同和产品全生命周期管理，提升生产制造服务体系的智能化水平。二是加快农业互联网及农（副）产品交易大数据平台建设，推动全市农业农村数据资源系统互联互通、业务协同，加快农业生产经营管理服务的数字化转型。三是加快建设建筑业互联网平台，推动工程建设领域物联网、业务、空间、过程等数据融合，加快建筑业数字化转型。四是抓好服务业在线平台培育，围绕金融、物流、商贸等重点细分行业打造一批具有全国影响力的互联网平台，加快服务业的网络化、平台化和智能化建设，提升服务效能和精准性。五是支持大型企业建设产业互联网平台，支持中小企业采用产业互联网平台提供的平台应用服务，通过"上云上平台"降低IT建设成本，优化管理能力，提升数字化、网络化、智能化水平。

以数字化转型共性技术创新增强融合发展内生动力。一是引导高校、企业、研究机构深度合作对接，联合共建数字化转型关键共性技术研发机构，围绕重庆支柱产业积极开展大数据、云计算、人工智能、5G、物联网和区块链等新一代数字技术应用和集成创新。二是着力突破先进感知与测量、高精度运动控制、高可靠智能控制、工业互联网安全等一批关键共性技术，加快推动智能化装备、边缘计算系统、工业无线通信、工业大数据分析、工业安全防护等关键技术及系统的开发和应用。三是重点突破计算机辅助类（CAX）软件、基于数据驱动的三维设计与建模软件、数值分析与可视化仿真软件等工艺仿真软件，高安全高可信的嵌入式实时工业操作系统等业务管理软件。四是加快研制具有自感知、自决策、自执行功能的高端数控机床、工业机器人、检测装配、物流仓储等智能制造设备，突破高性能专用伺服电机和驱动器、高精度减速器、高档控制系统、高速大扭矩切削电主轴等"卡脖子"关键零部件。

做好数字经济和实体经济融合发展重点措施保障。一是加大数字经济类学科布局和专业建设，扩大中高端专业化数字服务人才供给，加强企业人员职业培训，筑牢数字经济和实体经济融合发展人才根基。二是加大财税支持力度，设立市区两级数字化转型专项引导基金，探索企业商业价值信用贷款、知识价值信用贷款等创新模式，拓宽实体经济企业数字化转型贷款增信渠道，切实解决中小企业数字化转型资金短缺问题。三是加快研究农业、制造业、服务业、建筑业与数字经济融合发展统计指标及评价体系，定期对全市、各区县数字经济和实体经济融合发展水平进行测度，找出差距，明确方向。四是将数字经济和实体经济融合发展纳入部门及区县考核范围，定期开展督促检查，在推进较好的地区和行业，选择骨干企业，组织策划制造业数字化转型示范项目，探索数字化转型经验做法和解决方案，以典型示范引领带动全市数字经济和实体经济融合发展。五是推进网络安全地方立法，强化5G、云计算、物联网、区块链、人工智能、工业互联网等新技术新应用网络安全保障，为数字经济和实体经济融合发展保驾护航。

（作者均系重庆市中国特色社会主义理论体系研究中心重庆邮电大学分中心特约研究员；本文刊载于《重庆日报》2020年10月29日第10版）

协同推进我市数字产业化和产业数字化转型

樊自甫

2021年政府工作报告提出，加快数字化发展，打造数字经济新优势，协同推进数字产业化和产业数字化转型，加快数字社会建设步伐。重庆在加快数字产业化、产业数字化发展中，需要坚持把发展着力点放在实体经济上，协同推进数字产业化和产业数字化转型，进一步发挥数字技术在实体经济要素配置中的优化与集成作用，以数字产业化为引擎，改造提升传统产业，推进产业基础高级化、产业链现代化。

统筹推进传统基础设施数字化转型和新型基础设施建设。在协同推进数字产业化和产业数字化转型中，基础设施建设具有战略性、基础性和先导性作用，既要加快新型基础设施建设，又要做好传统基础设施建设和数字化改造。一是加大5G、千兆光纤宽带、空间互联网等信息基础设施建设，打造空天地一体化信息高速公路。二是持续推进全国一体化大数据中心国家枢纽节点、数据中心、超算中心、边缘计算资源池节点等存算设施建设，加大人工智能开放平台、低空无人机通用航空物流网络等试验设施建设，强化数字产业化创新支撑。三是加大产业互联网平台建设应用，促进传统产业全要素连接和资源优化配置，以数字化手段降低企业研发、生产、营销、服务环节的试错、转换和交易成本，提高生产效率和产品质量。四是推动NB-IoT、e-MTC、RFID、GIS、北斗卫星定位等技术在城市交通、电力、水利、市政、卫生等领域基础设施中的应用，发挥技术溢出及催化效应，提升传统基础设施的建设质量、运行效率、服务水平和管理水平。

以数字产业化为引擎推动产业数字化转型发展。当前，我市传统产业仍存在大而不强、大而不优，面临产品迭代不快、综合效益偏低等问题，需要通过数字产业化发展帮助传统产业建强产业链、优化供应链、提升价值链、拓展生态链，进而在产业存量中做大经济增量，做大做强传统产业。一是优化完善"芯屏器核网"全产业链，加快人工智能、大数据、物联网、区块链等新一代信息技术的产业化进程，大力发展线上业态、线上服务、线上管理，进一步提升数字产业化发展能级。二是以数字产业化为契机，加快培育一批软件及信息技术服务市场主体，面向传统产业提供数字化设计与虚拟仿真、检验检测认证，数字化转型解决方案设计等专业化服务，推动传统产业数字化、网络化和智能化升级。三是充分认识在传统产业数字化转型发展初期的市场失灵问题，更好发挥政府作用，加快数字化转型促进中心及公共服务平台建设，通过购买服务等方式引导数字企业面向实体企业开展数字化转型服务。

协同推进数字产业化和产业数字化转型关键技术创新。关键核心技术是国之重器，要促进科技创新与实体经济深度融合，更好发挥创新驱动发展作用，依靠创新推动实体经济高质量发展，培育壮大新动能。一是围绕数字产业化发展，搭建一批国家级高端研发平台和产业创新平台，增强5G/6G网络、集成电路、知识工程、跨媒体智能、多维数据分析、认知计算、类脑计算、智能语言处理等数字产业化领域关键技术研发能力。二是面向产业数字化转型发展，重点突破先进感知与测量、高精度运动控制、高可靠智能控制、建模与仿真、工业互联网安全等关键共性技术，集成应用具有深度感知、智慧决策、自动执行等技术的成套装备及智能化生产线。三是支持数字经济企业和实体经济企业共建技术研发机构，联合开展大数据、云计算、人工智能、5G、物联网和区块链等数字技术在汽车、生物医药、高端装备、绿色化工及新材料等支柱产业中的应用和集成创新，加速数字产业化技术向实体经济企业输出。

优化数字产业化和产业数字化要素资源配置。近年来，各级政府越来越重视数字产业化的发展，纷纷出台扶持政策，使得数字经济产业特别是在互联网领域，集聚了大量的优质市场主体、资金和创新人才，在资源有限条件下对传统产业数字化转型产成了一定影响。为此，要以资金、人才、数据等要素资源优化配置为着力点，做好数字产业化和产业数字化转型协同发展。一是通过普惠金融定向降准、发行"云量贷"等方式引导金融机构加大对实体经济企业的贷款投放力度，将企业数字化转型投入纳入免税范围，降低实体企业数字化转型成本。二是建立人才跨界流动机制，引导数字科技人才在数字企业和实体企业间有序顺畅流动，有效解决传统产业数字化转型的人才瓶颈。三是推动互联网企业和制造企业数据平台对接，有效整合生产侧和消费侧数据，在为数字经济企业提供数据价值挖掘新应用场景的同时，利用数字企业的数据运营能力帮助实体经济企业加快实施数据驱动型生产。

强化数字产业化和产业数字化转型发展安全保障。数字产业化和产业数字化发展都离不开大数据的支持，离不开互联网平台载体的支撑，离不开新应用场景的融合创新。数据的采集、平台的运用、应用场景的开放也带来了信息及网络安全风险。一是加大安全边界泛化程度，提高架构安全的一体化安全能力，重塑网络安全生态，加速形成智能安全防御能力。二是推进网络安全地方立法，落实网络安全"三同步"要求，开展网络安全前置审批。三是重点强化5G、区块链、物联网、人工智能、工业互联网、云计算、数据中心、车联网、空间互联网等新技术新应用的网络安全保障。完善数据安全管理体系，实现数据汇聚、整合与处理、挖掘分析、共享以及管理与治理全过程的安全防护。四是大力推广安全可控软硬件产品和技术，强化安全可信的信息系统建设和运行，构建主动免疫、积极防御的网络安全技术防护体系。

（作者系重庆市中国特色社会主义理论体系研究中心重庆邮电大学分中心教授；本文刊载于《重庆日报》2021年3月18日第06版）

把握好大数据智能化这个科技创新的主方向

樊自甫

中共重庆市委五届十次全会提出,加快推进大数据智能化创新,高质量推动产业创新发展。大数据智能化作为科技创新的主方向,为新技术运用、新产业发展、新模式推广创造了条件、开辟了空间。近年来,我市大力实施以大数据智能化为引领的创新驱动发展战略行动计划,倾力打造"智造重镇""智慧名城",成效正逐步显现,创新创造活力竞相迸发。但也要看到,当前我市经济发展、社会治理、民生服务等方面仍不少需要解决的现实问题,亟须抓紧做实科技创新这个高质量发展的主动力,更多依靠大数据智能化创新的力量,稳住经济基本面、培育新的增长点,更好引领推动全市经济社会高质量发展。

加大科技创新载体及平台建设。准确把握面向世界科技前沿、面向经济主战场、面向国家重大需求、面向人民生命健康,集中力量、整合资源,加快创新载体及平台建设,巩固筑牢大数据智能化创新发展基础。一是推进西部(重庆)科学城、两江协同创新区、中国智谷(重庆)科技园等重点载体建设,打造梯次布局、高效协同的科技创新平台体系,进一步优化我市创新资源布局。二是高水平建设脑科学、量子科技、智能计算、工业物联网等领域国家重点实验室,加速推动粒子物理、聚变物理、天文学、网络安全等专用大科学装置和重大科技基础设施落地,谋划建设大数据智能化领域大科学装置培育群,抢先布局高端研发平台,加快提升原始创新能力。三是突出产业创新这个主战场,加快创建集成电路特色工艺及封装测试国家级制造业创新中心、工业大数据制造业国家级创新中心、国家智能网联汽车创新中心、国家先进计算产业创新中心等产业创新平台,加快推动大数据智能化领域国家级高端研发机构来渝设立分中心、分院或应用示范中心,全面提升大数据智能化产业创新支撑能力。

加快关键共性技术攻关。围绕数字产业化发展、产业数字化转型、新型智慧城市建设等需求,依托高校、科研机构、企业等创新主体,加快推进大数据智能化关键共性技术攻关,不断增强全市科技创新技术供给能力,形成一批引领全国大数据智能化创新发展的标志性成果。一是重点突破云计算、物联网、知识工程、跨媒体智能、5G网络、认知计算、类脑计算、智能语言处理、集成电路等关键技术，加快布局大数据智能、混合增强智能、群体智能、自主协同控制与优化决策、高级机器学习、量子智能计算等基础理论和前沿技术研究。二是针对智能制造关键技术装备、智能产品、成套装备、数字化车间、智能工厂的开发和应用，重点突破先进感知与测量、高精度运动控制、高可靠智能控制、建模与仿真、工业互联网安全等一批关键共性技术。三是加强工业软件支撑能力建设，重点突破计算机辅助类（CAX）软件、基于数据驱动的三维设计与建模软件、数值分析与可视化仿真软件等设计工艺仿真软件，以及高安全高可信的嵌入式实时工业操作系统等业务管理软件。

强化科技成果转化应用。抓紧做实科技成果产生转化应用这个主抓手，提高科技成果转化率和产业化率，推动关键共性技术产业化发展，培育新的经济增长点，将科技成果转化为推动经济社会发展的现实动力，全面增强大数据智能化创新服务经济社会发展的能力。一是依托全市产业技术创新联盟、行业协会等，整合高校、科研机构、科技型企业等创新资源，构建集理论创新、技术研发、检验检测、成果转化等功能于一体的创新服务综合体，建立以需求为导向的科技成果转化机制，加强科技供给和需求对接。二是鼓励企业加强与国内外相关领域知名高校和科研院所合作，搭建大数据智能化关键共性技术开源社区，以开源开放平台促进科技成果的扩散共享和转化应用。三是改革高校、科研院所的科技成果管理体制，提高科研人员分享科技成果转化收益，增强科研人员推动科技成果转化的积极性。四是鼓励高校、科研机构和企业共同建立概念验证、孵化育成等面向基础研究成果转化的公共服务平台，建设国家科技重大专项成果转移转化试点示范基地，加快推动科技创新成果转移转化。

加快科技创新支撑体系建设。抓紧做实优化创新生态这个主任务，深化体制机制改革，加大科技投入力度，建立健全人才引培、创新创业、金融投资、知识产权保护等支撑体系，着力打造良好大数据智能化创新生态。一是充分认识科技创新力的根本源泉在于人，依托我市建设的重大科技基础设施和国家级研发机构，招引一批具有国际水平的战略科技人才、科技领军人才和创新团队。优化高等院校学科布局和专业建设，扩大适应大数据智能化创新需要的中高端人才供给。二是发挥资本市场和金融服务功能，加大金融中介服务体系建设，构建多元化、国际化、跨区域科技创新投融资体系，推进专业化科技创新创业保险机构建设，扩大知识价值信用贷款和商业价值信用贷款规模，强化金融对大数据智能化创新的支撑扶持。三是引导本土企业加大研发投入，加快引进一批世界500强和中国500强企业研发机构，培养一批高新技术企业和科技型企业，扩大科技创新投入和优质创新主体规模。四是加大知识产权保护力度，积极营造勇于探索、敢于创新的良好环境，加速人工智能、先进计算、智能制造等大数据智能化领域科技创新成果涌现。

（作者系民进会员、重庆市中国特色社会主义理论体系研究中心重庆邮电大学分中心教授；本文刊载于《重庆日报》2021年5月20日第07版）

让科技创新成为扩大内需的源头活水

敖永春　敬菊华

党的十九届五中全会提出，坚持扩大内需这个战略基点，加快培育完整内需体系，把实施扩大内需战略同深化供给侧结构性改革有机结合起来，以创新驱动、高质量供给引领和创造新需求。重庆市委五届十次全会也指出，新一轮科技革命和产业变革加速演进，谁牵住了科技创新这个"牛鼻子"，谁就能抢占先机、赢得优势。自主创新能力提升和关键核心技术突破是关系我国发展全局的重大问题，也是形成以国内大循环为主体的重要组成部分。因此深入推动科技创新，创造更多科技供给，以科技创新催生新发展动能，更好地服务经济社会发展和民生改善。供给是需求的先导，科技创新在供给侧结构性改革和畅通"双循环"新发展格局中具有关键作用，无论是推动国内大循环，还是畅通国内国际双循环，都离不开科技自立自强，要以科技创新打通堵点、畅通循环，让科技创新成为扩大内需的源头活水。

打好基础，统筹布局新型基础设施，夯实科技创新"新沃土"。加快新型基础设施建设是经济发展新旧动能转换的需要。答好转换经济发展动力的课题，中国具有巨大优势。我们要以整体优化、协同融合为导向，统筹存量和增量、传统和新型基础设施发展，打造集约高效、经济适用、智能绿色、安全可靠的现代化基础设施体系。一是建设信息基础设施，扎实推进5G、千兆光纤宽带等网络设施建设，扩展互联网出口及网间互联带宽，提前布局空间互联网、量子通信等空间基础设施，加大数据中心、智能计算等存储计算设施建设力度，打造空天地一体、内联外畅的信息基础设施体系。二是建设融合基础设施，加快工业互联网平台建设，着力推动交通、能源、水利、市政等传统基础设施数字化、网络化和智能化改造，加快城市智能中枢建设，打造"数""智"赋能的融合基础设施体系，全力支撑经济发展、政务服务、城市管理的智能化转型升级。三是建设创新基础设施，超前布局一批国家重点实验室、大科学装置、技术创新平台、试验验证平台，重点突破前沿科技与数字产业"卡脖子"技术，打造前瞻引领的创新基础设施体系，全面增强数字经济原发性创新、产业共性技术攻关和专业化服务能力。

补足短板，潜心突破关键核心技术，培育科技创新"金种子"。核心技术是国之重器，随着我国经济由高速增长阶段转向高质量发展阶段，关键核心技术受制于人已成为制约发展的瓶颈。大力提升自主创新能力，尽快突破关键核心技术，成为关系我国发展全局的重大问题，也是形成以国内大循环为主体的关键。一是继续深化改革，持续推进落实科技强国行动纲要，显著加大基础研究投入力度，健全鼓励支持基础研究、原始创新的体制机制，实施更大力度的研发费用加计扣除政策，缓解企业开展基础研究"起步难"的问题，引导鼓励有条件的企业增强自主创新能力、解决技术短板问题，在核心技术上不断实现突破，掌握更多具有自主知识产权的关键技术，掌控产业发展主导权。二是完善科技人员绩效考核评价机制，引进市场化竞争和评价体系，破除唯论文、唯职称、唯学历、唯奖项等倾向，充分调动高校院所和研发机构资源，促进新型研发机构发展，尊重人才成长规律和科研活动自身规律，培养造就一批具有国际水平的战略科技人才、科技领军人才和创新团队。实施更加开放的人才政策，引进培养具有国际水平的战略科技人才、科技领军人才、青年科技人才和高水平创新团队，让创新创造活力充分迸发。三是营造"十年磨一剑"的科研氛围，科研通常是寂寞的、清冷的，需要大力弘扬爱国、创新、求实、奉献、协同、育人的科学家精神，进一步营造尊重劳动、尊重知识、尊重人才、尊重创造的社会氛围。

强化落地，加快培育战略性新兴产业，开拓科技创新"试验田"。面向未来，我们要把满足国内需求作为发展的出发点和落脚点，加快构建完整的内需体系，依靠科技创新推动产业高质量发展，围绕产业链部署创新链，围绕创新链布局产业链，加快传统产业升级，培育战略性新兴产业、未来产业，着力壮大新增长点、形成发展新动能。一是利用内需场景优势，推动战略性新兴产业发展，以市场需求为导向，以应用场景为牵引，以市场规模优势为依托，带动技术突破和应用迭代发展，形成需求牵引供给、供给创造需求的更高水平动态平衡，实现战略性新兴产业更高质量、更有效率、更可持续、更为安全的发展。二是激发主体活力，增强企业活力和实力，培育一批具有全球竞争力的世界一流企业，做大做强一批产业关联度大、创新能力强的骨干企业，带动中小微企业发展，培育一批专注细分领域的"专精特新"小巨人企业和"单项冠军"企业，构建完善大中小微企业专业化分工协作、共同发展的战略性新兴产业体系。三是推动集群建设，围绕国家战略性、基础性、民生性等领域，培育发展一批创新要素高度集聚、主导产业特色鲜明、产业生态体系完整、区域根植性强的先进制造业集群，形成战略性新兴产业集聚发展、集群跃升的良好发展格局。

（作者单位：重庆市中国特色社会主义理论体系研究中心重庆邮电大学分中心；本文刊载于《重庆日报》2021年7月29日第08版）

以数字政府建设引领超大城市治理智慧化

邓维斌

加快数字重庆云平台、城市大数据资源中心和智慧城市综合服务平台建设，完善共联、共享、共用的云服务体系，不断提升政务信息系统迁移"上云"比例和数据"上云"水平，形成上下联动、齐抓共管的"云长制"组织体系，打破数据壁垒、破除数据孤岛。

2021年8月23日，习近平主席在向中国—上海合作组织数字经济产业论坛、2021中国国际智能产业博览会致的贺信中指出，世界正进入数字经济快速发展的时期，5G、人工智能、智慧城市等新技术、新业态、新平台蓬勃兴起，深刻影响全球科技创新、产业结构调整、经济社会发展。数字政府是全面推进数字化发展的基础性、先导性工程，在促进数字经济、建设数字社会、完善数字生态、加强城市治理中起到关键引领作用。加快数字政府建设，将对政府治理理念、治理结构、运行机制、行为模式等带来深层次结构性变化，有力助推治理体系和治理能力现代化，大力促进"智造重镇"打造和"智慧名城"建设。

强化政务数据融合共享

加快形成高效的政务数据共享机制，建立健全市公共数据资源体系，推进数据跨部门、跨层级、跨地区汇聚融合共享，夯实数字政府建设"底座"。一是加快数字重庆云平台、城市大数据资源中心和智慧城市综合服务平台建设，完善共联、共享、共用的云服务体系，不断提升政务信息系统迁移"上云"比例和数据"上云"水平，形成上下联动、齐抓共管的"云长制"组织体系，打破数据壁垒、破除数据孤岛。二是形成信息化建设专项资金，优化调整政务信息化项目预算、审批、建设管理机制，逐步实现全市政务信息化项目统一规划、统一建设、统一管理、统一运维。三是推进全国一体化大数据中心成渝枢纽节点建设，建立健全川渝政务数据共享机制，建设市共享系统川渝共享专区，深化成渝地区双城经济圈大数据协同，拓展区域政务数据共享范围。

推进政务服务一网办理

推动政务服务流程重构和服务方式重塑，构建便捷泛在的政务服务体系，提升公共服务均等化、便捷化水平，全面实现政务服务事项应上线尽上线、渠道一网通达、线上一网通办。一是加快构建统一规范的政务网络架构，建成市、区（县）、乡（镇）、村全覆盖的统一电子政务外网，规划建设非涉密无线政务专网，与政务外网、云平台互联互通，提升支撑服务能力。二是梳理政务服务事项、优化办事流程、提升政务服务标准化水平，实现不同层级、不同区域相同事务的参考要素一致，提高政务服务的精准度和规范性。三是加快政务服务跨区县线上线下融合互通，深化政务服务"市内通办"，在全国高频政务服务"跨省通办"事项清单基础上，结合成渝地区双城经济圈建设实际，推动"渝快办"与"天府通办""天府蓉易办"对接、加强"渝快融"与"兴川贷"合作，不断拓展"跨省通办"的广度和深度。

加强城市运行智能化管理

让大数据、人工智能技术与城市管理、社会治理深度融合，通过数据跨行业、跨部门流动汇聚和"类人脑"处理，全面提升城市治理精细化、智能化水平。一是依托地理信息系统（GIS）、建筑信息模型（BIM）、城市信息模型（CIM）等数字化手段升级城市时空信息平台，围绕智慧城市规划、建设、运行、管理全流程开展3D城市建模，实现对市域人、事、地、物、组织等的立体监测和精准感知。二是打造可视化城市空间数字平台，强化万米单元网格管理法和城市部件管理法等智能化创新应用，构建数字空间与物理世界的一一映射关系，形成从时间到空间的数字孪生城市。三是设计一批面向实际应用领域的数据驱动的智能算法和模型，打造智慧城管辅助决策支撑系统和专家系统，实现城市治理灵敏感知、快速分析、迅速处置，推进城市管理智能化、智慧化。

促进基层事务网络治理

针对基层事务点多面广、细小琐碎等特征，着力加强信息系统建设与融合，实现横向到边、纵向到底全覆盖，提升网治、技治、联治、智治能力。一是依托重庆数字云平台，加强市、区县、乡镇（街道）、村（社区）四级综治中心信息化规范化建设，横向联通市域社会治理成员单位，形成部门联动、无缝衔接、分级集成、分类处理网格事件的工作机制，实现网格化服务管理"多网合一"、全域覆盖。二是加强视频监控增点扩面、信号整合、智能运维,实现全域覆盖、全网共享、全时可用、全程可控的公共安全视频监控联网应用,采用模式识别和图形图像分析等技术,打造具有"智慧之眼"的"雪亮工程"。三是推进智慧社区服务系统建设,逐步实现与人社、公安、卫生等系统的数据共享和业务协同,打造社区数据中枢和联动枢纽,实现分级信息传输和一体化运作,推动构建集安全、惠民于一体的社区治理体系,构建大数据分析与科学决策支撑体系,提高对重点问题、重点领域、重点区域事务的分析、预警和处置能力。

推动应急管理协同调度

聚焦融合指挥、应急通信、短临预警、全域感知、数据智能等方向,打造全市智能监测预警"一张图"和应急指挥调度"一张网",全面增强应急管理能力。一是打造基于物联感知、卫星感知、航空感知、视频感知和全民感知五类途径的感知网络,对自然灾害、生产安全、交通安全、环境安全、消防安全、重大突发疫情、社会治安等应急事件实时监测和感知。二是构建风险监控预警模型,强化对全市安全生产影响较大的重点行业领域和影响范围广、危害程度大的自然灾害的实时监测和预警,推动应急管理由事后处置向事前防范、事前化解、事前管控转变。三是整合生产、物流、社会组织及公众资源,实现各类应急资源的统一汇总、分类管理,构建全社会一网协同调度机制,按照突发事件的紧急程度、发展态势和可能造成的危害大小,作出快速、高效反应。

(作者系重庆市中国特色社会主义理论体系研究中心重庆邮电大学分中心教授;本文刊载于《重庆日报》2021年08月24日第15版)

准确把握数字经济发展的趋势和规律

樊自甫　许光洪

党的十九届六中全会审议通过的《中共中央关于党的百年奋斗重大成就和历史经验的决议》指出，加快发展现代产业体系，壮大实体经济，发展数字经济。① 数字经济健康发展有利于推动构建新发展格局，数字技术和数字经济可以推动各类资源要素快捷流动、各类市场主体加速融合，帮助市场主体重构组织模式，实现跨界发展，打破时空限制，延伸产业链条，畅通国内外经济循环。各级领导干部要准确把握数字经济的发展趋势和规律，提高数字经济思维能力和专业素质，增强发展数字经济本领，强化安全意识，推动数字经济更好地服务和融入新发展格局。

深刻理解数字经济的丰富内涵。数字经济是以数字化的知识和信息作为关键生产要素，以数字技术为核心驱动力量，以现代信息网络为重要载体，通过数字技术与实体经济深度融合，不断提高经济社会的数字化、网络化、智能化水平，加速重构经济发展与治理模式的新型经济形态。从边界上来看，数字经济既包括电子信息制造、信息通信、软件及信息技术服务等数字产业发展，也包括应用数字技术和数据资源提升传统产业生产效率的产业数字化转型，两者相辅相成、相互促进，数字产业化为产业数字化发展提供数字技术、产品、服务、基础设施和解决方案，产业数字化为数字产业化发展提供丰富的应用场景。在推动数字经济发展过程中，需要做好数字产业化和产业数字化的有效衔接。一方面要做好大数据、人工智能、区块链等新兴数字产业的培育发展；另一方面要以数字产业化为引擎，促进传统产业建强产业链、优化供应链、提升价值链、拓展生态链，提升传统产业能级。

全面把握数字经济的发展特征及运行规律。信息和数字产品是数字经济的

---

① 中共中央关于党的百年奋斗重大成就和历史经验的决议 [M]．北京：人民出版社，2021：35．

典型产品和运行细胞,在技术经济特征上与工业产品有着较大差异。在供给侧,数字产品的边际成本递减等特性使得供给曲线向右下方倾斜,价格对供给的影响十分有限,免费、后向收费等模式加速涌现。在需求侧,由于梅特卡夫定律及网络外部性等作用影响,数字产品的边际和规模收益均呈现递增规律,产品的平台化、智慧化、生态化趋势明显。此外,由于正反馈和马太效应明显,市场受多态均衡和预期等因素的影响而具有不稳定性,次优技术(产品)获胜、短期垄断成为数字产品市场的典型特征。为此,需要建立包容审慎的监管机制,强化技术知识共享和产业生态体系的打造。

熟练掌握数字技术和产业深度融合发展路径。赋能传统产业转型升级的关键是要促进数字技术与实体经济的深度融合,利用互联网新技术对工业、农业和服务业进行全方位、全链条的改造,提高全要素生产率,发挥好数字技术对经济发展的放大、叠加、倍增作用。一方面,加快搭建制造业、建筑业、农业等产业互联网平台,加速跨设备、跨系统、跨厂区、跨地区互联互通,实现产业全要素连接,进而优化提升生产制造服务体系的智能化水平和资源配置效率。另一方面,也要看到产业数字化转型发展初期,要素市场化配置机制不健全、市场主体缺乏活力、企业创新动力不足等问题依然存在,需要加快数字化转型促进中心及公共服务平台建设,扩大产业数字化公共服务供给,切实破解生产制造企业"不会转""不敢转""不能转"的困境。

建立健全数字经济发展支撑保障体系。数字经济发展离不开数字技术创新的驱动,离不开数据要素以及数字经济人才、新型基础设施等的支撑。为此,需要围绕数字产业化和产业数字化关键共性技术,布局一批高端研发平台和产业创新平台,加大技术创新力度。优化数字经济类学科布局和专业建设,加强企业人员职业培训,扩大专业化数字人才供给,筑牢数字经济发展人才根基。加大财政金融扶持力度,吸引社会资金参与新型基础设施建设等数字经济重点项目投资,鼓励金融机构加大对数字经济企业的信贷支持力度,扩大数字经济企业的商业价值信用贷款、知识价值信用贷款规模。探索公共数据和企业数据融合开发利用机制,扩大公共数据资源开放共享水平,推动数据要素安全有序流通,加快培育数据要素市场。加快5G、千兆光纤宽带、数据中心、超算中心等信息基础设施建设,为数据的高效流转打下基础。

正确处理好安全和发展的关系。数字技术的快速发展及产业化应用,在为数字经济提供发展动力的同时,也由于其开放、融合等特性带来了新的安全挑战。为此,需要坚持促进发展和监管规范两手抓、两手都要硬,在发展中规范、在规范中发展。健全市场准入制度,清理和规范制约新业态、新模式健康发展的行政许可、资质资格等事项，合理设置市场准入规定和许可，及时制定出台相关产品和服务标准。强化守信激励和失信惩戒制度，加强全链条全领域监管，压实互联网平台治理企业主体责任，防止平台垄断和资本无序扩张。纠正和规范发展过程中数字经济企业过度收集个人信息、"大数据杀熟"等损害群众利益的行为，切实保护消费者的合法权益。加大安全边界泛化程度，重塑网络安全生态，重点加强5G、区块链、人工智能、云计算、数据中心、工业互联网、车联网等数字经济新技术新应用的安全评估管理。

（作者均系重庆市中国特色社会主义理论体系研究中心重庆邮电大学分中心特约研究员；本文刊载于《重庆日报》2021年12月23日第09版）

第五篇　社会治理

多措并举提高城市治理现代化水平

郑 洁

城市治理是推进国家治理体系和治理能力现代化的重要内容。习近平总书记强调，"推进国家治理体系和治理能力现代化，必须抓好城市治理体系和治理能力现代化""要着力完善城市治理体系和城乡基层治理体系，树立'全周期管理'意识，努力探索超大城市现代化治理新路子"。这为我们更好推动城市治理现代化指明了方向、提供了遵循。提高城市治理现代化水平，需聚焦问题、投入心力、补齐短板、改革创新，在推动科学化、智能化、精细化、长效化城市治理上下功夫。

第一，以理念创新推动城市治理科学化。城市是生命体、有机体，要敬畏城市、善待城市。推动城市治理体系和治理能力现代化，首要的是转变观念、创新理念。要强化治理思维，从过去的政府管理思维转变为政府主导、社会协作、民众参与的多主体治理思维，既要严格规范各相关机构的治理行为，也要让有利于城市发展和建设的多方主体能够积极主动参与到城市治理中来；要增强精准思维，立足顶层设计，采取专业化治理手段，将城市治理的各方面做实做细，提高精准研判和精准施策的能力，提升城市治理的精准度和效率；要提倡法治思维，充分发挥法律制度的重要作用，通过严格的法律制度来规范城市治理各项工作，加强立法、严格执法、坚决守法，通过依法治理推进城市治理现代化。

第二，以科技创新推动城市治理智能化。让城市更聪明一些、更智慧一些，是推动城市治理体系和治理能力现代化的必由之路。在具体实践中，需充分把握和用好高新技术，将科技进步推动城市治理现代化的重要力量激发出来。一是要运用大数据治理的相关技术，加强"城市大脑"建设，充分发挥大数据收集、处理、储存信息等方面的功能，建立健全城市信息的数字化界面平台，提升治理效能。二是增强城市基础设施建设中的科技"含金量"，充分用好互联网、工业技术、生物技术等，完善城市基础设施，打造生态良好的绿色城市、卫生安全的健康城市、生活便利的智能城市。三是加强电子政务和智慧政务建设，借助智能自助终端、智能服务机器人、线上行政审批等，发展"互联网+服务平台"，开发独具城市特色、符合市民需求的政务平台，有效提高公共服务信息化水平。

第三，以问题导向推动城市治理精细化。城市治理现代化需聚焦具体问题。要关注细处，从细微处发现问题、补齐短板、提升品质，并以"点"的突破带动"面"的提升。要加强城市的应急救助机制建设，积极建立社会保险和救助机制，坚持早准备、早预警、早应对；要加强城市的生态环境建设，对大气、水、土壤等要继续加强治理，加强对城市内自然景区的保护，同时完善城市绿化，美化居民生活环境；要有解决复杂问题的能力，在城市治理实践中不能就事论事、片面思考，而应从系统的角度整体谋划、通盘考虑、统筹兼顾，找到"病根"，用系统性、深层次的变革，不断优化整个城市系统的运转能力。

第四，以制度创新推动城市治理长效化。城市治理是一项系统工程，需要紧密结合实际，建立健全一系列体制机制，不断推动形成有助于城市治理长效化的体制机制，完善城市治理体系和城乡基层治理体系。一是要以新发展理念为引领，以技术创新为驱动，以信息网络为基础，面向高质量发展需要提供数字转型、智能升级、融合创新等服务的城市基础设施体系；二是要强化城市公共服务与城市管理职能，鼓励、引导与规范市场力量参与城市治理，培育和创新城市治理的组织架构；三是要着重在教育、就业、居民收入、社会保障等领域进行制度创新探索，以科学有效的制度，保障和实现群众权益，使人民群众的获得感、幸福感、安全感更加充实、更有保障、更可持续。

人民城市人民建，人民城市为人民。推进城市治理现代化，需将以人民为中心的发展思想贯穿到城市治理全过程。要推动治理重心下移，加强基层治理，加强基层党组织与群众的密切联系，引导城市居民积极主动参与城市治理决策、监督和管理过程；要把全生命周期健康管理理念贯穿到城市规划、建设、管理全过程和各环节，全面改善人居环境，加强公共卫生环境基础设施建设，推进城乡环境卫生整治；要密切关注人民群众的所思所想、所忧所虑，适应城市发展不同阶段的不同特点和任务，动态调整城市治理的相关措施和侧重点，维护好人民群众的切身利益。

（作者系重庆市中国特色社会主义理论体系研究中心重庆邮电大学分中心研究员；本文刊载于《经济日报》2020年9月29日第11版）

着力推动双城经济圈智能公共安全产业协同发展

林金朝　何建洪

推动成渝地区双城经济圈建设,是党中央作出的重大战略部署,是赋予成渝的重大责任和重要使命,是推动成渝地区高质量发展的重大战略机遇。信息安全、环境安全、生态安全、食品安全、公共卫生安全、交通安全、城市安全等公共安全领域正加速向智能化发展,这些领域中的共性核心技术创新、关键设备装备产品创新,正成为新一轮科技革命和产业变革的新引擎,是推动成渝地区双城经济圈建设"具有全国影响力的科技创新中心"的重要抓手。

智能公共安全产业发展涉及多个技术及应用创新领域,涵盖物联网、大数据和人工智能等技术,以及社会突发公共安全、群体突发安全、城市公共基础设施和能源重大基础设施保障等领域的应用技术创新。从关联产业来看,主要涉及集成电路、智能装备、物联网、大数据及人工智能等产业领域,高度契合重庆提出的12大智能产业发展方向。在成渝地区双城经济圈发展智能公共安全产业,有利于推动双城经济圈实施以大数据智能化为引领的创新驱动发展战略行动计划,有利于推动西部地区产业升级转型和高质量发展,增强防范化解各类风险的能力,促进区域协调发展。但当前在成渝地区双城经济圈内,智能公共安全科技创新与产业发展还存在科技创新资源不足、领军企业规模偏小、科技创新投入有待加强等问题,需要深入推进机制体制改革,协同制定战略目标方向,搭建技术创新平台,促进产业创新资源集聚,构筑智能公共安全创新体系和产业体系,切实担当新时代推进西部大开发形成新格局的历史使命。

深入推进体制机制改革,构建公共安全产业发展联动机制。要在推动成渝地区双城经济圈建设的总体框架下,加强成渝两地高新产业园区间的协调合作,促进智能公共安全技术创新及产业链集聚的统筹规划和一体化布局。建立智能公共安全领域创新人才工作联动合作机制,推动成渝地区人才"共引、共育、共服",联合开展智能公共安全领域重点企业发行上市、并购重组、股权转让、债券发行、资产证券化,推动人才、资本等要素自由流动,提升智能公共安全产业创新要素资源的一体化配置效率。

抢抓成渝地区双城经济圈建设重大战略机遇，科学规划发展方向。树立一盘棋思维，深刻把握谋全局与谋一域的辩证关系，发挥成渝两地地域相连、文脉相通、血脉相亲、产业相近等优势，加强顶层设计和统筹协调。要紧密围绕智能安全技术创新和产业发展趋势，以成渝地区双城经济圈内既有高新产业园区为主要载体，以重大突发公共安全事件应用场景为需求，全力推进创新资源集聚和优势互补，聚力打造一批高端研发平台，着力突破一批关键核心技术，加快培育一批龙头企业，共同打造在全国乃至全球具有示范效应的智能公共安全技术创新示范区和产业发展高地。

多方筹措引进培育高端研发平台，提升智能公共安全产业自主创新能力。紧盯智能公共安全产业技术创新趋势，多渠道、高标准强化与国家公共安全防控领域工程实验室、公共安全研究院等高端研发机构的合作，弥补双城经济圈内智能公共安全原创性能力短板。依托成渝两地现有省部级重点研发机构基础，加大政策支持力度，联合组建智能公共安全创新发展实验室联盟，建立重大科技基础设施开放共享机制，不断提升智能公共安全领域重大前沿技术协同攻关能力。围绕智能公共安全重点领域，以领军人才及创新团队引进为抓手推动智能公共安全技术创新资源、重大科研项目向双城经济圈聚集。建立面向智能公共安全科技创新的博士后专项工作基地，加快集聚一批专业拔尖、掌握核心技术的高端公共安全领域理论及产业创新人才。完善适应智能公共安全产业发展的人才对接服务机制，为引进和培育科技创新团队提供全方位人企对接、融资增信、学术交流等服务。

主动作为承接国家重大研发项目，突破智能公共安全产业关键技术瓶颈。依托国家重大研发项目和成渝地区相关重点研发项目，综合运用项目资金配套、应用场景开放等手段，积极推动高端研发平台、创新团队以及双城经济圈内智能公共安全领域国家重大研发计划及科技项目落地实施，增强智能公共安全技术创新的规模效应、乘数效应。积极开展面向智能公共安全领域的计算机视觉、语音识别、跨媒体感知、自主无人智能等人工智能核心技术研发，加快布局人脸识别、图像识别、知识引擎、无人系统等相关软硬件产品研发生产。瞄准应急通信、卫生防疫、安防检测等细分领域，建设一批智能公共安全领域孵化器、众创空间、加速器，着力培养一批主营业务突出、竞争能力强、成长性好的中小企业，不断壮大智能公共安全市场创新主体规模。

（作者单位：重庆市中国特色社会主义理论体系研究中心重庆邮电大学分中心；本文刊载于《重庆日报》2020年6月4日第07版）

要坚持和完善生态文明制度体系

许光洪

生态文明建设是关系中华民族永续发展的千年大计。党的十九届四中全会提出，坚持和完善生态文明制度体系，促进人与自然和谐共生。这为我们建设美丽中国、实现中华民族永续发展提供了全面系统的路径遵循和制度保障。重庆是长江上游生态屏障的最后一道关口。我们要把学习贯彻党的十九届四中全会精神与落实习近平总书记视察重庆重要讲话精神结合起来，把生态文明建设放在更加突出的位置，强化"上游意识"，担起"上游责任"，学好用好"两山论"，走深走实"两化路"，坚持节约资源和保护环境的基本国策，坚持节约优先、保护优先、自然恢复为主的方针，坚定走生产发展、生活富裕、生态良好的文明发展道路，筑牢长江上游重要生态屏障，以更大决心、更高标准、更实举措建设山清水秀美丽之地，奋力书写美丽中国的重庆篇章。

实行最严格的生态环境保护制度。只有实行最严格的制度，让制度成为刚性的约束和不可触碰的高压线，才能为生态文明建设提供可靠的制度保障。要坚持人与自然和谐共生，坚守尊重自然、顺应自然、保护自然，健全源头预防、过程控制、损害赔偿、责任追究的生态环境保护体系。要优化国土空间布局，加快制定全市国土空间规划，科学有序统筹布局生态、农业、城镇等功能空间，划定落实好生态保护红线、永久基本农田、城镇开发边界等空间管控边界保护线，强化底线约束，注重留白，立足长远，为重庆可持续发展留足空间。要完善绿色生产和消费制度体系，狠抓规则、标准、扶持政策等的制定和执行，培育壮大以资源节约、清洁生产为重点的循环经济，以生态旅游、生态康养为重点的生态产业，以新材料、新工艺为重点的节能环保产业，加快构建包括法律、法规、标准、政策在内的绿色生产和消费制度体系。要构建生态环境治理体系，加快建立以排污许可证为核心的污染源管理体系，完善大气、水污染联防联控机制，推进农村人居环境整治，不断提高生态环境治理水平。

全面建立资源高效利用制度。良好的生态本身蕴含着无穷的经济社会价值，能够源源不断地创造社会综合效益。推动资源高效利用，就是要更加注重处理好经济发展与生态保护的关系,处理好当前发展与长远发展的关系,形成与大量占有自然空间、显著消耗资源、严重恶化生态环境的传统发展方式明显不同的资源利用和生产生活方式。要树立节约集约循环利用的资源观,抓住促进资源利用更加高效这个目标,健全自然资源产权制度,落实资源有偿使用制度,实行资源总量和全面节约制度。要强化指标约束管理,继续实行能源、水资源、建设用地总量和强度双控行动,加快建立健全充分反映市场供求和资源稀缺程度、体现生态价值和环境损害成本的资源环境价格机制,促进资源节约和环境保护。要完善资源循环利用制度,有序发展太阳能、风电、水电、生物质发电等可再生能源,全面推行生活垃圾分类处理和再生资源回收利用,广泛开展绿色创建行动,引导居民践行绿色消费方式。

健全生态保护和修复制度。保护生态环境不能头痛医头、脚痛医脚,必须统筹兼顾、整体施策、多措并举,加强生态保护和修复。对重庆来说,首要的是加强长江生态保护和系统治理,以持续改善长江水质为中心,全面推行河长制,扎实推进水污染治理、水生态修复和水资源保护"三水共治",持续开展污水偷排直排乱排整治专项行动,加快补齐生活污水处理设施及配套管网短板,确保长江干流重庆段水质总体为优。要统筹山水林田湖草一体化保护和修复,深化国家山水林田湖草生态保护修复工程试点,推进以国家公园为主体的自然保护地体系试点,开展广阳岛片区绿色发展示范,加强对森林、河流、湖泊、湿地等重要生态系统的保护和永续利用。要推进国土绿化提升,开展长江两岸大规模国土绿化提升行动,推进三峡库区消落带治理和重点区县岩溶石漠化治理,实施历史遗留废弃矿山治理工程,保护生物多样性,筑牢长江上游生态安全屏障。

严明生态环境保护责任制度。坚持和完善生态文明制度体系,责任落实是重要保障。要建立生态文明建设目标评价考核制度,强化环境保护、自然资源管控、节能减排等约束性指标管理。开展领导干部自然资源资产离任审计,以严格的考核倒逼责任落实,增强推进生态文明建设的自觉性和主动性。要严格落实主体责任,各区县各部门要落实好"管发展必须管环保、管行业必须管环保、管生产必须管环保"的责任,构建明责、履责、督责、问责的责任链条,形成生态环保齐抓共管的大格局。要推进生态环境保护综合行政执法,加快制定相关的实施办法,完善生态环境保护督察体制机制,持续提高生态环境保护的监管水平。

(作者单位:重庆市中国特色社会主义理论体系研究中心重庆邮电大学分中心;本文刊载于《重庆日报》2019年12月12日第04版)

坚持共享发展理念 深入开展脱贫攻坚

聂朝昭

党的十九大报告指出："深入开展脱贫攻坚,保证全体人民在共建共享发展中有更多获得感,不断促进人的全面发展、全体人民共同富裕。"① 打赢脱贫攻坚战,是保障全体人民共享改革发展成果、实现共同富裕的重要举措,更是体现中国特色社会主义制度优越性的重要标志。我们必须以习近平新时代中国特色社会主义思想为指引,牢固树立"四个意识",切实把脱贫攻坚作为重要政治任务、重大政治责任和第一民生工程。

坚持全民共享,咬定脱贫底线目标。共享发展体现人民主体地位,是回答"发展为了谁、依靠谁、成果由谁共享"这一问题的根本,是对共产党执政规律、社会主义建设规律和人类发展规律的新认识。要以来自人民、植根人民、服务人民作为脱贫突破口,抓住"两不愁三保障",既不盲目提高、吊高胃口,更不降低标准,实现脱贫路上"一个都不能少"。在扶贫工作中坚持全民共享,要解决好"扶持谁""谁来扶""怎样扶""如何退"的问题,对照"六个精准""五个一批"原则补齐短板,精准对焦、精准施策、精准发力,杜绝政策执行"打折扣、做选择、搞变通"。践行以人民为中心的发展思想,重视扶贫对象的个体差异,坚持个体扶持与整体推进相结合,着力解决区域性、整体性、普遍性问题,因地制宜探索多渠道、多样化的精准扶贫、精准脱贫路径。注重全民共享的效率和公平,守住底线,决不能有任何喘口气、歇歇脚的想法。不断解决改革发展过程中的问题和矛盾,杜绝走"吃大锅饭""等靠要""绝对平均主义"的老路,确保如期全面建成小康社会。

坚持全面共享,把握脱贫质量标准。全面共享是建立在权利公平、机会公平、规则公平的基础之上,以人民最关心最直接最现实的问题为切入点,致力

---

① 习近平. 决胜全面建成小康社会 夺取新时代中国特色社会主义伟大胜利:在中国共产党第十九次全国代表大会上的报告 [M]. 北京:人民出版社,2017:23.

于实现教育机会、文化事业、健康保健、精神文明、生态环境等全方位的成果共享。党的十九大报告指出，民生领域还有不少短板，脱贫攻坚任务艰巨，城乡区域发展和收入分配差距依然较大，群众在就业、教育、医疗、居住、养老等方面面临不少难题。要实现民生领域的全面共享，补齐基础设施、发展机会、公共服务、发展成果等多层次多领域的短板，抓住就业、教育、医疗等重点，强化特色产业扶贫、劳务输出脱贫、易地搬迁脱贫、生态保护脱贫、医疗保险和救助扶贫、资产收益扶贫等，不断满足困难群众对美好生活的向往。全面建成小康社会、实现第一个百年奋斗目标，农村贫困人口全部脱贫是一个标志性指标。要聚焦脱贫攻坚"五个转变""五个坚持"，不高估成绩、不低估困难、不回避问题，强化考核、约束、监督、退出机制，以"六个精准"为发力重点，力戒形式主义、官僚主义等问题，以严实作风助力脱贫攻坚提质增效。

坚持渐进共享，夯实脱贫"四梁八柱"。渐进共享建立在经济制度、分配制度和社会保障体系优化之上，逐步解决社会发展的深层次矛盾，是优化扶贫方式、激发脱贫动力的方式。注重经济效率和脱贫方式统一，要借助市场的力量，让责任、政策、投入、动员、监督、考核六大脱贫体系在市场检验下不断完善，促进脱贫攻坚成果不断巩固和发展。坚持问题导向、需求导向和发展导向相结合，聚焦农村土地承包经营、农村集体经济组织和农民合作社股权发展机制中的重难点问题，遵循政府主导、市场助推、产业支撑相结合的扶贫开发思路，坚持产业、资金、技术跟着市场走的原则，发挥种养大户、农村合作社、龙头企业等新型经营主体的作用，形成规模化、稳定化、常态化的扶贫模式。聚焦脱贫攻坚重点领域和薄弱环节，不断破解制约贫困区域发展的共性和关键问题，深挖土地资源禀赋、特色产业发展动能和集体经济活力，夯实深度贫困乡村发展的经济基础。注重由"输血式"向"造血式"扶贫转变，解决制约深度贫困乡村发展的生产力，围绕解决"三农"问题和美丽乡村建设要求，推动社会治理向基层下移，不断加强创新贫困乡村社会治理。

坚持共建共享，强化脱贫责任担当。"用众人之力，则无不胜也。"共建共享强调发展过程的公平性，要求发展责任共担、发展机会和利益共享。共建是共享的前提和基础，要倡导"国家兴亡，匹夫有责"的大局意识，着力从思想上拔穷根，破除"小富即安""自扫门前雪"的陈腐思想。要注重扶贫与扶志、扶智相结合，注重培育贫困地区和贫困群众自我发展能力，注重激发困难群众干事创业的内生动力，不断增强困难群众的获得感、幸福感、安全感。全面建成小康社会，最艰巨最繁重的任务在农村，特别是在贫困地区。要全面把握深度贫困的成因，找准扶贫对象、贫困村的"病灶"，特别重视解决好贫困老年人、残疾人、重病患者等重点群体，真正把脱贫责任扛在肩头。要强化一把手负总责的责任制，形成一级抓一级、层层抓落实的考核评估、督查巡查、监督监管责任体系，确保定点扶贫单位责任到位，不断破解精准识别、退出、资金使用管理等突出难题。坚持群众工作的根本方法，发挥第一书记、驻村工作队"突击队""主心骨"作用，求智于民、问计于民、取德于民。

（作者单位：重庆市中国特色社会主义理论体系研究中心重庆邮电大学分中心；本文刊载于《重庆日报》2018年4月19日第12版）

创建培育示范点 服务重庆大数据智能化发展

朱方彬　敖永春

纵览世界科技发展史，大数据智能化正成为继机械化、电气化、自动化后世界科技最重要的技术特征，成为社会经济发展与转型升级的新动能、新机遇。党的十九大报告指出，我国经济已由高速增长阶段转向高质量发展阶段，正处在转变发展方式、优化经济结构、转换增长动力的攻关期，建设现代化经济体系是跨越关口的迫切要求和我国发展的战略目标。重庆大力实施以大数据智能化为引领的创新驱动发展战略行动计划，举办首届智博会等，都是深入贯彻落实党的十九大精神和习近平总书记对重庆殷殷嘱托的重要举措，是为经济赋能、为生活添彩，推动重庆高质量发展，创造高品质生活的重要举措。当前，重庆正处于创新支撑能力需要加强、新兴产业带动力需要强化、信息孤岛问题需要破解的时期，作为科技创新主体重要组成部分的高校，尤其是以信息学科为特色和优势的邮电类高校，理应加强内涵建设，在技术创新、人才培养、产业融合上发挥示范引领作用，切实服务全市大数据智能化发展。

创建大数据智能化技术创新示范点

习近平总书记在北京大学考察时强调，创新是引领发展的第一动力，是国家综合国力和核心竞争力的最关键因素。重大科技创新成果是国之重器、国之利器，必须牢牢掌握在自己手上，必须依靠自力更生、自主创新。发挥高校作为科学研究主力军的示范作用，一要在核心技术研发上作示范，瞄准国家战略和重庆经济发展需求，围绕大数据、人工智能、集成电路、软件服务、物联网、智能机器人、智能网联汽车等关系信息技术发展全局的重点领域，强化自主创新能力，推进协同创新，努力实现集成电路、通用芯片等关键共性技术创新，高性能计算、新一代互联网、大数据、量子通信等前沿技术引领，智能机器人、智能终端、虚拟现实等原创成果突破，把关键技术牢牢掌握在自己手中。二要在创新平台搭建上作示范，打造大数据智能化"三位一体"的创新平台体系，形成高校与科研院所、龙头企业协同建设的国家级科技研发创新平台，国内外一流大学合作设立的高水平科技研发创新平台，行业龙头企业或市级职能部门联合组建的市级科技研发创新平台。三要在创新团队培育上作示范，突出"高精尖缺"人才导向，大力培育和引进大数据智能化领域具有国际领先水平的优秀人才和创新团队，带动各类创新人才加速聚集。四要在科技体制革新上作示范，优化科研激励机制，加大对大数据智能化研究的投入力度，把人、财、物更多向科技创新一线倾斜，不断提升自主科研创新能力。

打造大数据智能化创新人才示范点

当前，重庆以大数据智能化引领创新驱动发展，推动经济发展质量变革、效率变革、动力变革，人才是关键。发挥高校培养高素质创新人才的示范作用，一要在创新人才培养模式上作示范，打破行业界限和行政壁垒，形成政、产、学、研、用的不同人才培养模式，形成与国家级科研院所深度合作的"校所合作模式"，与重点产业园区深度融合的"校园合作模式"，与行业企业深度合作的"校企合作模式"，与地方政府深度融合的"校地合作模式"，为重庆经济社会发展服务。二要在学科专业联动机制建设上作示范，紧跟大数据智能化技术发展潮流，发挥资本、技术、市场联动机制对创新人才培养的重要作用，强化招生—培养—就业联动机制，推动大数据智能化新兴专业和交叉专业建设，促进一流学科建设，服务重庆经济社会发展。三要在学生核心素养培育上作示范，瞄准大数据智能化创新人才培养要求，落实立德树人的根本任务，特别是要注重培养学生扎实的专业知识基础，培育学生的科学精神、人文情怀、伦理判断、审美素养，培养真正能担当民族复兴大任的时代新人。

建设大数据智能化产业融合示范点

习近平总书记强调，世界经济加速向以网络信息技术产业为重要内容的经济活动转变。我们要把握这一历史契机，以信息化培育新动能，用新动能推动新发展。当前，新一代信息技术与制造业深度融合，大数据智能化正在引发深远的产业影响，形成新的生产方式、产业形态和商业模式。发挥高校服务经济社会发展的示范作用，一要在科研成果转化机制上作示范，围绕高校科学研究、人才培养与市场、产业融合发展需要，加快科研成果转化机制改革，构建科研转化大平台，提升科研成果转化效率。二要在科技创新核心支撑上作示范，发挥市场对技术研发方向、路线选择、创新要素配置的决定性作用，推动互联网、大数据、人工智能和实体经济融合发展。三要在传统产业优化升级上作示范，通过产学研合作推进农业、制造业、金融、能源、物流等传统产业的优化升级，促进传统产业数字化、网络化、智能化。四要在地方产业结构转型上作示范，围绕重庆智能产业集群发展需求，大力推进相关智能人才培养，强化相关领域科技创新，为地方经济社会发展作出贡献。

（作者单位：重庆市中国特色社会主义理论体系研究中心重庆邮电大学分中心；本文刊载于《重庆日报》2018年10月4日第03版）

推进国家治理现代化必须坚持"三者有机统一"

代金平

党的十九届四中全会全面回答了新时代我国国家制度和国家治理应该"坚持和巩固什么,完善和发展什么"这个重大政治问题,为推进国家治理体系和治理能力现代化指明了前进方向、提供了根本遵循。为政之要,重在落实。贯彻落实党的十九届四中全会精神,推动国家治理体系、能力和水平再上新台阶,必须深刻领会和把握各项实践要求,始终"坚持党的领导、人民当家作主、依法治国有机统一"。

坚持党的领导是推进国家治理体系和治理能力现代化的根本保证。中国共产党自成立以来,就坚持把马克思主义基本原理同中国实际相结合,坚持依靠人民力量、凝聚人民共识、汲取人民智慧,团结带领广大人民在 90 多年的革命、建设和改革实践中,闯关夺隘、开拓创新,确立和巩固了社会主义制度,不断加强和完善国家治理,取得了举世瞩目的伟大成就。特别是党的十八大以来,我们党举旗定向、谋篇布局、继往开来,进一步推进中国特色社会主义的理论创新、实践创新和制度创新,推动中国特色社会主义制度更加完善,国家治理体系和治理能力现代化水平显著提高,以不断完善发展的"中国之制"引领和推动"中国之治"迈向更高水平和崭新境界。历史和实践证明,中国共产党的领导是中国特色社会主义最本质的特征,是中国特色社会主义制度的最大优势。办好中国的事情,关键在党。站在新的历史方位,面对新形势新任务新要求,只有毫不动摇地坚持党的领导,才能不为邪路所惑、不为老路所蔽,才能为始终沿着中国特色社会主义道路奋力推进国家治理体系和治理能力现代化提供根本保证。

坚持人民当家作主是推进国家治理体系和治理能力现代化的本质特征。人民是历史的创造者,是决定党和国家前途命运的根本力量。作为马克思主义执政党，中国共产党始终致力于实现好、维护好、发展好最广大人民的根本利益，这也是中国共产党的初心和使命。新时代推进国家治理体系和治理能力现代化，必须坚持人民当家作主，贯彻落实以人民为中心的发展思想。以人民为中心的发展思想，不是一个抽象的、玄奥的概念，不能只停留在口头上、止步于思想环节，而要体现在经济社会发展各个环节。推进国家治理现代化，必须把人民当家作主落实到国家经济、政治、文化、社会等各方面制度建设与治理方式上来，进一步创新治理理念、扩大人民参与、增进人民福祉，不断激发人民的积极性、主动性、创造性，紧紧依靠人民破除体制机制障碍，持续推进经济社会全面发展和进步，让人民群众享有更多、更直接、更实在的获得感、幸福感、安全感，不断满足人民对美好生活的新期待。

坚持依法治国是推进国家治理体系和治理能力现代化的基本方式。推进国家治理现代化是一个系统工程，包括国家治理体系及国家治理能力现代化两个方面。无论是国家治理体系现代化还是国家治理能力现代化，就实现方式而言，最终都取决于能否在法治轨道上予以推进。国家治理体系现代化就是要使各方面制度更加科学、更加完善，实现党、国家、社会各项事务治理制度化、规范化、程序化，这就内在地要求法律体系和法治体系现代化。因此，必须健全中国特色社会主义法治体系，加快形成完备的法律规范体系、高效的法治实施体系、严密的法治监督体系、有力的法治保障体系、完善的党内法规体系，为推进国家治理体系现代化提供坚强的法治保障。随着改革开放持续深化，我国社会转型进程不断加快，社会经济成分、社会组织形式、利益实现形式及利益主体日益多样化，推进国家治理能力现代化显得尤为迫切，而依法治国能力正是国家治理能力的本质体现。只有坚定不移走中国特色社会主义法治道路，全面推进科学立法、严格执法、公正司法、全民守法，坚持法治国家、法治政府、法治社会一体化建设，才能不断提高党领导依法治国的能力和水平，夯实推进国家治理现代化的根基。

坚持"三者有机统一"是推进国家治理体系和治理能力现代化的制胜法宝。党的十九大报告明确指出，坚持党的领导、人民当家作主、依法治国有机统一。党的领导是人民当家作主和依法治国的根本保证，人民当家作主是社会主义民主政治的本质特征，依法治国是党领导人民治理国家的基本方式，三者统一于我国社会主义民主政治伟大实践。这深刻揭示了三者的内在关系及统一路径：从内在关系来说，党的领导、人民当家作主和依法治国是相互联系、相互促进、不可分割的有机整体；从实践路径来说，三者统一于我国社会主义民主政治伟大实践。坚持"三者有机统一"不仅是发展社会主义民主政治的题中之义，更是推动我国制度优势更好转化为国家治理效能，进而不断开辟"中国之治"新境界的制胜法宝，必须将之贯穿于推进国家治理现代化的各领域各方面各环节。

（作者单位：重庆市中国特色社会主义理论体系研究中心重庆邮电大学分中心；本文刊载于《重庆日报》2019年11月26日第06版）

"四位一体"推进个人信息依法保护

朱方彬

党的十九届四中全会强调，推进数字政府建设，加强数据有序共享，依法保护个人信息。对于个人信息的保护，绝不仅仅是制定个人信息保护法那么简单。真正的挑战在于，如何通过科学立法和制度设计，理顺立法要求与信息控制者内在激励之间的关系，使个人信息保护成为信息控制者的内在需要。新时代依法保护个人信息，应当围绕赋权主体和赋责主体，抓住谁来保护和如何保护的根本问题，从主体规制、立法规范、过程管控、救济保护"四位一体"推进个人信息保护，实现个人信息有效保护与合理利用的价值平衡，不断满足人民群众对美好生活的新期待。

建立数据使用责任机制，推进主体规制时代化。技术的发展历来是引起法学理论和法律制度变革的重要因素之一。随着移动互联网、大数据、人工智能等技术的蓬勃发展，大数据时代的个人信息呈现数量大、价值密度低、信息获取与使用结果相关性弱等新特征。应对时代挑战，个人信息依法保护在主体规制上应当因事而化、因时而进、因势而新。在规制对象上，由个人信息所有者保护转向个人信息利用者规制，以数据使用者规制为中心来构建个人信息保护机制。在规制内容上，由个人信息可识别性转向风险可控制性，形成数据使用者承担责任制度，将个人信息依法保护的义务和责任转移到数据收集与使用者身上。在规制举措上，采用场景化的风险评估机制，倒逼数据使用者为避免责任承担而加强风险管理，尽可能去测评个人信息采集、处理、分析、挖掘的风险并采取相应避险措施，在事前预防中强化个人信息依法保护。

完善统一立法机制，推进立法规范体系化。世界主要国家都高度重视个人信息的保护与监管，个人信息逐渐由传统的自然人身份识别符号转变成具有重要市场价值的基础性战略资源，被称为现代经济活动"未来的新石油"。目前全球已有近90个国家和地区制定了专门针对个人信息保护的法律，个人信息保护专项立法逐渐成为国际惯例。根据坚持科学立法、民主立法、依法立法的要求，个人信息依法保护的立法规范应当注重顶层设计的体系化、科学化。在国家层面，尽快制定个人信息保护法，形成个人信息统一立法制度，由过去碎片化的立法规范转向体系化的规范框架。在行业层面，针对不同领域出台相应规章制度，规范电信、银行、金融、交通、教育、医疗等公共服务企事业单位的信息严格保护，明确网络运营商、网络服务商的信息安全保障义务。

健全安全管理机制，推进过程管控科学化。当前个人信息彰显的财产利益和商业价值备受关注，个人信息有意无意被侵害也越来越经常化、频繁化，强化国家监管、增强行业自律、提升安全管理已成为各界的广泛共识。在行政监管上，既要明晰国家统一的监管机构，强化监管执行，规范个人信息采集、处理、分析、挖掘、利用与保管各环节的国家标准；也要推进专门测评机构建设，推动个人信息保护第三方服务市场发展；还要及时开展行政惩处，以举报制、曝光制、黑名单制等敦促企业自律。在行业自律上，形成以银行业、电信业、工商业及重要网站、社交平台、技术公司为主要代表的自律组织，制定数据收集和使用的自律规范，健全惩罚机制，设置和配备固定的监督管理机构与人员，保证行业规范有效遵守。在安全管理上，既要形成内部数据信息保护与数据信息风险控制制度，让漏洞核查与应急跟进常态化；也要形成个人信息安全传输与利用制度，保证数据信息在传输和利用过程中的机密性、完整性；还要形成个人信息安全技术防护制度，采取数据发布匿名保护技术、社交网络匿名保护技术、数据水印技术、数据溯源技术等大数据安全关键技术确保技术上的个人信息安全。

建立网络审判机制，推进司法救济网络化。随着数字经济的发展，权利主体与侵权主体往往在地域上分离，既可以发生在网络空间，也可以同时跨越网络空间和现实社会。个人信息依法保护的司法救济应当借鉴设立互联网法院的经验，建立高效、便捷、低成本的网络审判机制。在诉讼管辖上，采用约定管辖模式，由专门法院予以集中管辖，破解个人信息纠纷因跨地区、跨国界、跨空域侵害而无法受理的窘境。在诉讼流程上，运用电子证据数据保全技术、信息通信技术等，探索符合互联网审判规律的身份认证、电子送达、举证责任等诉讼规则，实现网上立案与网上咨询、在线调解与在线审理，既提高审判效率，又节省诉讼成本。此外，在证据采信上采用过错推定原则，在侵权处罚上建立惩罚性赔偿机制，切实保证个人信息依法得到妥善有效维护。

（作者单位：重庆市中国特色社会主义理论体系研究中心重庆邮电大学分中心；本文刊载于《重庆日报》2019年12月31日第12版）

实现巩固拓展脱贫攻坚成果同乡村振兴有效衔接

黄 齐 李俊斌

党的十九届五中全会提出，实现巩固拓展脱贫攻坚成果同乡村振兴有效衔接。中共重庆市委五届九次全会也提出，要总结试点经验，完善有效衔接的政策措施。脱贫攻坚与乡村振兴作为新时代"三农"工作的两大战略部署，二者在战略上相互融合，在任务上递进互补。"十四五"时期，要做好脱贫攻坚同乡村振兴有效衔接，着力完善脱贫攻坚与乡村振兴的规划、政策、工作衔接机制，把"三农"工作重心逐步聚焦到全面实施乡村振兴战略上来，这样既有助于巩固和拓展脱贫攻坚成果，又有利于全面推进乡村振兴。

加强规划衔接，为统筹推进脱贫攻坚与乡村振兴明确方向。推动脱贫攻坚与乡村振兴有效衔接，要在贯彻落实党中央有关文件精神的基础上，从顶层设计的角度做好二者之间的规划衔接。一是推进脱贫减贫战略平稳转型。在"十四五"时期，要根据我国发展阶段、环境、条件变化，做好脱贫减贫与乡村振兴规划的衔接、延续、改进工作。一方面，要做好"十四五"时期脱贫攻坚成果巩固发展规划，根据各地发展实际制订更加具体的实施方案，不断提高脱贫减贫的效率、质量和水平；另一方面，要加快完善贫困识别指标体系，及时制定和更新贫困指标，将相对贫困治理纳入乡村振兴战略。二是统筹好贫困区域与非贫困区域的发展规划。在开展精准扶贫、推进乡村振兴的过程中，要对贫困村和非贫困村进行统筹安排，充分调动贫困村与非贫困村的积极性、主动性、创造性。在同步推进脱贫减贫工作的同时，也要针对重点贫困村制订相应的脱贫减贫规划，从强化贫困人口的观念认知、提升贫困人口的生产生活能力、增强贫困人口的发展动力等方面全方位带领贫困人口脱贫致富。三是提高乡村振兴规划的统筹性和实效性。遵循乡村经济社会发展规律，按照统一谋划、一体推进的原则和思路，把脱贫减贫工作纳入乡村振兴规划，将其融入乡村基础设施建设、乡村互联网全覆盖工程、乡村社会治理等规划中，体现乡村振兴规划的系统性、全面性、融合性。要把战略性的长期规划和近期实施方案结合起来，在宏观层面上实施乡村振兴战略的同时，确保乡村振兴规划实施方案的可操作性，使其真正起到行动纲领和行动指南的作用。

加强政策衔接，为统筹推进脱贫攻坚与乡村振兴提供支持。推动脱贫攻坚与乡村振兴有效衔接，要在政策设计上注重二者之间的兼容性、协调性，使二者在具体实施中能够无缝对接、相得益彰。一是延续现有脱贫攻坚政策。预留足够的政策转型缓冲期，适当延长建档立卡贫困户扶持政策的年限，避免因政策取消或政策变化而消解脱贫成果。始终保证各项涉农政策相对稳定，保持对"三农"投入政策的力度不减，继续实行贫困区县涉农资金整合政策。二是研究制定新的减贫政策。后脱贫攻坚时代，要把工作重心转移到解决相对贫困上来，明确相对贫困人口认定的标准、程序，从基本医疗、商业保险等多方面做好对贫困人口的中长期帮扶工作。要把解决相对贫困和实施乡村振兴结合起来，发挥脱贫致富带头人的榜样作用，通过先富带动后富，激发贫困户齐心协力干事业的斗志。三是建立健全乡村振兴专项政策。分别制定干部配备、要素配置、资金投入、公共服务"四个优先"政策，完善激活农村"人""地""钱"要素的政策措施。要将专项政策贯穿产业发展、乡村治理全过程，打造贫困地区特色产业，激发农民参与乡村发展的积极性，为实现乡村振兴提供有力支撑。

加强工作衔接，为统筹推进脱贫攻坚与乡村振兴做好保障。推动脱贫攻坚与乡村振兴有效衔接，要在组织体系、工作机制、力量配备、绩效考核等方面下功夫，保证二者目标与任务的落实落地。一要推动组织体系一体化。强化"五级书记抓脱贫攻坚""五级书记抓乡村振兴"等制度保障，优化后脱贫攻坚时代减贫工作与乡村振兴领导小组及其办事机构的设置及功能，明确各部门之间的职责和任务，推动形成齐抓共管、协调配合的工作机制。二要推动工作机制一体化。借鉴领导"定点包干"脱贫攻坚机制，建立领导定点联系乡村振兴工作机制。建立"乡村振兴及减贫工作专项述职制度"，增强各级领导干部对乡村振兴的责任心和使命感。三要推动力量配备一体化。探索选派乡村振兴第一书记制度，推动第一书记这个特殊群体肩负起乡村振兴的责任和使命；探索派驻乡村振兴驻村工作队制度，打造一批扎根农村、服务农业、情系农民的优秀帮扶干部；探索成立乡村振兴产业技术指导工作组，利用技术指导工作组成员的业务优势和信息资源，帮助所在村推进特色产业发展。四要推动绩效考核一体化。加大对乡村振兴的考核力度，建立健全区县党政领导班子和领导干部推进乡村振兴战略实绩考核体系，确保乡村振兴各项工作取得实效。乡村振兴实绩考核要采取上下结合的方式方法,把上级主管部门评价与农民群众评价统一起来进行全面考核。

(作者单位:重庆市中国特色社会主义理论体系研究中心重庆邮电大学分中心;本文刊载于《重庆日报》2021年1月12日第03版)

推进乡村振兴要在教育上下功夫

郑 洁 黄必琼

民族要复兴,乡村必振兴。2021年中央一号文件提出,要坚持把解决好"三农"问题作为全党工作重中之重,把全面推进乡村振兴作为实现中华民族伟大复兴的一项重大任务。这对新发展阶段优先发展农业农村、全面推进乡村振兴作出了总体部署,为做好当前和今后一个时期"三农"工作指明了方向。教育是实现国家强盛、民族振兴、百姓幸福的千秋伟业,是实现乡村振兴的重要支撑。推进乡村振兴要在教育上下功夫,从扩大政策惠及对象、调整教学资源、建设师资队伍和提升教学质量多个方面着手,更好发挥教育服务发展、引领未来的作用,以筑牢乡村振兴的坚实基础。

扩大教育政策惠及对象,实现从"精准"到"普惠"的扩展。提高农村教育质量,要多渠道增加农村普惠性教育资源供给。为平衡不同群体的利益,推动脱贫攻坚与乡村振兴有效衔接,要合理拓展教育政策惠及对象,做好区域内城乡教育资源增量部署,实现教育普惠。一方面,要延伸资助范围,让每一个孩子都有学上。做好学前教育顶层设计,聚焦"优质公办幼儿园数量不足"等突出问题,加快公办园建设;推动义务教育集团化办学,实施普通高中免除学费政策,实现资助全覆盖,扩大高中就学率。要逐步分类免除中等职业教育学杂费,加快发展针对乡村振兴的职业教育体系,推进职业教育"双优""双高"计划。另一方面,要重视对贫困户的特殊扶持政策。拓展为乡村居民能够同等享受的普惠性政策;完善进城务工人员随迁子女就学和在流入地升学考试政策;加大资金投入力度,提高财政教育支出占公共支出比重,推动学生资助体系实现全覆盖,确保不让一个学生因家庭经济困难而失学。

调整教学资源扶持重点,实现从"硬件"到"软件"的倾斜。从长远来看,构建高质量发展新格局,推进乡村文化振兴,就要全面实施优质教育资源扩展行动计划,适度调整教学资源扶持重点,根据农村地区教育发展新阶段的实际需要,将部分教育扶贫资源整合优化为乡村教育发展资源。在满足教学设施、生活设施等"硬件"需求的前提下,加大在教学技能、师资力量等"软件"资源方面的投入。一是借助科技推动教育均衡发展。通过"互联网+教育"和"AI+教育"等形式,助力教育精准扶贫、教育均衡发展和教育质量全面提升,让农村孩子享受到与城市孩子同样的优质教育资源,建设好城乡学校共同体。二是持续推进乡村地区"三通"建设。加快发展面向乡村的网络教育,实现所有中小学和教学点宽带网络"校校通"、优质资源"班班通"、网络学习空间"人人通",为整体提升义务教育质量提供现代化信息技术条件。三是采取双师课堂模式。由大城市的优秀教师担任远程教师,提供优质教学内容,由学校教师担任现场教师,辅助课堂教学互动、课后辅导,努力推动优质教育资源均衡使用。

　　加强师资队伍建设力度,实现从"输血"到"造血"的转变。人才是推进乡村振兴的核心要素,要"激活存量",对现有乡村教师进行培训,实现从"输血"到"造血"的转变,培养一支带不走、留得下的师资队伍。一是做好顶层设计。发展职业技术教育与技能培训,建设一批产教融合基地;着力改进农村地区教师培训方式,精准培养一专多能的乡村教师;加强市级、区县级教师培训中心建设,开创精品类培训课程,提升贫困乡镇教师培训质量。二是采取"引进来"措施。加大送培下乡力度,引导名师名校长走进乡村学校讲学交流,重点针对音体美等紧缺学科教师、双语教师开展专家指导培训。三是开展"走出去"培训。要让更多乡村教师获得前往教育发达地区参加校本研修、跟岗学习的机会,同时发展在线教育,完善教师终身学习体系。四是采用"结对子"的方式。让当地教师和支教教师协调负责教研教学,以共同管理的方式相互学习、相互提高;要注重对青年教师的培养,创新资深教师对青年教师的"帮、扶、带"形式,从而提高教师的教学技能。

　　提高乡村教育教学质量,实现从"数量"到"质量"的提升。放眼长远,实施乡村振兴战略,要在教育数量达标的基础上,提供更多优质教育资源,补齐乡村教育短板。要进一步提高农村地区教育教学质量,切实缩小农村与城区教学质量之间的差距,推进城乡教育统筹发展,在教学方面实现从"数量普及"到"质量提高"的转变。一是完善农村学校管理制度。合理应用制度管理教师,做到制度管理与情理教育相结合;构建学生教学信息的管理队伍,重视教学的反馈,准确掌握学与教的相关动态。二是持续深化乡村地区教育评价改革。坚持以促进学生全面发展为核心,把师德师风作为评价教师的首要标准,不断完善德智体美劳全面发展的学生评价体系。三是提升教师职业素质。引导乡村教师切实树立学高为师、身正为范的良好形象,用自己的良好言行和人格魅力去感染、熏陶、影响学生，做乡村教育现代化的推动者与实践者。四是创新教学方式。利用互联网采取双师课堂模式，采用微课、翻转课堂、慕课等新型教学方法和教育手段，不断提升课堂教学质量。

（作者单位：重庆市中国特色社会主义理论体系研究中心重庆邮电大学分中心；本文刊载于《重庆日报》2021年3月2日第09版）

巩固拓展脱贫攻坚成果需要实现五个跨越

钟星星　王连宫

习近平总书记在全国脱贫攻坚总结表彰大会上指出，我们要切实做好巩固拓展脱贫攻坚成果同乡村振兴有效衔接各项工作，让脱贫基础更加稳固、成效更可持续。脱贫摘帽不是终点，而是新生活、新奋斗的起点。只有把脱贫攻坚成果巩固好、拓展好，不断增强内生动力，注重长远发展，才能为全面建设社会主义现代化国家打下坚实基础。在巩固拓展脱贫攻坚成果过程中，需要实现五个跨越。

需要实现从解决绝对贫困到解决相对贫困的跨越。打赢脱贫攻坚战之后，中华民族千百年来存在的绝对贫困问题得到了历史性解决。然而在巨大成绩背后，我们要看到仍然还有相当一部分人处于相对贫困。因此，在消除绝对贫困之后必须接续解决相对贫困问题，才能不断增进人民群众福祉、促进经济社会持续健康发展。一是着力增强社会兜底保障。要进一步改善优化分配结构，完善转移支付制度，增加欠发达地区发展建设投入。深化"两不愁三保障"，进一步提升低收入群众的生活质量。健全社会保障和救助制度，增强社会兜底功能。二是着力实现公共服务均等化。建立健全覆盖全体社会成员的基本公共服务体系，逐步实现基本公共服务均等化，让低收入群众享有同等权利、同等机会，共享社会发展成果。三是着力推进一体化发展。推进欠发达地区与发达地区一体化发展，构建区域协调发展的体系，建立健全区域一体化发展、区域合作互助、区际利益补偿等体制机制。

需要实现从解决贫困现象到解决贫困根源的跨越。在打赢脱贫攻坚战之后，需要逐步解决深层次、根源性问题，确保脱贫成果有效、稳固、长久。在深化拓展脱贫攻坚成果的过程中，需要在纷繁复杂的问题表象中找准致贫根源，针对致贫根源精准施策，解决好贫困问题。一是要以发展的眼光找贫因，做到真扶贫。在扶贫工作实践中要不断深化对贫困发生原因的认识，做到由表及里、由浅入深。结合不同贫困主体的实际情况，做到具体问题具体分析，进一步找准致贫原因，让扶贫有的放矢。准确把握扶贫工作不同阶段主要矛盾的变化，及时发现问题，适时转变工作思路。二是要以精准的手段治贫根，做到扶真贫。坚持精准扶贫，做到对症下药、精准滴灌、靶向治疗。坚持精准施策，做到分类施策，因人因地施策，因贫困原因施策，因贫困类型施策。三是要以严格的精神抓落实，做到脱真贫。坚持求真务实、较真碰硬的精神，坚决反对形式主义、官僚主义，把一切工作都落实到为贫困群众解决实际问题上。实行最严格的考核评估，建立全方位的监督体系，加强扶贫领域腐败和作风问题专项治理，真正让脱贫成效经得起历史和人民的检验。

需要实现从物质脱贫到精神脱贫的跨越。贫困不仅包括物质贫困，还包括精神贫困。与物质贫困相比，精神贫困往往是更深层次、更难解决的贫困。在脱贫攻坚取得胜利后，要更加注重解决精神脱贫的问题，增强群众脱贫致富的积极性、主动性和创造性，激活脱贫群众的主体力量，激发脱贫群众的内生动力，为脱贫事业提供持久的精神动力和智力支持。一是要强志，提振精神意志。加强对脱贫群众的思想指引，引导脱贫群众树立主体意识，发扬自力更生精神，破除"等靠要"等不良习气。二是要增智，提升思想认识。加强欠发达地区基本公共文化服务体系建设，推动基本公共文化服务资源共建共治共享，促进满足脱贫群众文化需求和增强脱贫群众精神力量共同发展。三是要赋能，提高能力素质。加大教育扶贫政策实施力度，加快欠发达地区教育发展，全面提高脱贫群众的综合素质。加大对脱贫人口职业技能培训力度，增强脱贫群众就业能力。

需要实现从短期脱贫到长效发展的跨越。实现短期脱贫目标容易，实现长效发展很难。要坚持把发展作为解决贫困的根本途径，在实现脱贫之后，改善发展条件，增强发展能力，实现脱贫地区的可持续发展。一是发展可持续。要因地制宜持续发展壮大扶贫产业，继续加强脱贫地区产业发展基础设施建设，精心选择高成功率和可持续发展的产业项目，确保脱贫群众持续增收致富。二是生态可持续。要践行绿水青山就是金山银山的发展理念，把保护生态环境放在首要位置，统筹减贫战略和可持续发展战略，建设人与自然和谐共生的现代化。三是能力可持续。要着重增强脱贫地区内生发展动力和发展活力，确保脱贫后不返贫。加强脱贫群众职业技能培训，实现稳定就业。推进教育脱贫，重点帮助脱贫人口子女接受教育，阻断贫困代际传递。

需要实现从全面脱贫到全面振兴的跨越。在全面脱贫之后，一方面要巩固拓展脱贫攻坚成果，防止返贫、新贫；另一方面，要推进欠发达地区的全面振兴，促进农业高质高效、乡村宜居宜业、农民富裕富足。实现这一目标要把握好以下几个方面。一是要在夯实基础上下功夫。坚持把解决好"三农"问题作为全党工作重中之重,着力夯实贫困地区农业农村基础,加大粮食生产政策支持力度,坚决守住耕地红线,加强基础设施建设,深入推进农业供给侧结构性改革,加快农业农村现代化。二是要在接续发力上下功夫。保证扶贫工作的稳定性,做好扶贫后续工作,加强易地扶贫搬迁后续扶持,强化返贫监测预警和动态帮扶。保持扶贫政策延展性,保持主要帮扶政策总体稳定,严格落实"四个不摘"要求,保持现有帮扶政策、资金支持、帮扶力量总体稳定,同时完善优化帮扶政策,健全帮扶政策体系。三是要在全面推进上下功夫。实现共同富裕需要欠发达地区全面强起来,要完善政策体系、工作体系、制度体系,实现乡村产业、人才、文化、生态、组织的全面推进、全面振兴。

(作者钟星星系重庆市中国特色社会主义理论体系研究中心重庆邮电大学分中心研究员,王连宫系南岸区委宣传部干部;本文刊载于《重庆日报》2021年3月4日第12版)

全面推进乡村振兴要大力弘扬脱贫攻坚精神

田帅辉

不久前召开的重庆市全市脱贫攻坚总结表彰大会强调,要深入学习贯彻习近平总书记在全国脱贫攻坚总结表彰大会上的重要讲话精神,大力弘扬脱贫攻坚精神,不忘初心、牢记使命、接续奋斗,巩固拓展脱贫攻坚成果,全面推进乡村振兴。伟大的脱贫攻坚精神是中国共产党领导全国各族人民在漫长的反贫困史上,通过团结奋斗、攻坚克难、开拓进取而孕育形成的高尚品质,是中国人民取得脱贫攻坚全面胜利和创造人类减贫史上伟大奇迹的重要法宝,是中华民族宝贵的精神财富。脱贫攻坚取得胜利后,要全面推进乡村振兴,这是"三农"工作重心的历史性转移。站在新的历史起点,要大力弘扬脱贫攻坚精神,始终保持昂扬向上的斗争精神和攻坚克难的奋斗姿态,加快促进农业高质高效、乡村宜居宜业、农民富裕富足,奋力开创乡村振兴的辉煌篇章,书写巴渝大地"产业兴、生态美、百姓富"的壮丽画卷。

用上下同心凝聚乡村振兴的磅礴伟力。上下同欲者胜,风雨同舟者兴。脱贫攻坚的全面胜利,是在党中央集中统一领导下,全党全国各族人民勠力同心、团结奋斗的结果。重庆集大城市、大农村、大山区、大库区于一体,推进乡村振兴的深度、广度、难度远高于脱贫攻坚,我们要始终坚持党中央集中统一领导,继续充分发挥社会主义制度能够集中力量办大事的政治优势,把更多的党员组织起来、把更优秀的人才聚集起来、把更广泛的群众动员起来,各类人才"近悦远来"齐聚巴渝大地,汇聚起实现全市乡村振兴的磅礴力量。要结合全市巩固拓展脱贫攻坚成果和乡村振兴的现实需求,坚持和完善驻村工作队、东西部协作、"一区两群"区县对口协同发展、定点帮扶等制度,逐项分类优化调整现有各项政策,深化完善全市乡村振兴组织体系、政策体系、制度体系和工作体系,逐步实现由集中资源支持脱贫攻坚向全面推进乡村振兴平稳过渡。

用尽锐出战夯实乡村振兴的战斗堡垒。战鼓催征马蹄急,誓师立令再出征。乡村振兴比脱贫攻坚时间更久、范围更广、标准更高、任务更重,必须咬定目标、担当责任、尽锐出战、真抓实干。要发挥好党委农村工作暨实施乡村振兴战略领导小组牵头抓总作用，坚持五级书记抓乡村振兴，形成上下一心、高效协同、联动有序的全市乡村振兴责任链，确保乡村振兴责任到位、工作到位、落实到位。继续选优配强乡村振兴工作队伍，按照有效衔接、平稳过渡的原则着力将懂农业、知农村、爱农民的第一书记和工作队派到乡村振兴第一线。要持之以恒抓好全市农村基层党组织建设，壮大乡村振兴人才队伍，吸引各类人才在乡村振兴中建功立业。

用精准务实奠定乡村振兴的科学指引。对症下药方能药到病除。伟大的脱贫攻坚实践证明，"精准扶贫、精准脱贫"基本方略是打赢脱贫攻坚战的制胜法宝。在全面推进乡村振兴征程中，同样需要践行滴水灌溉、靶向治疗的科学精神和精准务实的工作方法。要严格按照乡村振兴总要求，充分尊重乡村发展演进规律和"一区两群"不同乡村的发展水平、资源禀赋、地理环境、历史资源、文化资源，因地制宜规划全市乡村振兴蓝图，科学设计乡村振兴模式，实现振兴方向、振兴思路、振兴模式、振兴路径"精准"，做到"一区两群"各片区发挥优势、彰显特色、协同发展。要紧紧围绕"五大振兴"目标任务，抓住"增收、改善、提升、保障"四个关键，对标对表找差距补短板，科学制定时间表、路线图，因村因地精准施策，做到因村派人精准、资金投放精准、项目安排精准、产业发展精准、乡村治理精准，坚决杜绝急功近利、不切实际。

用开拓创新提供乡村振兴的不竭动力。唯创新者进，唯创新者强。在推进全市乡村振兴的进程中会遇到比脱贫攻坚更多的新情况新挑战，必须拿出"敢教日月换新天"的勇气和"逢山开路、遇水架桥"的开拓精神，全面深化农业农村改革，不断激发乡村振兴新动能。要重点聚焦农村产业基础薄弱、村庄建设规划滞后、乡村人才短缺等突出问题，着力在创新理念思路、体制机制、方法路径上下真功夫，不断深化农村土地制度、农村集体产权制度、乡村人居环境、基层治理等重点领域和关键环节改革，稳妥扩面深化农村"三变"改革，纵深推进"三社"改革，不断激活"人""地""钱"等资源要素。要大力发展特色乡村产业，加快小规模、多品种、高品质、好价钱的现代山地特色高效农业提质增效，推动川渝共建现代高效特色产业带，坚定不移走生态优先、绿色发展之路。要强化农业科技创新，实施新一轮现代种业提升工程，开展种源"卡脖子"技术攻关，加快现代山地特色农业机械化、智能化。

用攻坚克难铸就乡村振兴的精神内核。不以事艰而不为，不以任重而畏缩。全面推进乡村振兴是一个复杂的系统工程，更是一场持久战、攻坚战，要求我们必须拿出攻坚克难的勇气、久久为功的韧性以及苦干实干巧干的担当，从下庄精神中汲取攻坚克难的精神动力。要埋头苦干，紧盯全市乡村振兴的重点、痛点、难点、堵点，全身心投入工作，全方位落实工作，勇于攻坚克难，敢于动真碰硬，善于解决乡村振兴推进中产业发展、环境整治、乡村治理等各种疑难杂症和瓶颈制约。要真抓实干，坚持思想上求实、工作上务实、行动上落实，一件一件抓落实，一项一项抓兑现，做到出实策、干实事、谋实效。要善于巧干，抓住"把方向、谋全局、抓大事"关键，善于开动脑筋想办法、出点子，做到多案在胸、多策在手、多法并举，集中力量抓重点、靶向治疗去痛点、精准施策攻难点、多措并举疏堵点。

用不负人民厚植乡村振兴的初心使命。民生无小事，一枝一叶总关情。人民对美好生活的向往就是我们的奋斗目标。要深入践行全心全意为人民服务的根本宗旨，始终心系群众利益，时刻牵挂群众冷暖，把人民群众的福祉放在心上，把为民服务的责任扛在肩上，把涉及群众切身利益的民生工作做细做实做好。要秉为民之心、怀为民之情、履为民之责、学为民之道、思便民之策、谋惠民之事，扎实推动全体人民共同富裕，坚持在发展中保障和改善民生，努力提升群众的"幸福指数"。要关注民生，坚持"想群众之所想、急群众之所急、解群众之所困"，着力提升广大人民群众的满意度；要立足民需，坚持"听民意解民忧"，在"幼有所育、学有所教、劳有所得、病有所医、老有所养、住有所居、弱有所扶"上为民办实事、办好事。

（作者系重庆市中国特色社会主义理论体系研究中心重庆邮电大学分中心特约研究员，重庆邮电大学驻城口县蓼子乡新开村扶贫第一书记；本文刊载于《重庆日报》2021年5月8日第07版）

充分认识社会设计在乡村振兴中的作用

徐 聪

习近平总书记指出,脱贫攻坚取得胜利后,要全面推进乡村振兴,这是"三农"工作重心的历史性转移。发展乡村经济、实现乡村文明、追求社会公正、提升民生福祉,是乡村振兴战略的重要内容。社会设计作为一种整体性、跨领域性和整合性的创新型设计活动,能够结合各地具体情况,统筹利用人力、自然、文化等资源,用社会设计将乡村的发展资源转化为生命力,更好地满足人民群众对美好生活的需要。把社会设计的理念和方法引入乡村振兴战略的实施过程中,有利于推动我国乡村高质量发展,创造人民群众高品质生活。

"以人为本"的价值取向是社会设计助力乡村振兴、创造高品质生活的核心。以人为本是现代社会建构的基础,也是社会设计的核心价值。以人为本的价值取向,是我国新发展阶段坚持以人民为中心的发展思想和满足人民群众对美好生活需要的集中体现,是实施乡村振兴战略、创造高品质生活的逻辑遵循。充分发挥社会设计的作用,在推进乡村振兴中发现人们对于高品质生活的新需求,不断创造更高品质的生活。要以村民为服务对象,尊重人民的主体地位,满足群众的实践需求,促进人的全面发展,体现人文关怀的价值理念,以实现高品质生活为目标开展设计。这种设计,应注重从人们的行为与习惯、认知与信仰、现实与发展等需求出发,以满足人民日益增长的美好生活需要为根本目的,始终将以人为本的价值理念贯穿于整个设计过程,体现在乡村振兴的各个方面,创造更高品质的生活。

更安全、更舒适、更幸福、更美丽、更可持续是社会设计促进乡村振兴的具体指标。乡村振兴要落脚到人民群众的获得感、幸福感和安全感上,努力让人民群众享有更好的教育、更稳定的工作、更满意的收入、更可靠的社会保障、更高水平的医疗卫生服务、更舒适的居住条件、更优美的环境、更丰富的精神文化生活。社会设计是通过设计让人们在社会活动与社会治理的实践中解决社会问题,目标是使人们在满足社会生活需求的活动中,谋求人与物、人与人、人与组织、人与社会、人与环境以及人自身的和谐，提升人们在社会生活中的幸福感。因此，在乡村振兴中，社会设计所带来的服务与产品供给，要更加注重人在公平、尊严等方面的感受，坚持从物质、精神、生态等多个维度出发，以更安全、更舒适、更幸福、更美丽、更可持续等具体指标来评价乡村振兴的成果和创造高品质生活的质量。

现代文明与乡土文化有机融合是社会设计推进乡村振兴的关键。乡土文化是乡村历史的见证，是特定地域、特有民族在历史演进中形成的传统生产、生活方式的载体，其文化形态可表现为乡土建筑、景观风貌、历史遗迹、农耕器具、穿着服饰、传统手艺、风俗习惯、民间传说、历史故事等。在努力让人们过上现代文明带来的美好生活的同时，如何在乡村振兴的过程中让有价值的乡土文化得以保留和传承，是社会设计在乡村振兴中突显设计对象特征、尊重设计对象文化身份、传承中华优秀传统文化、讲好中国故事的必然要求。因此，在统筹城乡一体化发展推进乡村振兴的进程中，社会设计要将满足人们对现代美好生活的向往与乡土文化的保留传承有机统一起来，充分利用好各地的乡土特色和民俗优势，更好地创造高品质生活。

协同参与是社会设计推动乡村振兴的重要途径。公众参与设计，共同进行设计，是社会设计的重要内涵，也是社会设计与其他设计的明显区别。社会设计的设计主体不仅包括专业设计人士，也包括解决社会问题的受益者和利益相关方。社会设计始终重视将利益相关群体置于设计的过程中，让他们与专业设计者一起去体验环境、分析现状、发现问题、解决困难，参与设计方案制订，实现设计意图，成为共同的设计主体。因此，让相关受众协同参与，不仅是社会设计活动开展的需要，更是创造高品质生活的必然。在全面推进乡村振兴，实现社会治理现代化、促进社会发展的过程中，支持和引导村民协同参与社会设计，有利于激发人民群众的主人翁意识，促进人们在创造物质共同利益、发展精神共同意志、实现公众共同权益、推动社会发展进步等各个方面形成良性互动，为共同创造高品质生活发挥积极作用。

（作者单位：重庆邮电大学传媒艺术学院 重庆市中国特色社会主义理论体系研究中心重庆邮电大学分中心；本文刊载于《重庆日报》2021年11月11日第06版）

川渝两地产业高质量发展需做好四个协同

邓维斌 戴 丽

中共中央、国务院印发的《成渝地区双城经济圈建设规划纲要》指出，推动成渝地区形成有实力、有特色的双城经济圈，打造带动全国高质量发展的重要增长极和新的动力源。经济增长是区域协调发展的重要目标，产业发展是实现经济增长的主要手段，在全球新一轮科技革命、产业变革深入推进和产业链、供应链、价值链、创新链加速重塑的时代背景下，强化一体化发展理念，促进川渝两地产业协同发展对成渝地区双城经济圈构建现代产业体系、打造世界级产业集群、抢占国际竞争制高点至关重要。

协同壮大产业集群，提升区域竞争新实力。当前，产业集群的壮大对促进区域经济发展的作用越来越大。一是联合打造先进制造业产业集群。依托电子信息制造业深厚积淀，聚焦通信电子、智能终端等重点领域，打造具有全球竞争力的电子信息制造业集群；瞄准新能源和智能网联发展方向，联合打造全国重要的汽车、摩托车整车和零部件研发与生产基地。二是大力发展现代服务业。通过打造"空铁公水"一体化国际货运中心和若干区域物流中心，完善多式联运物流服务网络，打造高水平物流产业体系。推进区域金融改革创新，大力发展金融服务业，共建西部金融中心。三是大力发展特色农业。加大粮油、中药材、柑橘、脆李、柠檬种植和生猪养殖力度，加强农产品采摘、分拣、加工、仓储、冷链等一体化设施建设，推进农产品精深加工，打造全球特色农产品基地。四是积极承接产业转移。立足国际和沿海发达地区产业转移需求，充分发挥要素成本低、市场容量大和交通运输便利等优势，制定承接产业转移优惠政策和目录，大力承接绿色环保和前景较好的产业链转移。

协同发展数字经济，培育区域发展新动能。促进数字经济赋能双城经济圈协同发展。一是加快新型基础设施建设。加大5G、千兆光纤、量子通信网络建设力度，加速下一代互联网规模部署，推进国家级互联网骨干直联点带宽扩容，联合推动工业互联网标识解析节点互联互通、重点行业节点共建共享共用，为川渝两地产业数字化、网络化、智能化发展夯实根基。二是打造数字产业化高地。聚焦集成电路、智能终端、工业互联网等重点领域，延伸产业链，补齐产业短板，加快培育大数据、人工智能、区块链等数字化产业，联手打造"芯屏器核网"全产业链和"云联数算用"全要素集群。三是促进产业数字化转型。大力推动企业接入工业互联网平台，实现供应链、空间链、金融链等全产业链和研发、制造、服务等全价值链优化重构。四是提升数字化应用水平。推动"渝快办"与"天府通办"对接，促进政务服务"一网通办"。围绕"住业游乐购"全场景集，推动两地城市运行系统在各领域深层次、全方位合作开发应用，升级打造"三融五跨"综合应用场景，实现川渝两地"一卡通行"。

  协同强化产业分工，形成优势互补新局面。推动川渝两地产业高质量发展，加强产业分工与协作是基础。一是加强核心城市与次级城市产业协同。促进成都和重庆两大中心城市加速从"同构经济"向"集群经济"转变，不断提升对外开放合作程度、技术创新能力和产业配套能力，提高竞争优势，发挥集聚效应。强化次级城市产业优势和功能定位，形成与两大核心城市发展高效协同的局面。二是以龙头企业为引领健全产业链。实施创新驱动发展战略，大力培育和引进行业龙头企业，带动一批协作配套产业和产业链上下游企业发展，实现龙头企业引领、中型企业支撑、小型企业补充的产业链、供应链和价值链协同发展格局。三是引导企业实施差异化发展。鼓励企业走专精特新发展道路，推动川渝两地企业增品种、提质量、创品牌、促合作，在细分市场上培育独角兽、瞪羚企业，打造独具特色的拳头产品，形成市场竞争优势。四是构建产业协同发展生态圈。加快建设产业供需信息线上对接平台，鼓励和引导川渝两地企业广泛开展"互采互供"，推动全要素、全产业链生态共建、要素共享、资源共用、信息互通，协同打造区域品牌，构建起产业良性发展生态圈。

  协同推动研发创新，实现关键技术新突破。创新是引领发展的第一动力。一是着力创新平台布局打造。依托两江协同创新区、成都未来科技城等重要载体，统筹推进西部科学城建设。布局建设一批重大科技基础设施、高性能实验室和产业创新平台，打造梯次布局、高效协同的科技创新体系。二是加强核心技术协同攻关。加强川渝科技创新合作，共享共用科技创新平台和大型科研仪器设施设备，围绕经济社会发展重大需求，联合开展协同攻关，着力解决产业发展中的"卡脖子"关键技术难题，力争在共性核心技术上取得重大突破。三是促进产业创新能力提升。鼓励行业领军企业牵头建设产业创新平台和检验检测平台，成立川渝地区企业技术创新联盟，共同承担科技项目、共享科技创新成果，促进产业创新深度合作。四是加速创新人才集聚。优化人才评价和使用环境，吸引一批具有国际领先水平的基础研究人才、科技领军人才和创新创业团队。充分发挥川渝高校特色和优势，重点围绕经济社会发展需要，不断优化学科专业建设，加大高层次人才供给。

（作者单位：重庆市中国特色社会主义理论体系研究中心重庆邮电大学分中心；本文刊载于《重庆日报》2021年12月30日第12版）

国家治理中大数据智能化的
价值、困境与实现路径

吴朝文

大数据和人工智能正在深刻改变着人的实践和认知方式，对国家治理产生着深远的影响。大数据智能化对国家的治理，是指在网络化的社会环境下，将大数据和人工智能技术融入国家治理之中，实现政府决策、社会治理、公共服务三个层面的智慧治理、精准治理、高效治理、科学治理。党的十九大以来，习近平总书记两次主持中央政治局会议分别就大数据和人工智能进行集体学习，并指出"要运用大数据提升国家治理现代化水平"，同时"要加强人工智能同社会治理的结合……运用人工智能提高公共服务和社会治理水平"。根据中国互联网络信息中心发布的第47次《中国互联网络发展状况统计报告》，截至2020年12月，我国网民规模达到9.89亿，互联网普及率达70.4%，手机网民规模9.86亿，网民中使用手机上网人群占比99.7%。一方面，大数据和人工智能通过对网络化现实社会形成的数据资源进行数据、信息、知识、价值和趋势"五位一体"的交互转换和关系重构，引领了社会生产新变革，创造了人类生活新空间，拓展了国家治理新领域，极大提高了人类认识世界、改造世界的能力，为国家治理现代化的理论和实践提供了包括特征、思维、技术、方法等维度的崭新视阈。另一方面，人类文明正在信息化的基础上，经历着进一步数据化、智能化的转型。在此背景下，我国要建成社会主义现代化强国，实现"两个一百年"的宏伟目标，不仅需要在科学技术层面实现突破，还需要将大数据智能技术运用到国家治理活动中。可以说，大数据智能化是国家治理现代化发展的重要构成与必由之路。

近年来，国家治理中的大数据智能化问题逐渐成为学界的研究热点。有学者认为，技术与治理的结合主要包括三个论题：社会问题如何被识别和解决，谁有权力识别和解决问题，社会可能性如何被化简。大数据智能化融入国家治理，其核心要义就是在政治的维度上回答上述三个问题。治理主体通过大数据和智能技术识别、解决国家治理中的问题；明晰大数据和智能技术的运用权限和边界；通过在国家治理中的大数据智能化来提升国家治理效能。不少学者就国家治理中大数据智能化的具体问题开展了诸多研究。有学者提到"政府信息化阶段、电子政务阶段和数字政府阶段"是运用信息技术开展国家治理的三个阶段。大数据智能化正在驱动向第三阶段的变革转型，为国家治理带来现代化革命。大数据的"嵌入"国家治理，是助推转型成功的重要引擎。在具体的实施路径中，有学者提到要"以大数据为治理依据、以算法为治理核心、以算力为治理支撑"，构建起智慧治理的框架。从学界的现有研究成果来看，较多学者以政治学的机制解释为切入点，注重探讨国家治理大数据智能化"是什么""怎么办"的问题。这在为我们提供了更宽阔的学术视野和更丰富的学术资源的同时，也显现出一个巨大的研究空间：从人、技术、国家三者交织的宏观视角下，我们"为什么"需要国家治理大数据智能化。本文尝试从价值、困境、实现三个维度展开分析，以期回答上述问题。

一、国家治理大数据智能化的内涵和价值分析

大数据智能化实质是为国家治理提供信息、决策和管理的精准技术支持，在践行"以人民为中心"的国家治理理念、助推构建现代化的国家治理体系、助力提升全面的国家治理能力等方面体现理论和实践价值。

（一）国家治理大数据智能化的内涵

大数据是一种技术性的概念，它指通过记录人在日常生活中使用互联网留下的数据轨迹，经过存储、挖掘、整理、分析过程而形成的数据集合。大数据的本质是一种信息资产，它能够帮助人拓展认识，科学决策，最终影响到人的实践活动。作为一种技术，大数据的客观存在，将会全方位地影响人的生活。智能化是社会发展的趋势。智能在这里特指"人工智能技术"。人工智能技术能够在大数据记录和保存人的行为数据基础上，以高计算能力的计算机为硬件，通过深度学习等新的算法逻辑，模拟人脑的思维开展分析，并影响人的行为决策，甚至代替人进行决策。因此，大数据智能化是指大数据通过人工智能实现大数据的智能化应用，即以大数据为基础的，融合了超级计算机、云计算、物联网等智能技术手段的科技方法，是一种高技术的产物。大数据智能化主要体现在智能产业、智能制造、智能应用等领域的应用。社会智能化的显著表现是机器能够代替人完成一部分脑力劳动，甚至比人完成得更好。智能化作为信息技术的集成体现，不少学者认为其将深度影响我们的社会生活。工业4.0时代的智能技术将从"动力—理念—技术"三个层面实现对政府组织的全貌再造。有学者认为，在国家治理领域，大数据将"重塑治理结构与决策过程，建构更为平权化的治理模式"。由于对治理主体认知的不同，在学界的研究中，国家治理的概念有着不同的认识。我们通常理解的政府治理模式，是"由上而下"的治理。在这种模式中，对政府行政系统是治理的主体，治理就是政府在公共事务上行使权力的过程。随着经济全球化和公共管理理论的发展，一元化的治理模式已逐渐不能满足社会需求。有不少学者认为，治理和统治有所区别。国家治理是社会广泛参与，在一定的制度框架内，政府、市场、社区、社会组织、普通民众等参与的一种多元管理模式。在这种理解框架下，国家治理由政府单主体，转变为"政府主导、多主体共存"的模式。从治理模式的演变我们可以看到，国家治理水平的提升过程，往往体现出一种"下沉"的过程。国家治理的现代化水平越高，参与治理的主体就越多，那么影响治理效能的其他因素就越多，如法律因素、道德因素、社会组织因素、人口素质因素等。依据不同的影响因素，国家治理就有了法律路径、制度路径、道德路径等多重路径。在信息技术日新月异的今天，每个人都与技术紧密联系，不可分割。技术路径在国家治理中的重要性提升到了前所未有的高度。学界对国家治理中技术路径的研究由来已久，主要包括技术中介理论和技术行为理论两个领域。技术中介理论认为，技术不仅关联和调节着人与自然的关系，还形塑着人的实践方式，改变着人的认知。技术作为一种人造物，它通过影响人的认知和行为，改变了人的生活方式，进而作用于社会形态。因此，拉图尔、海德格尔等学者都倾向于这样一种论断：人可以通过技术创造人工物来治理国家，技术在国家治理中扮演着中介的角色。此外，斯金纳等技术行为理论的研究者认为，由于人的行为由周围环境和自身条件所决定，技术可以通过设计和改善"人的进化条件""个体生存条件""社会文化条件"，进而改变人的生活方式，达到国家治理的目的。大数据和人工智能的汇流提升了技术的中介作用，也使国家治理更加依赖技术。人在大数据智能技术营造的环境中实践、认知、再实践，这个循环往复的过程，即是数字化生存的过程。如何有效治理由"数字化生存的人"构成的国家和社会，是国家治理现代化必须面对的问题。所以，国家治理中的大数据智能化，是一种基于大数据和人工智能技术的国家治理技术路径。

（二）大数据智能化在国家治理中的价值分析

在国家治理中运用大数据智能化，能够有效创新行政方式，提高行政效能，进而充分发挥社会主义的制度优势。

1. 践行"以人民为中心"的国家治理理念

党的十九届四中全会强调,要发挥我国国家制度和国家治理体系的显著优势,就需要"坚持人民当家作主,发展人民民主,密切联系群众",同时"坚持以人民为中心的发展思想,不断保障和改善民生、增进人民福祉"①。随着网络化现实社会的发展,网络逐渐融入人们社会生活的方方面面,人们的基本信息、社会活动、社会交往等都被网络以数据化方式采集聚集,进而形成了具有Volume（规模性）、Variety（多样性）、Velocity（高速性）、Value（价值性）和Veracity（真实性）的5V特征的大数据。大数据来源于人们的社会实践活动,它是人的社会实践活动以数据化的形式的呈现和表达,是人们的社会实践活动的真实镜像。因而利用大数据这一现代化智能化手段进行国家治理应坚持以人民为中心的理念,做到坚持人民主体地位,坚持立党为公、执政为民、践行全心全意为人民服务的根本宗旨,把党的群众路线贯彻到治国理政的全过程中,把人民对美好生活的向往作为奋斗目标。一方面,以大数据为切入点,能够让国家治理的普遍性、针对性、现实性、契合性都得到明显提升,也充分体现了党和国家将人民群众置于中心位置,尊重人民群众的主体地位这一治理理念。另一方面,大数据智能化以客观量化的方式为国家治理现代化、坚持人民的主体地位、精准认识社会发展现状提供了丰富的资源,从而为国家治理的科学决策提供了有效的支撑。实现国家治理大数据智能化,是"确保人民依法通过各种途径和形式管理国家事务,管理经济文化事业,管理社会事务"的有效技术路径。习近平总书记高度重视信息技术革命对国家治理的影响,对网信工作和网络强国作出系列重要讲话,强调大数据智能化在国家治理现代化中的重要作用。

首先,大数据智能化能够覆盖人民群众的社会实践活动,超越了传统调查问卷或者走访调研的限制,确保对象即样本,样本即对象,使国家治理的信息收集直接对应人民群众的生活,具备广泛性。其次,大数据智能化是人民群众在自主状态下社会实践活动的客观记录,准确反映了人民群众的行为规律和价值取向,保证了信息的客观性,使国家治理的依据更加贴近现实情况。再次,大数据智能化通过计算机网络的实时采集、高速传输、及时处理和可视化展现,能够保证政府决策及时出台、社会治理及时跟进、公共服务及时提供,大大提

---

① 中共中央关于坚持和完善中国特色社会主义制度　推进国家治理体系和治理能力现代化若干重大问题的决定［N］．人民日报,2019-11-06（1）．

升了国家治理的时效性。最后，大数据智能化将人民群众社会实践各方面的数据进行关联分析和智能预测，能够联动起认识、预测、决策的三个节点，为国家治理提供综合治理的科学参考依据。党的十九届四中全会强调，要"注重加强普惠性、基础性、兜底性民生建设，保障群众基本生活。满足人民多层次多样化需求，使改革发展成果更多更公平惠及全体人民"。借助大数据智能化，政府与群众能够建立起更紧密的联系。政府可即时、全面地了解群众的诉求，群众也可通过大数据智能化技术有效参与到国家治理的社会生活之中。可以看到，大数据智能化的运用使政府在处理信息的各个环节中都凸显出人民群众的主体地位，为国家治理现代化提供了科学价值的社会现实认识，有助于决策者科学把握人民群众对于美好生活的多样性、多层次、多方面需求特征，了解国家、社会、个人的生活样态，有利于考察和关注新时代我国的新矛盾、新需求、新表现。

2. 助推构建现代化的国家治理体系

实现国家治理现代化，亟须建立起政府、社会、公民协同共治、共建、共享的国家治理体系。党的十九届四中全会认为："社会治理是国家治理的重要方面"，我们应"建设人人有责、人人尽责、人人享有的社会治理共同体"①。随着数据规模的扩大及内容的全面、复杂程度的提高，数据覆盖了社会经济各个领域和现实社会的人的各种实践活动。大数据通过对每个"现实社会的人的实践"数据化的聚合，通过在大规模的数据中有效消除个别数据的偏差问题，形成更加准确的群体行为规律的有效分析。它从总体上反映出社会群体的共同性特征和发展性规律，将人是"一切社会关系的总和"的感性认识转向理性研究。在人工智能技术的助力下，政府、社会、公民三者能够通过数据链接和协同起来，在国家治理中发挥各自的功能，使国家治理体系朝着更现代化方向发展。大数据智能化改变了传统逻辑推理形成因果性关系的思维范式，通过对数据进行人工智能自主学习和深度挖掘，建立了各个领域数据之间的数理变化关系，并由数据结论建立传统方法难以发现的各个领域之间的相关性关系。

大数据智能化能够推进健全中国共产党总揽全局、协调各方的领导制度体系，把党的领导落实到国家治理各领域各方面各环节。网络化现实社会的环境使得政府能够获得充分的数据资源。这些数据包括：政府在社会管理、提供公共服务以及内部管理中产生的税务、工商、教育、交通、卫生、公安、民政等

---

① 中共中央关于坚持和完善中国特色社会主义制度　推进国家治理体系和治理能力现代化若干重大问题的决定［N］．人民日报，2019-11-06（1）．

政府数据；政府机构专门采集的经济普查、人口调查、气象、遥感、测绘、环境等社会数据；企业在经营管理、市场服务过程中产生的商品交易、物流配送、网络社交、电信服务等企业数据；公民在社会活动中产生的行为轨迹、收入消费、社会交流、个人媒体等公民数据。它们是随着大数据智能化的产生而形成的新的广义上的政务数据。这些广泛覆盖的政务数据和智能化的政务数据提供了国家治理中大数据智能化的技术基础，并为传统国家治理中自上而下的结构化管控模式提供了创新改革的客观条件和契机。具体来看，首先在国家治理领域，利用大数据智能化技术分析国家治理各个领域之间的因变关系和相互影响，发掘和判断各个领域的相关性程度。接着在明确了相关性的基础上，通过研究数据关联的递进路径，基于实践活动中相互纠缠的因果性关系，建立起相对应的治理体系。再以科学的数理关系建立政府、社会、市场和公民以及政府各部门机构之间改革和改进的联动和集成，推进技术、业务、数据的融合，实现不同层级、不同地域、不同系统、不同部门的协同参与治理和提供服务，发挥总体效应，进而形成统筹安排、资源共享、协调发展、合作共赢的国家治理体系。

3. 助力全面提升的国家治理能力

增强运用国家制度管理社会各方面事务并作出决策的能力是实现国家治理现代化的一个重要方面。在传统的国家治理中，决策方式主要体现为政治精英和业务专家依靠其知识、经验，依据过去事实作出经验理性的判断。在当今高复杂度的社会中，高新技术日新月异、社会问题纷繁复杂、人们的思想观念不断更新，传统决策方式显然难以应对。而大数据智能化从人们的社会实践活动出发，通过数据的采集汇集和智能的挖掘分析，还原数据映射的社会经济发展现状、人们的行为特征和思想状况，进而对公共需要和政策影响进行趋势预测，并且采取定量化、可视化、趋势化的形式展示，形成国家治理量化科学治理的模式。

此外，大数据智能化还能解决传统国家治理难以应付的决策难题。它从各种社会问题和各个治理环节中厘清内在联系和关联关系，综合分析风险因素，提高对风险因素的感知、预测、防范能力，明确解决问题的相关影响因素，对政策制定中的整体性和单一性、统一性和差异性、长期性和阶段性、政策链条和环节、顶层设计和分层对接提供精准决策支撑。需要指出的是，国家治理现代化是一个长期持续的过程。我们需要发挥我国政治体制带来的"坚持改革创新、与时俱进,善于自我完善、自我发展,使社会充满生机活力的显著优势"①。随着时代的发展变化,人们的社会实践活动和需求也在不断发生变化,这要求国家治理具备与时俱进、因时而变的及时应对能力。大数据智能化通过对网络的现实社会在时间、空间上的长期性、连续性的数据采集和智能分析,构建了具备时间和空间跨度的立体数据结构,其实质是从时空维度反馈社会经济的发展过程。因此,国家治理现代化应充分发挥大数据智能化及时性、连续性的特征,建立由大数据智能化辅助的国家治理能力的评价、反馈和调剂机制,进而促成国家治理能力的全面提升。

二、大数据智能化在国家治理中的现实困境

大数据智能化在实现国家治理中的内涵价值同时,也在技术和人才、隐私和安全、嵌入和融合等方面面临现实的困境。其中,技术和人才是国家治理大数据智能化的基础,隐私和安全因素直接制约了国家治理大数据智能化的发展,同时在国家治理大数据智能化实施中也面临嵌入和融合的问题。

(一)技术和人才问题

技术和人才问题,是影响实现国家治理大数据智能化的根本因素。拉图尔的存在主义研究认为,人在利用技术的时候,会受到技术本身具备的"激励"和"抑制"功能影响,其行为不再是单纯的人的行为,而是一种人与技术的复合体行为。拉图尔的技术行为中介论固然有其弊端,但他的研究说明:技术和人才,是通过技术路径开展国家治理的最基础、最根本要素。但事实上,在大数据智能化领域,我国仍然存在较大的技术差距和人才缺口。大数据智能化形成和发展的根本基础在于互联网以及应用情景的普及。但我国大数据技术和人才发展的速度,显然没有跟上互联网应用情景的发展速度,甚至出现差距较大的情况。同时,我国在互联网领域也存在着发展不平衡、不充分的问题。根据中国互联网络信息中心的统计报告,截至 2020 年 12 月,我国城镇网民占比 68.7%,城镇地区互联网普及率为 79.8%,农村网民占比 31.3%,农村地区互联网普及率为 55.9%。我国互联网发展呈现出明显的城乡差别。互联网基础设施和网络普及率的不均衡导致在国家治理过程中,大数据智能化的覆盖率不足,在部分领域数据价值较低。这些数据都指向一个现实困境:要实现国家治理中广泛运用大数据和人工智能,技术硬件和软件都存在较大的差距。另外,即使

---

① 中共中央关于坚持和完善中国特色社会主义制度 推进国家治理体系和治理能力现代化若干重大问题的决定[N].人民日报,2019-11-06(1).

在互联网普及率较高的地区，因为政务数据采集和管理上没有规范标准、缺乏统筹规划，导致了数据定义不统一、数据系统性较差、数据连续性不够、数据精确化不足、开发利用率低等问题。同时，由于业绩考核等压力，一些部门的部分政务数据存在填报不准确等问题，这也造成了数据的失真，从而影响数据信息的效度和信度。更为重要的是，国家治理面临大量的数据资源，但大数据采集、处理、存储、管理和安全、智能化分析和挖掘及大数据智能化结果可视化表达等领域均缺乏核心技术。并且，国家治理中大数据智能化的开发利用需要既精通技术手段又熟悉政务运行的复合型人才，数据价值才能彰显。因此，如何在国家治理大数据智能化层面，落实党的十九届四中全会强调的"坚持德才兼备、选贤任能，聚天下英才而用之，培养造就更多更优秀人才的显著优势"，是急需思考和解决的问题。

（二）隐私和安全问题

隐私和安全问题，是影响实现国家治理大数据智能化的直接因素。通过技术路径开展国家治理，就必须面对技术导致的权力变化。一般来讲，权力之所以存在，是因为当权者占有某种社会资源，如土地、工业资本等资源。当信息技术成为国家治理中的重要资源，数据和智能算法成为一种治理资产的时候，数据资源占有将不可避免地导致出现社会成员的隐私和安全问题。大数据智能化的本质在于对网络化现实社会的镜像反映。首先现行科层制国家治理体制中的"纵向等级管理、横向分工合作"，形成了各级政府和政府部门之间的分工分层，这必然映射到大数据智能化治理之中。然而，这种"现实—网络"的映射，并不能应对信息技术对传统权力结构的冲击。卡斯特曾以"流动的权力优先于权力的流动"来描述网络时代的权力结构。谁掌握数据资源，谁就掌握了相当大的权力。实际上，部分政府和非政府机构拥有大量有价值的数据资源，但由于数据资产的重要性、资本和利润的影响、相关制度缺位、人员的技术素养较欠缺、保存和利用数据的意识不足等客观和主观原因，部门之间难以实现技术共享，数字权力的分布不均，逐渐形成了"技术壁垒"。这种"技术壁垒"的存在，显然与"党委领导、政府负责、民主协商、社会协同、公众参与、法治保障、科技支撑的社会治理共同体"建设理念不相适应。其次，数据来源多元化，使各部门间联通和协调数据的难度增大。数据采集程序和政府运行流程之间的差异，可能会造成数据的获取和分析与国家治理实践出现脱节的问题。一个环节的数据滞后将造成大数据智能化治理的停滞，影响实效性和时效性。此外，在追求国家治理数据开放共享的同时，数字权力的分散，权力结构的扁平化，也会导致数据隐私和数据安全问题。政府凭借数据资源占有和智能化分析能力，具备前所未有的全面采集、监控社会和公民信息的能力。但与新技术相适应的社会伦理和规则总是滞后于科学技术的进步，因此新技术在传统规则中运行的过程中，存在信息垄断挑战公平、信息披露挑战权威、结果预判挑战自由的问题。这些问题是在利用大数据技术提升国家治理效能的过程中不可避免产生的发展代价，也是必须正视的负面效应。如何构建相应的数据使用法律法规，在保障公民数据隐私的前提下，合理利用大数据智能化为国家治理提供帮助，是数据安全责任和数据伦理道德所需要思考的重要问题。在推进国家治理大数据智能化的过程中，应健全相应的监督体系，强化对"数据权力"运行的制约和监督，在数字领域也应有党的统一领导、全面覆盖、权威高效的监督体系。

（三）嵌入和融合问题

嵌入和融合问题是影响实现国家治理大数据智能化的隐性因素。在历史上，不乏各种新的技术介入国家治理。但技术如何与国家治理有效结合并嵌入治理实践中，进而融合为国家治理的一部分，通常是被忽视的问题。大数据智能化是一场全新的技术变革，将大数据智能化技术嵌入、融合到传统的国家治理理念、方法中，面临着诸多困境。以泰勒为代表的技术治理主义者认为，国家由科技精英掌握政治权力，技术就可以与社会结合；技术恐惧论者则拒绝将技术纳入国家治理之中，认为技术会导致人和人类社会的异化。但实际上，就如马克思在《资本论》第一版的序言中提到的："现在的社会不是坚实的结晶体，而是一个能够变化并且经常处于变化过程中的有机体。"[①] 大数据智能化技术也是社会有机体的一部分。但目前，大数据智能化技术有机融入国家治理仍存在一些问题。首先，大数据智能化要求国家治理由政府主导的管理转向社会参与的治理，由传统科层制治理体系转向扁平化结构，建立政府机构间适应大数据智能化的合作联动机制。这对政府的组织结构、制度规范、程序流程提出了挑战。其次，大数据智能化由网络化现实社会的客观量化出发，通过智能化方法形成社会现实的判断，其结果可能与国家的现实情况、人民的现实需要有所出入。由于认识来源方式的区别，造成的认识结果的偏差；如何有效将大数据智能化与国家治理的实践相结合，都是需要破解的问题。最后，数据本身来源于人，但要依靠技术的手段进行搜集和分析，容易使人落入工具理性的泥沼。经过数

[①] 中共中央马克思恩格斯列宁斯大林著作编译局. 马克思恩格斯文集：第五卷 [M]. 北京：人民出版社，2009：10-13.

据分析得出的结论可以为国家治理提供参考,但如果完全用数据代替现实的人,将陷入"大数据智能化的陷阱",忽视人的社会属性和人文追求,失去感性价值和人文关怀,造成大数据智能化的技术异化。党的十九届四中全会强调"坚持人民当家作主,发展人民民主,密切联系群众,紧紧依靠人民推动国家发展"是我国国家治理领域的显著优势,如何在发展技术、利用技术的同时,维护人民的主体性,并进一步发挥以人民为中心的优势,是需要深入思考的问题。所以,在国家治理大数据智能化发展的过程中,更需坚持走共同富裕道路的基本理念,以保障和改善民生、增进人民福祉为目标。

三、大数据智能化在国家治理中的实现路径

推进国家治理中的大数据智能化,需要实现理念变革,树立战略思维,在技术治理的新模式下开展国家治理;有机融合,构建共享体系,从全民参与治理过程,到全民享有治理成果;有序实践,建立运行机制等有效路径,使国家治理的大数据智能化能够稳步推进。

(一)理念变革:树立大数据智能化在国家治理中的战略思维

在传统的社会治理中,治理理念往往围绕"法制路径""道德路径""制度路径"三方面来进行设计。随着信息技术的不断发展,人类社会也愈发呈现出网络化的生存生活样态。大数据智能化将逐渐由一项技术发展为网络化现实社会的一种现象,并影响人们的实践方式和认识方式。树立国家治理中大数据智能化的战略思维,其本质就是要将国家治理的技术路径作为一种理念层面的考量。党的十九届四中全会强调:"坚持和完善中国特色社会主义制度、推进国家治理体系和治理能力现代化,是全党的一项重大战略任务。"① 国家治理应该主动适应这种发展趋势,并将其融入战略层面,在理论和实践中树立大数据智能化理念,使信息技术能够充分应用到现代化的国家治理之中。国家治理理念的变革,将直接影响到人才培养、技术发展的布局,也能够从顶层设计上,为技术有机融入治理实践提供有效助力。具体来说,首先,在国家治理现代化过程中应当由定性化的经验决策,向先定量、再定性,二者有机结合的科学决策转变。政府部门应在实践中不断探索,逐步建立起数据思维,充分发掘和利用数据资源,将国家治理与大数据智能化深度融合,创造性地推动国家治理现代化发展。各级政府和领导干部要主动学习、理解和使用大数据智能化,树立大数

---

① 中共中央关于坚持和完善中国特色社会主义制度 推进国家治理体系和治理能力现代化若干重大问题的决定[N].人民日报,2019-11-06(1).

据智能化的资源意识、价值意识、思维意识和运用意识,确立服务为民、科学务实、全面立体和动态及时的原则,在国家治理中建立适应大数据智能化发展的治理原则和理念。同时,还要重视真实数据的收集处理、完整数据的存储管理、系统数据的关联关系、基于数据的智能分析、结果数据的可视化展现,发挥政府、社会和市场的作用。其次,完善大数据智能化发展的相关标准规范,建立统一的元数据标准体系。标准的建立不仅能够有效降低成本,还有助于人才和技术进入相关领域,促进相关领域的发展。最后,制定大数据智能化发展的法律法规,有效保证数据开放共享、数据安全保障和个人隐私保护,在法制化环境下推动国家治理的大数据智能化。

(二)有机融合:构建大数据智能化在国家治理中的共享体系

前文提到,技术是社会有机体的一个部分。政府、社会、公民是社会有机体的基础性要素。要想将技术有机嵌入、融合到国家治理之中,使国家治理的技术路径成为常规性路径,就需要将大数据智能化技术与政府工作结合,与社会组织结合,与公民的日常生活结合。党的十九届四中全会强调,要"坚持和完善共建共治共享的社会治理制度,保持社会稳定、维护国家安全"①。大数据智能化背景下的国家治理,离不开政府、社会、公民的协同。共享体系的建立是国家治理"人人有责、人人尽责、人人享有"的客观诉求。互联网使信息越来越碎片化,使权力结构越来越扁平化,在新时代改进国家治理的重要手段,就需要利用大数据智能化技术,使治理主体更加多元化。首先,有效开展协同依赖于共享平台的搭建。政府需要加强数据基础设施建设和网络应用普及推广,缩小不同地域和部门之间的技术差距,建立起信源统一接入、信道统筹传导、信宿普遍覆盖、研判与决策多部门联动的大数据治理共享平台。该平台能够以数据集中和共享为途径,推进技术、业务、数据融合,实现跨层级、跨系统、跨部门、跨业务的协同管理和服务,提供一体化在线服务。其次,政府需要建立起共享的政策。例如通过详细制定技术规范和法律法规,根据政府、社会、市场和公民数据的本质特征和核心价值,对数据进行分类确权,划分公开数据和隐私数据、群体数据和个人数据、全局数据和局部数据、原始数据和结果数据,按类别进行约束管理。再次,政府需要建立起共享的数据库,使数据得到有效的保存、分类、使用,让数据共享不会侵犯到个人和集体的利益。具体来看,采取区块链方式,分布式数据存储、点对点传输,达成共识机制和加密算

---

① 中共中央关于坚持和完善中国特色社会主义制度 推进国家治理体系和治理能力现代化若干重大问题的决定[N].人民日报,2019-11-06(1).

法，建立以应用为目的的数据共享体系，降低元数据扩散的范围，控制数据结果的使用对象，然后维持各级政府和部门按照职能划分分别存储数据的方式，同时通过建立分布式存储的数据之间的关联关系，按照数据分类确权的管理方式确定使用范围。最后，各级政府和部门按照数据管理权限在降低元数据扩散的前提下，通过数据交换方式调用相关部门的数据系统进行智能化处理，从而实现大数据智能化的共享。同时，还要通过政府和企业、科研院所、高校的合作，完善政务与技术的合作模式，为国家治理的大数据智能化提供智力支持和人才保障。人的行为总是依托于各种需要的。当数据本身成为一种资源的时候，对数据的需要就会产生。大数据技术和智能技术带来的资源共享，能够有效调动起社会各方力量参与到国家治理之中，以达到由共享的需要来带动共享与共治的目的。

（三）有序实践：建立大数据智能化在国家治理中的运行机制

任何国家治理的技术路径，都既需要宏观的理念设计、中观的体系建设，又需要建立起有效的运行机制，来应对实践中产生的各种微观问题。国家治理的大数据智能化，需要一整套完善的运行机制，以解决隐私问题、安全问题等现有国家治理中存在的障碍。党的十九届四中全会强调，要"着力固根基、扬优势、补短板、强弱项，构建系统完备、科学规范、运行有效的制度体系，加强系统治理、依法治理、综合治理、源头治理"[①]。技术本身是一把双刃剑。技术负面效应的产生不只是因为技术本身的缺陷，更多是源于人在具体使用技术的过程中，由技术运行环境对人产生的影响。在国家治理中建立起有效的大数据智能化运行机制，能够提升治理效能，同时最大限度地降低技术带来的社会负面效应。国家治理现代化，需要针对信息共享、资源统筹、工作协调不够等问题，通过充分发挥大数据智能化的技术优势，建立"用数据说话、用数据决策、用数据管理、用数据创新"的管理机制，进而提高国家治理科学决策能力、社会治理效率和公共服务水平。首先，转变传统的治理思维和决策习惯，建立"数据驱动的决策方法"，增强对社会经济发展基本规律和发展趋势的研究，优化顶层设计、政策制定、资源配置的决策机制，让数据成为科学决策的重要辅助工具。其次，用大数据智能化手段感知社会态势，推进社会治理的精准化与预见性。通过数据的关联分析，建设跨部门、跨系统的社会治理联动机制，发挥各自部门的作用，相互衔接、互为补充，形成社会治理的合力。发挥大数据

---

① 中共中央关于坚持和完善中国特色社会主义制度 推进国家治理体系和治理能力现代化若干重大问题的决定[N].人民日报，2019-11-06（1）.

智能化及时性特征，建立社会治理的快速响应机制，动态调整社会治理的路径和方法。尤其加强人工智能在公共安全领域的深度应用，综合分析风险因素，提高对风险的感知、预测和防范能力。最后，统筹发展电子政务，运用大数据智能化促进保障和改善民生，以大数据智能化提升人民对于公共服务的获得感。通过数据的聚合实现业务的整合，对已实现数据共享的审批流程，采取一站式审批，由事前审批转向过程监管，让数据多跑路，老百姓少跑腿。

综上所述，大数据智能化作为一种技术路径，能够为国家治理现代化提供丰富的资源、有效的方法，形成科学的辅助支撑。随着网络化程度的提升和技术的演进迭代，这种技术路径必将展示出更大的价值。当然，科学技术总是"双刃剑"，在国家治理现代化的过程中应趋利避害地运用。同时，我们更应清楚地认识到国家治理现代化面对的是全社会的人民群众，任何科学技术都只是手段和方法。从根本上牢固树立"以人民为中心"的国家治理思想，坚持源于人民、服务人民、为了人民的宗旨信仰，切实满足人民对于美好生活的需要，国家治理才能迈向现代化。

（作者系重庆市中国特色社会主义理论体系研究中心重庆邮电大学分中心研究员；本文刊载于《重庆社会科学》2021年10月16日第10期）

第六篇　学思践悟

怎么理解"过紧日子"

仰义方

突如其来的新冠肺炎疫情，是新中国成立以来传播速度最快、感染范围最广、防控难度最大的重大突发公共卫生事件。党的领导和社会主义集中力量办大事的制度优势、雄厚的物质基础和强大的生产能力、超大规模市场和巨大内需潜力、政府不断提高的经济调控能力等，为保持中国经济韧性、激活中国经济潜力奠定了基础。总体来看，疫情对我国经济的冲击是短期的、可控的，我国经济稳中向好、长期向好的基本趋势不会改变。

疫情防控，不可避免带来假期延长、员工返程延迟、企业复工延期、整体投资力度减弱等问题。这对我国交通运输业、服务业、旅游餐饮业、文化娱乐业等产生直接冲击，给企业正常经营造成一些困难，也对财政收入造成一定影响。财政部统计数据显示，2020年1至2月，全国一般公共预算收入同比下降9.9%，其中税收收入下降11.2%，非税收入仍保持一定增长，但增速回落。

新冠肺炎疫情对中国经济发展造成的负面影响，特别是短期内带来的综合影响不容忽视。面对疫情大考，在财政收支矛盾加大的情况下，要牢固树立"过紧日子"的思想。习近平总书记强调："党和政府带头过紧日子，目的是为老百姓过好日子。"①

从政府层面看，疫情对政府财政收入带来的直接影响，在财政运行上突出表现为"减收增支"，财政收支平衡压力增大。为此，各级政府要时刻保持忧患意识，一方面，将钱用在刀刃上，坚持刚性支出不能减少，严格控制行政管理经费和支出，严格进行优先性排序，加大转移支付补助力度，节约资金用于改善民生，切实增强保工资、保运转、保基本民生的能力，将财政兜底保障工作

---

① 中共中央党史和文献研究院、中央"不忘初心、牢记使命"主题教育领导小组办公室. 习近平关于"不忘初心、牢记使命"论述摘编[M]. 北京：党建读物出版社，中央文献出版社，2019：245.

做到落地有声，为疫情防控和经济社会发展"双胜利"提供有力的财政支持；另一方面，加大宏观政策调控力度，遵守预算管理制度，从严从紧管好财政支出，提高财政资源配置效率和使用效益，做到"花钱必问效、无效必问责"，让每一分钱花出效益，让有限的财政资金发挥最大作用。

从企业角度来看，为减缓疫情对全球经济和产业链的负面影响，在做好企业复产复工的同时，还应让利于企业，确保企业能渡过难关。其中，减税降费就是增加企业"钱袋子"、拉动经济增长的一个举措。例如，减税降费拉动2019年当年GDP增长0.8个百分点，拉动固定资产投资增长0.5个百分点，拉动社会消费品零售总额增长1.1个百分点，为保持经济总体平稳、稳中向好的发展态势发挥了重要作用。

面对疫情，用政府收入的"减法"换来企业效益的"加法"，要充分利用政策工具箱，发放企业减税降费"大礼包"，真正让企业轻装上阵、放手发展、激发动能。近日，不少地方以金融政策支持为企业纾困解难。如重庆市9部门出台多种减免政策扶持个体工商户恢复营业，对2020年6月30日前到期、单户贷款规模1000万元以下的，支持银行将贷款本金展期6个月，利息缓期6个月，免收罚息，各融资担保机构配合做好同步续保，并缓收担保费，为企业发展雪中送炭，帮助企业共渡难关，有助于增强经济高质量发展的信心。

从个体来看，疫情对经济社会的影响涉及多个领域行业，在财政吃紧的情况下，厉行勤俭节约、反对铺张浪费应成为全体公民的共识。"成由勤俭败由奢"，大至一个国家，小到每一个人，都应注重勤俭节约。作风连着党风，党员干部要带头以身作则，将艰苦奋斗、厉行节俭化为思想和行动自觉，为群众做好表率。

（作者系重庆市中国特色社会主义理论体系研究中心重庆邮电大学分中心研究员；本文刊载于《光明日报》2020年3月30日第02版）

乡村建设既要重"硬件" 也要重"软件"

钟星星

2022年中央1号文件指出,扎实有序做好乡村发展、乡村建设、乡村治理重点工作,推动乡村振兴取得新进展、农业农村现代化迈出新步伐。乡村建设被摆在社会主义现代化建设的重要位置。

党的十八大以来,乡村建设全面提速,取得了历史性成就。2021年,全国农村卫生厕所普及率预计超过70%,生活垃圾收运处理的自然村比例稳定保持在90%以上,化肥和农药使用量连续5年负增长,农产品质量安全监测总体合格率97.6%,农村人居环境明显提升,通村组路、农村供水、乡村物流持续改善。但我国乡村建设的基础弱、起点低、短板多、进展慢,仍然是制约乡村发展的突出瓶颈,2021年农村居民人均收入不足城镇居民的40%,人均消费仅为城镇居民的52.5%,农村人口下降到5亿以下。

破解乡村发展困境,关键在于提升乡村建设的质量。一方面,要持续加强公共基础设施建设,全面改善水、电、路、气、房等硬件建设,给农村发展创造更好的外部环境;另一方面,要缩小城乡差距,加快补齐农村公共服务短板,促进城乡公共服务均等化,为农村发展创造更好的软件环境。

乡村建设要兼顾"硬件"与"软件",这是实现农业农村现代化的必由之路。众多发达国家在现代化进程中都重视推进乡村综合建设,如德国"村庄更新计划"、韩国"新村运动"、日本"造村运动"、英国"英格兰乡村发展计划"等,其共同之处就是既注重基础设施等硬件建设,又注重公共服务、文化环境等软件发展。

在战略上,注重自上而下和自下而上的结合。"谋定而后动,知止而有得。"乡村建设要统筹发展战略,上接天气、下接地气。既要自上而下,顺应发展规律,合理确定村庄布局,不超越发展阶段盲目建设,明确建设时序,坚持数量服从质量、进度服从实效,求好不求快。又要自下而上,立足乡村现有基础,因村制宜、因需制宜,注意避免在"空心村"的无效投入,不搞大拆大建,防止"千村一面",更要防范村级债务风险。

在目标上,注重物质富裕和精神富足的结合。农村要强美富,不仅要强物质,还要强精神;不仅要美环境,还要美心灵;不仅要富口袋,还要富脑袋。要在加强物质条件建设的同时加强农村精神文明建设、思想道德建设、文化体育建设,弘扬和践行社会主义核心价值观,推动形成文明乡风、良好家风、淳朴民风,繁荣发展乡村优秀文化,实现物质富裕、精神富足。

在动力上,注重政府主导和农民主动的结合。"人之为己者不如己之自为也。"乡村建设为农民而建,也是农民为自己而建。一方面,政府要从"主引擎"变为"推进器",服务而不包办、站位而不越位,不断健全基层党组织领导乡村的自治、法治、德治相结合的治理体系,培养锻炼懂农业、爱农村、爱农民的"三农"工作队伍;另一方面,要坚持农民主体地位,激发农民的主动性,通过政策引领、环境育人、教育赋能、文化铸魂等手段培训新型职业农民,破解"政府干农民看"等难题。

在内容上,注重"硬中有软"和"软中有硬"的结合。乡村建设建的是民利,重的是民心。硬件建设也好,软件建设也好,都要实现农民利益,解决实际问题。在硬件建设上要注重农民的"软"需求。杜绝乡村建设和民需民情"两张皮"现象,要既促进生产又方便生活,既满足数量又提高质量。同时也要为软件发展提供更好的"硬"支撑。决心要硬,坚定不移坚持农业农村优先发展战略;措施要硬,把解决乡村公共服务痛点难点问题落脚到具体工作上,推进乡村管理服务数字化;落实要硬,责任要实、机制要全、执行要强,推动好的制度措施切实落地。

在特色上,注重现代生活和传统风貌的结合。"露从今夜白,月是故乡明。"乡村是很多人的家园故里与精神港湾。要加快城乡融合发展,改善人居环境,强化内在功能,重点加强普惠性、基础性、兜底性民生建设,让农村更具现代化的生活面貌。同时,也要守住乡土的根脉,注重保留乡村特色风貌,保护传统村落、传统民居和历史文化名村名镇,守住中华农耕文化的根脉。立足资源禀赋和特色优势,创新发展绿色农业、乡村文旅等产业,塑造农业农村新风貌。

(作者系重庆市中国特色社会主义理论体系研究中心重庆邮电大学分中心研究员;本文刊载于《光明日报》2022年2月25日第11版)

推进新时代教育改革发展伟大实践

郑 洁

认真学习《习近平总书记教育重要论述讲义》，要结合新时代人民群众对于教育改革发展的实际需求，明确中国特色社会主义教育的发展方向、发展目标，坚定信心，科学有序地推进新时代教育事业改革发展伟大实践。

党的十八大以来，以习近平同志为核心的党中央高度重视教育事业改革发展，习近平总书记发表了一系列重要讲话，作出了一系列指示、批示，提出了一系列新理念、新思想、新观点，形成了习近平总书记关于教育的重要论述。《习近平总书记教育重要论述讲义》（以下简称《讲义》）从根本上回答了中国特色社会主义教育发展的一系列方向性、根本性、全局性的问题，为中国特色社会主义教育事业指明了前进方向，提供了根本遵循。当前，我们要认真学习和贯彻落实总书记关于教育的重要论述精神，掌握其中的核心要义和思想精髓，把马克思主义基本原理同中国教育实践相结合，落实好立德树人根本任务。

坚持党的领导，把握好发展教育事业的根本保证。党的领导是中国特色社会主义教育事业发展的"定海神针"。习近平总书记在全国教育大会上强调，要全面加强党对教育工作的领导。加强党对教育工作的全面领导，是确保教育正确方向、走好新时代中国特色社会主义教育改革发展之路的根本保证。我国人口众多，教育规模居世界首位。但是，我国教育水平还存在区域差异和教育资源分配不均等问题。要解决我国教育改革发展中遇到的诸多问题，实现教育强国目标，就必须坚持在党的全面领导下进行教育改革。在《讲义》第一讲《教育事业的"定海神针"——坚持党对教育事业的全面领导》中，指出要从增强"四个意识"、坚定"四个自信"、做到"两个维护"，履行好领导责任、健全体制机制等方面加强党对教育事业的领导，并对如何加强和改进教育系统党的建设工作提出了建议。可以说，坚持党的领导是习近平新时代中国特色社会主义思想的重要组成部分，是习近平总书记关于教育工作的重要观点，也是发展好中国特色社会主义教育的根本保证。认真学习《讲义》，一方面要坚持党对教育事业的全面领导，做好教育改革发展的各项工作；另一方面要落实全面从严治党的主体责任，加强基层党组织和党员队伍建设，保证党在教育事业发展中的领导地位。

坚持立德树人，把握好教育的根本任务。落实立德树人根本任务，关乎党的事业后继有人，关乎国家前途命运。自古以来，社会的发展与进步和人才紧密相关。新时代中国教育的目的在于培养德智体美劳全面发展的社会主义建设者和接班人。在《讲义》第二讲《培养担当民族复兴大任的时代新人——坚持把立德树人作为根本任务》中，明确了中国特色社会主义教育的根本任务是什么、怎样实现根本任务，以及为实现根本任务提供了什么条件保障等。学校作为培养人才的重要场所，要牢牢把握住立德树人这一根本任务，明确这是检验学校一切工作的根本标准。当今社会各行各界越来越注重人才的全面发展，要通过健全国民教育体系，引导学生培育和践行社会主义核心价值观，成为德智体美劳全面发展的时代新人。认真学习《讲义》，把握好立德树人的根本任务，一方面要学习理解马克思主义关于人的全面发展的思想，从党和国家事业发展全局的高度出发来培养人才；另一方面要在坚定理想信念、培养爱国主义情怀等方面下功夫，引导社会主义建设者和接班人在实践中为实现中华民族伟大复兴的中国梦而奋斗。

坚持以人民为中心，把握好教育事业的根本立场。中国共产党以人民为中心的教育理念，反映了中国特色社会主义教育的价值追求。以人民为中心发展教育，是我国教育事业改革发展的出发点和落脚点，是办好人民满意教育的根本遵循。在《讲义》第六讲《增强人民的教育获得感——坚持以人民为中心发展教育》中，深刻论述了为什么我国教育要坚持以人民为中心、坚持人民立场的意义何在，以及怎样坚持人民立场等理论和实践问题，为新时代教育事业的发展指明了方向。当前，我国教育事业实现了较快发展，"有学上"这个问题基本得到解决，而要满足人民对于更好教育的期待，保证人民有更多获得感，关键在于保证教育发展成果惠及全体人民。坚持以人民为中心的教育立场，重点在于解决教育事业发展不平衡不充分的问题。因此，要优化教育资源，缩小教育差距，既要把教育"蛋糕"做大，也要把教育"蛋糕"分好，最终通过教育公平助力实现社会公平正义。认真学习《讲义》坚持人民至上的根本立场，一方面要办好公平且有质量的教育，全面推进素质教育，大力提高国民素质；另一方面要关心教育事业，积极参与新时代中国特色社会主义教育实践，与人民同呼吸，与时代共命运，为提高我国教育水平而努力奋斗。

坚持深化改革，把握好教育发展的根本动力。教育要发展，关键靠改革。

以改革创新促进教育公平、提升教育质量，是改革开放 40 多年来我国教育事业发展取得历史性成就的动力所在。新时代要继续把改革作为教育发展的引擎，推动我国教育体制愈发完善。习近平总书记关于深化教育改革创新的重要论述，吹响了新时代教育改革的新号角。在《讲义》第七讲《充分激发教育事业发展生机活力——坚持深化教育改革创新》中，深刻论述了我国教育事业改革的历史经验和现实意义，并站在全面深化改革的战略高度，指出教育改革是教育事业发展的根本动力，总结了推进教育改革的方法，以及如何抓住教育改革的痛点、难点和重点问题；提出深化教育领域综合改革的新要求，要从推进人才培养模式创新、深化办学体制和教育管理改革、解决教育评价指挥棒问题等方面着手，这为深化教育领域综合改革指明了方向。认真学习《讲义》，深刻理解教育改革发展的重要性，一方面要把教育放在优先发展的战略地位，统筹全局，加强顶层设计，努力破除制约教育事业科学发展的体制机制障碍，开启教育改革的新征程；另一方面要从实际出发，从问题出发，抓住教育改革发展的重大问题和群众关心的热点问题，勇于向积存多年的顽瘴痼疾开刀，坚定信心，将改革进行到底。

总之，认真学习《讲义》，要结合马克思主义基本立场、观点和方法，深入理解习近平总书记关于教育重要论述的精神实质，全面掌握党的十八大以来我国教育的发展历程和经验成就；要结合新时代人民群众对于教育改革发展的实际需求，明确中国特色社会主义教育的发展方向、发展目标，坚定信心，科学有序地推进新时代教育改革发展伟大实践。

（作者系重庆邮电大学马克思主义学院副院长、教授，重庆市中国特色社会主义理论体系研究中心重庆邮电大学分中心研究员；本文刊载于《中国教育报》2020 年 9 月 24 日第 05 版）

努力为党和人民争取更大光荣

郑 洁 徐紫妮

习近平总书记在庆祝中国共产党成立100周年大会上发表的重要讲话中指出:"历史川流不息,精神代代相传。我们要继续弘扬光荣传统、赓续红色血脉,永远把伟大建党精神继承下去、发扬光大!"① 党中央号召全体中国共产党党员,要牢记初心使命,坚定理想信念,践行党的宗旨,继续为实现人民对美好生活的向往不懈努力,努力为党和人民争取更大光荣。

欲知大道,必先为史。习近平总书记指出:"在中国人民和中华民族的伟大觉醒中,在马克思列宁主义同中国工人运动的紧密结合中,中国共产党应运而生。"② 从上海石库门、嘉兴南湖出发,我们党能够从一艘小小红船成长为领航中国行稳致远的巍巍巨轮,在于马克思主义理论武器掌握得好,中国共产党人的看家本领掌握得好。以史为鉴,可以知兴替。中华民族拥有在5000多年历史演进中形成的灿烂文明,中国共产党拥有百年奋斗实践和70多年执政兴国经验,并积极学习借鉴人类文明的一切有益成果。我们要用历史映照现实、远观未来,继续在自己选择的道路上昂首阔步走下去,把中国发展进步的命运牢牢掌握在自己手中,以马克思主义中国化最新成果武装头脑、指导实践、推动工作,确保党在新时代坚持和发展中国特色社会主义的历史进程中始终成为坚强领导核心。

心有所信,方能行远。习近平总书记强调:"一百年前,中国共产党的先驱们创建了中国共产党,形成了坚持真理、坚守理想,践行初心、担当使命,不怕牺牲、英勇斗争,对党忠诚、不负人民的伟大建党精神,这是中国共产党的

---

① 习近平. 在庆祝中国共产党成立100周年大会上的讲话[N]. 光明日报,2021-07-02(2).

② 习近平. 在庆祝中国共产党成立100周年大会上的讲话[N]. 光明日报,2021-07-02(2).

精神之源。"① 一百年来，中国共产党弘扬伟大建党精神，在长期奋斗中构建起中国共产党人的精神谱系，锤炼出鲜明的政治品格。我们要深刻理解中国共产党为什么能，中国特色社会主义为什么好，归根到底是因为马克思主义行。要深刻感悟马克思主义的真理力量和实践力量，深刻把握贯穿其中的坚定信仰信念、鲜明政治立场、强烈责任担当、求真务实作风和科学方法论；要在细学、细品、细悟中，不断提高党科学执政、民主执政、依法执政水平，充分发挥党总揽全局、协调各方的领导核心作用，汇聚起实现中华民族伟大复兴的磅礴力量。

不忘初心，牢记使命。习近平总书记指出："中国共产党一经诞生，就把为中国人民谋幸福、为中华民族谋复兴确立为自己的初心使命。"② 从建党的开天辟地，到新中国成立的改天换地，到改革开放的翻天覆地，再到新时代的惊天动地，中国共产党始终坚守初心使命，中华民族迎来了从站起来、富起来到强起来的伟大飞跃，实现中华民族伟大复兴进入了不可逆转的历史进程。我们要认真学习老一辈革命家、革命先烈和英雄人物的先进事迹和丰功伟绩，深刻认识红色政权来之不易，新中国来之不易，中国特色社会主义来之不易；要利用红色资源、讲好红色故事、传承红色基因，让红色血脉不断铸就新时代属于我们的忠诚之魂、赤子之心和高贵品德；要在重温党的光辉历程中厚植人民情怀，坚持全心全意为人民服务的根本宗旨，践行以人民为中心的发展思想，永远保持同人民群众的血肉联系。

征途漫漫，唯有奋斗。习近平总书记强调："一百年来，中国共产党团结带领中国人民进行的一切奋斗、一切牺牲、一切创造，归结起来就是一个主题：实现中华民族伟大复兴。"③ 今天，我们比历史上任何时期都更接近、更有信心和能力实现中华民族伟大复兴的目标，同时必须准备付出更为艰巨、更为艰苦的努力。新征程上，我们必须增强忧患意识、始终居安思危，统筹中华民族伟大复兴战略全局和世界百年未有之大变局，旗帜鲜明讲政治，坚定不移向党中央看齐，把全党9500多万党员和480多万基层党组织团结成"一块坚硬的整钢"；要始终坚持党要管党、全面从严治党，确保我们党在世界形势深刻变化的

---

① 习近平. 在庆祝中国共产党成立100周年大会上的讲话［N］. 光明日报，2021-07-02（2）.

② 习近平. 在庆祝中国共产党成立100周年大会上的讲话［N］. 光明日报，2021-07-02（2）.

③ 习近平. 在庆祝中国共产党成立100周年大会上的讲话［N］. 光明日报，2021-07-02（2）.

历史进程中始终走在时代前列，在应对国内外各种风险挑战的历史进程中始终成为全国人民的主心骨，领导14亿多中国人民为实现中华民族伟大复兴的中国梦而不懈奋斗。

（作者单位：重庆市中国特色社会主义理论体系研究中心重庆邮电大学分中心；本文刊载于《中国教育报》2021年7月8日第05版）

以新时代党的建设总要求为指引办好中国特色社会主义高校

方海洋

党的十九大报告提出了新时代党的建设总要求和八个方面的重点任务，不仅为新时代党的建设绘制了蓝图，也为治党管党指明了方向，更为我们党兴盛强大找到了路径。高校作为培养社会主义事业合格建设者和可靠接班人的重要阵地，要深刻领会和准确把握新时代党的建设总要求，以党的政治建设为统领，以坚定师生理想信念为根基，以增强党委领导水平为着力点，着力办好中国特色社会主义高校，为决胜全面建成小康社会、夺取新时代中国特色社会主义伟大胜利、实现中华民族伟大复兴的中国梦贡献力量。

以党的政治建设为统领，保证社会主义办学方向

政治建设是党的根本性建设，决定着党的建设的方向和效果。高校肩负着培养德智体美劳全面发展的社会主义事业建设者和接班人的神圣使命，办好中国特色社会主义高校，必须坚持党的领导，牢牢把握党对高校工作的领导权。落实新时代党的建设重点任务，高校党委首先要把政治建设摆在首位，坚决维护以习近平同志为核心的党中央权威和集中统一领导，牢固树立"四个意识"，高度自觉地向党中央看齐，向党的理论和路线方针政策看齐，向党中央的决策部署看齐；严守党的政治纪律和政治规矩，坚决防止"七个有之"，坚决做到"五个必须"；坚决执行党的路线方针政策，自觉把高校工作放到实现中华民族伟大复兴的全局中去思考、谋划和推动，按照"双一流"建设要求，坚持脚踏实地、创新发展，确保高校始终成为培养社会主义事业合格建设者和可靠接班人的重要阵地，推动高校更好地为人民服务，为中国共产党治国理政服务，为巩固和发展中国特色社会主义制度服务，为改革开放和社会主义现代化建设服务。

以坚定理想信念为根基,落实立德树人根本任务

思想建设是党的基础性建设。高校作为意识形态前沿阵地,加强高校思想建设,事关培养什么样的人、如何培养人以及为谁培养人这个根本问题、核心问题。我国高校是在党的领导下,扎根中国大地办教育的中国特色社会主义高校。大学阶段,学生不仅要学好科学知识,更要明德成人、立德立心。为此,做好理想信念教育极为重要。习近平新时代中国特色社会主义思想,作为我们党必须长期坚持的指导思想,是马克思主义中国化的最新理论成果,开辟了马克思主义新境界、中国特色社会主义新境界、党治国理政新境界、管党治党新境界。在新时代加强对高校师生的理想信念教育,必须坚持用习近平新时代中国特色社会主义思想武装师生头脑、指导行动。高校党委要运用好中心组理论学习、"三会一课"、主题党日、主题团日、理论宣讲等多种有效方式,通过全面系统学、及时跟进学、融会贯通学,引导师生真正把新思想内化于心、外化于行,确保师生特别是广大青年学生始终凝聚在党的周围,切实增强对习近平新时代中国特色社会主义思想高度的政治认同、思想认同、理论认同,自觉成为马克思主义的坚定信仰者、积极传播者、模范践行者,努力成为德才兼备、全面发展的中国特色社会主义合格建设者和可靠接班人。

以增强党委领导水平为着力点,牢牢把握党对高校改革发展的领导权

党的十九大全面规划部署了到 21 世纪中叶建成富强民主文明和谐美丽的社会主义现代化强国的路线图和时间表。同时作出了"优先发展教育事业"的新的全面部署,明确提出:"建设教育强国是中华民族伟大复兴的基础工程,必须把教育事业放在优先位置,深化教育改革,加快教育现代化,办好人民满意的教育。"[1] 对于高校,明确要求"加快一流大学和一流学科建设,实现高等教育内涵式发展",以更好地发挥人才培养、科学研究、服务社会、文化传承创新、国际交流合作等重要阵地的作用。进行伟大斗争、建设伟大工程、推进伟大事业、实现伟大梦想,必须毫不动摇地全面加强党对高校的领导,毫不动摇地坚持和完善党的领导,毫不动摇地把党建设得更加坚强有力,毫不动摇地牢牢把握党对高校改革发展的领导权。习近平总书记强调:"领导十三亿多人的社会主

---

[1] 习近平. 决胜全面建成小康社会 夺取新时代中国特色社会主义伟大胜利:在中国共产党第十九次全国代表大会上的报告[M]. 北京:人民出版社,2017:68.

义大国,我们党既要政治过硬,又要本领高强。"① 高校党委必须站在实现"两个一百年"奋斗目标的全局高度,深刻认识新时代优先发展教育事业的重要战略意义,准确把握新时代高等教育改革发展的新目标新任务新要求,认真履行管党治党主体责任,肩负起爱党、忧党、兴党、护党的政治责任,不断增强学习本领、政治领导本领、改革创新本领、科学发展本领、依法治校本领、群众工作本领、狠抓落实本领、驾驭风险本领,不断提高党委把方向、谋大局、定政策、促改革的综合能力和定力,围绕立德树人这一根本任务,不忘初心、牢记使命,以钉钉子精神,真抓实干,把党的十九大描绘的宏伟蓝图转换为高校的工作方向、工作目标、工作任务,创造出经得起实践、人民、历史检验的新业绩,确保高校党委始终走在时代前列,始终成为师生的主心骨,始终成为高校事业发展的坚强领导力量。

(作者系重庆市中国特色社会主义理论体系研究中心重庆邮电大学分中心主任、重庆邮电大学党委书记;本文刊载于《重庆日报》2017年12月20日第06版)

---

① 习近平. 决胜全面建成小康社会 夺取新时代中国特色社会主义伟大胜利:在中国共产党第十九次全国代表大会上的报告 [M]. 北京:人民出版社,2017:45-46.

基层减负要善于"做加法"

敖永春 陈 猛

2019年初，中共中央办公厅印发了《关于解决形式主义突出问题为基层减负的通知》（以下简称《通知》），明确提出将2019年作为"基层减负年"。当前，形式主义和官僚主义等顽瘴痼疾依旧存在，极大地增加了基层工作的负担，影响了基层干部工作的有效开展。为基层工作松绑减负，不是放任自流"做减法"，相反要更加积极有为，不断努力"做加法"，这样才能让基层干部从文山会海、过度留痕中解脱出来，推动基层减负工作取得实效。

首先，基层减负要在基层干部的治理能力上"做加法"。正所谓"上面千条线，下面一根针"，基层干部是"针"，是将上面的方针政策与本地实情有机结合、有效落实的"推进器"。由此可见，基层干部的治理能力与治理水平在很大程度上决定着基层工作的实际成效。党的十八大以来，中央加大了对基层干部的培训与管理力度，特别是选调生等政策的实施，有效提升了基层干部的综合治理能力与治理水平。但不可否认，少数基层干部素质不高、能力不强始终是限制其效力发挥的重要因素，也是致使基层工作难以开展、局面难以打开的重要原因。少数基层干部在开展工作时手足无措、方法简单，这在无形中加大了基层工作的负担。面对如此现状，必须采取切实有效的措施，加大对基层干部的相关技能培训力度，努力增强其干事创业本领，强化执行能力，以才能提升基层干部的治理能力与治理水平。

其次，基层减负要在基层干部的理想信念教育上"做加法"。基层干部负担重、压力大，相当程度上是形式主义在作祟。当前，基层工作中的"留痕管理"就是形式主义的新变种，形式主义表面上看是作风问题，其实质是思想问题。为此，要在基层干部的理想信念教育上"做加法"，杜绝形式主义等歪风邪气蔓延扩散。一方面，要加大对基层干部理想信念教育的力度。理想信念是精神之"钙"，理想信念坚定，骨头就硬；没有理想信念或理想信念不坚定，精神上就会"缺钙"，就会得"软骨病"。要积极组织基层干部加强学习党的理论创新成果，用党的创新理论武装头脑，努力推进理想信念教育体制化、常态化，进而坚定基层干部全心全意为人民服务的理想信念，引导其树立求真务实的工作作风与正确的政绩观，科学破解利己主义与"官本位"思想，有效缓解基层工作压力。另一方面，要强化对基层干部警示教育的力度。针对现阶段基层干部队伍中出现的形式主义等问题，要科学运用正反两方面的具体事例进行教育，要敢于抓典型、树标杆，真正起到问责一个、警醒一片，鼓励一个、带动一片的实际效果。

再次，基层减负要在基层干部的激励关怀上"做加法"。基层工作任务重、责任大，一些基层干部产生了畏难情绪，动辄实施签订"责任状"等问责机制，更是限制了基层干部工作的主动性与积极性。干部管理也是一门艺术，要撑腰鼓劲、关爱宽容，体现组织的温度。正如《通知》所言，要"坚持严管和厚爱结合"。相关部门要建立健全激励机制和容错纠错机制，鼓励基层干部大胆去试、大胆去闯，走出一条适应本地区发展的特色路子，严禁采取"一刀切"方式，严格控制"一票否决"事项。此外，部分基层干部在偏远地区工作，生活条件较为艰苦，工作压力较大。相关部门要加大对他们的激励关怀力度，给基层干部更多的关爱与信任，用党和国家的"温心"换基层干部埋头苦干、奋力拼搏的"决心"，继而有效提升基层干部的事业心与进取心，促进基层事业的蓬勃发展。

最后，基层减负要在政策的贯彻落实上"做加法"。"为政以公，行胜于言。"无论各项减负方针政策制定得多么完善科学，其实际效力仍需通过贯彻落实才能得以彰显。基层减负的道路有千万条，但归根结底，树立正确的"落实观"始终是有效减负的重要法宝。事实上，诸多省市针对基层工作任务重等问题已出台了相关减负规定，但由于部署落实不到位、督查监管不彻底，往往呈现出"虚落实""假落实""口号式落实"等现象。针对类似现状，相关部门应该强化监督执纪，努力找问题、明责任、强落实，坚持过程考核与结果考核相结合的基本原则，有效解决"口号喊得震天响，行动起来轻飘飘"的问题。坚决避免以会议落实会议、以文件落实文件、以检查落实检查等行为。坚决抵制用轰轰烈烈的形式代替扎扎实实的落实等乱象。此外，上级部门在督导检查过程中也要亲力亲为，始终牢记空谈误国、实干兴邦，切忌采取开开会议、翻翻材料等走马观花式的检查方法。要严格监督减负落实情况，察实情、问实效，努力做到事事有落实、件件有回音，从而确保基层减负工作取得成效。

（作者单位：重庆市中国特色社会主义理论体系研究中心重庆邮电大学分中心；本文刊载于《重庆日报》2019年5月30日第17版）

强化担当作为 彰显干部本色

伍安春

党的十九大报告指出,建立激励机制和容错纠错机制,旗帜鲜明为那些敢于担当、踏实做事、不谋私利的干部撑腰鼓劲。当前,全面深化改革进入深水区、攻坚期,面临的发展机遇和挑战前所未有,需要坚持正确选人用人导向,激励广大干部在新时代展现新担当,实现新作为。

突出政治标准,树立选人用人导向。用干部是为了干好事业,要在选人用人上体现讲担当、重担当的鲜明导向。要以正确的选人用人导向激励干部,大力选拔政治过硬、作风扎实、敢于负责、勇于担当、廉洁自律的干部,让想干事、能干事、干成事的干部有机会、有舞台。干部只有坚定对马克思主义的信仰,对社会主义和共产主义的信念,养成浩然正气,自觉做到对党忠诚,才能确保任何时候任何情况下站得稳、靠得住;只有理想信念坚定,站位才会高,心胸才会开阔,才能坚定正确的政治方向。选好人、用对人,是最有效、最直接的激励。要匡正选人用人风气,突出政治标准,严格执行党章规定的干部条件,坚持把新时代好干部标准落到实处,鲜明亮出干部优与劣、"上"与"下"的准绳,切实把"五个敢于"作为识别干部、评判优劣、奖惩升降的重要标尺。"干部干部,干字当头",社会主义和新时代都是干出来的,干部的担当决定着事业发展成就,干部要善于从政治上分析问题、解决问题,在大是大非面前保持政治定力,任何时候都不能忘记为了谁、依靠谁、我是谁。

加强理论武装,提升干部担当本领。政治上的坚定、党性上的坚定都离不开理论上的坚定,干部要学好用好马克思主义"看家本领",坚持用习近平新时代中国特色社会主义思想武装头脑,掌握贯穿其中的辩证唯物主义的世界观和方法论,坚持学思用贯通、知信行统一,把党的创新理论转化为改造世界的强大武器。要不断提高干部的理论自信和战略定力,把忠诚干净担当作为自觉的价值追求,让干部在改革发展实践中充分认识到中国共产党为什么"能"、马克思主义为什么"行"、中国特色社会主义为什么"好"。要运用"红岩精神"等红色资源深化党员干部教育,坚持把落实担当精神融入干部建设各个方面,不断优化知识结构、能力结构、专业结构,努力适应新时代高素质专业化的要求。干部成长无捷径可走,经风雨、见世面才能壮筋骨、长才干。要鼓励年轻干部到改革创新、艰苦环境和吃劲岗位中去检验真理,在知行合一中主动担当作为,努力在实践中练就"宽肩膀"和"真本领",确保关键时刻能站得出、挑得动、干得好。本领和担当不是天生就具备的,理论思维不是一朝一夕就养成的,要学会用马克思主义立场观点方法及其中国化最新成果分析问题、解决问题,努力在常学常新中增强斗争本领和斗争精神。

强化担当精神,激发干部担当勇气。坚持严管厚爱的原则,坚决对不担当不作为的干部问责,大胆宽容干部在改革创新中的失误,旗帜鲜明地为想作为、能作为、善作为的干部保驾护航,让"辛苦"者不"心苦"。要把准容错纠错尺度,坚持"三个区分开来",坚持事业为上、实事求是、依纪依法、容纠并举的原则,努力营造想改革、谋改革、善改革的浓厚氛围。树立讲担当、重担当的鲜明导向,坚决破除干部队伍中"干与不干、干多干少、干好干坏一个样"的思想,大力选拔敢于负责、勇于担当、善于作为、实绩突出的干部,努力克服干部动力不足"不想为"、能力不足"不会为"、激情不足"不愿为"等突出问题。推进领导干部能上能下工作机制,坚决调整遇到困难躲躲闪闪、关键时刻畏首畏尾的干部,解决为官不正、为官不为、为官乱为等问题,保证能者上、庸者下、劣者汰,把位置和机会留给那些愿担当、能担当、善担当的优秀干部。一代人有一代人的使命担当,要激励干部在"两个一百年"奋斗目标中肩负历史使命和时代责任,促使干部在新的历史起点上不忘初心、继往开来,努力为下一代人跑出好成绩。不断强化"功成不必在我"的精神境界和"功成必定有我"的历史担当,努力发扬不怕苦、不怕累、不怕委屈的无私无畏精神。

完善政策体系,营造干事创业氛围。坚持党管干部的原则,坚持党的原则第一、党的事业第一、人民利益第一,把公道正派作为干部工作的核心理念,让干部有活力、敢担当、善作为。选人用人上要解放思想,不拘一格大胆使用优秀年轻干部,坚持以事择人、依岗选人、人岗相适,坚持新时代干部"五个过硬"标准,努力培养一批数量充足、充满活力的年轻干部队伍。完善干部考核评价机制,坚持把考核结果充分运用到干部选拔任用、培养教育、管理监督、激励约束、问责追责中,把好干部选出来、用出来、管出来、带出来。坚持经常性、近距离、有原则地走进干部,全方位、多角度、立体式考察干部,使选出来的干部组织放心、群众满意、干部服气。加强干部的培养使用、宣传表彰、教育管理和关心爱护,选树一批讲政治、重公道、业务精、作风好的先进典型,多方位提升干部的专业能力、专业素养和专业精神，让干部敢于建功新时代、创造新业绩。不断健全工资、奖金、津贴、休假等制度，坚持按劳分配的绩效激励政策，将干部从繁文缛节、文山会海、迎来送往等事务中解放出来，不断激发广大干部干事创业的持久活力。

（作者单位：重庆市中国特色社会主义理论体系研究中心重庆邮电大学分中心；本文刊载于《重庆日报》2019年6月18日第13版）

推进生态文明建设要用好"三个思维"

毛丽红

当前,人们对良好生态环境的要求越来越高,青山、绿水、碧海、蓝天,有助于吸引外来投资和引进优秀人才,进而实现人才、技术、资金的快速聚集,积极推动当地经济发展。

建设生态文明,是关系人民福祉、关乎民族未来的千年大计,是顺应时代发展潮流、实现中华民族永续发展的战略抉择。我们要牢固树立社会主义生态文明观,以习近平生态文明思想为行动指南,积极运用好辩证思维、系统思维、法治思维,统筹人与自然、社会、自身的协调发展,探寻可持续的发展路径,推动形成人与自然和谐发展的现代化建设新格局。

运用辩证思维,实现经济发展与环境保护的动态平衡

绿水青山就是金山银山,这一绿色发展理念从辩证角度把保护生态环境与加快经济发展有机统一起来,为我们从根本上厘清和界定经济发展与环境保护的关系提供了新的思维范式。绿水青山和金山银山绝不是对立的。"绿水青山"指的是优质的生态环境,"金山银山"指的是较高的经济收入。"两山论"提倡生态思维方式,引领绿色发展,从本质上指向环境保护与经济发展的关系范畴,即兼顾二者协调发展。习近平总书记在浙江工作期间,大力推动"绿水青山就是金山银山"落地落实,尤其是"八八战略"的施行,"开启了深化经济转型升级、统筹城乡区域协调发展、优化发展环境和生态环境的通达道路"。这深刻阐释了在全面深化改革的发展过程中,发展经济与保护环境二者之间的辩证关系,即经济要发展,环境要保护,致力于在更高层次上实现人与自然和谐共生。

实现经济发展与生态建设的双赢局面。绿水青山与金山银山不是对立的,而是相互促进、辩证统一的。一方面,加强生态环境保护就是为经济发展提供良好的基础和条件。当前,人们对良好生态环境的要求越来越高,青山、绿水、碧海、蓝天,有助于吸引外来投资和引进优秀人才,进而实现人才、技术、资金的快速聚集，积极推动当地经济发展。可见，经济的发展必须以良好的生态环境为依托，这样才能将生态优势转化为经济优势。另一方面，良好的经济发展态势能积极促进生态文明建设。强劲的经济实力，可以改进生产技术，进一步提高资源利用的效率，尽可能减少生产和生活中的废弃物排放，减少对生态环境的破坏，建立"资源—产品—再生资源—再生产品"的绿色循环发展模式，彻底摒弃传统的"先污染后治理"的末端发展模式，从源头上助推生态文明建设。

运用系统思维，坚持山水林田湖草是一个生命共同体

坚持山水林田湖草是一个有机统一体。"山水林田湖是一个生命共同体，人的命脉在田，田的命脉在水，水的命脉在山，山的命脉在土，土的命脉在树。"① 这一重要论述强调了自然生态系统的生物群落与环境之间、生物与生物之间以及环境各要素之间，是一个相互联系、彼此制约、不可分割的有机整体。一个完整的生态系统，包含山水林田湖草等要素，保持这些要素之间的平衡，是人类实现可持续发展的重要保障。

坚持以系统思维推进生态文明建设。保护自然生态系统，不能割裂山水林田湖草等生态环境要素，必须坚持系统规划，整体推进。党的十九大报告明确提出，要统筹山水林田湖草系统治理，其实质就是以系统思维推进生态文明建设的系统工程，要求各地方、各部门自觉打破自家"一亩三分地""各人自扫门前雪，莫管他人瓦上霜"的思维定式。从顶层设计中进一步建立和完善严格的生态保护机制，对山川、湿地、森林、河流、湖泊、草原等生态系统以及自然保护区、地质公园等保护区域进行整合，实施科学有效的综合治理，形成更高层面的协调机制，从全局角度寻求新的治理之道。

运用法治思维，建立健全法制体系保障生态文明建设

以法治思维实行最严格的生态环境保护制度。首先，科学立法是前提。随着生态文明建设的不断深入，我国现行的生态保护法律制度必须积极适应日益发展的生态文明建设的迫切需要。从根本上讲，立法者应按照尊重自然、顺应自然和保护自然的生态文明理念，以习近平生态文明思想为指导，科学认识和准确把握自然生态系统运行的内在规律，在自然法则许可的范围内编制，逐步

---

① 中共中央文献研究室. 习近平关于社会主义生态文明建设论述摘编［M］. 北京：中央文献出版社，2017：47.

实现中国环境法的生态化。其次,严格执法是关键。当前,我国环境保护行政执法仍然存在一定困境,如部分地区还存在"先上车后补票""特事特办"等现象,导致环境污染久治不愈。如果这种状况不改变,严格执法就是空中楼阁,也无从谈起。最后,全民守法是基础。每一个生活在地球上的人,其生存与发展都与环境息息相关。要引导人们树立生态文明意识,培育尊重生态文明光荣、破坏生态文明可耻的道德风尚,自觉履行环境保护义务,共同守护美好家园。

加强生态文明制度体系建设。首先,建立健全国家自然资源资产管理体制。其核心是要完善自然资源监管体制,构建归属清晰、权责明确、监管有效的自然资源产权制度,使自然资源具有明确的所有者,在获得使用这些资源的同时,也承担保护资源的责任,彻底改变自然资源被视为"无主"资源而被过度使用的局面。其次,建立健全用途管制制度。建立空间规划体系,科学划定生产、生活、生态空间开发管制界限,严格按确定的用途和条件使用自然资源,使开发活动从无序向有序转变,着力解决资源使用中盲目开发和资源约束的矛盾。最后,建立责任追究制度。生态环境是公共产品,频频发生的重大环境事件,日益加大的环境风险,严重威胁着广大人民群众的生命和财产安全。因此,对损害和破坏生态环境者,必须严格依法追究责任。

(作者单位:重庆市中国特色社会主义理论体系研究中心重庆邮电大学分中心;本文刊载于《重庆日报》2019年8月20日第10版)

加强理论武装工作要做到"四个立足"

敬菊华

政治上的坚定、党性上的坚定都离不开理论上的坚定。我们必须加强马克思主义理论武装，立足新时代，顺应新形势，把握新使命，在学习风气、学习方法和学习导向上下功夫，努力提高新形势下理论武装工作的水平、质量和效果，推动思想建党、理论强党不断走向深入。

一是立足时代前沿。立身百行，以学为基。我们党作为马克思主义政党，近百年来之所以始终保持统一的思想、坚定的意志、协调的行动、强大的战斗力，就是因为与时俱进地用党的创新理论武装全党，持续不断地推进思想建党和理论强党。理论武装工作的根本任务是服务政治和服务大局，做到"两个巩固"。加强新时代理论武装，必须认清新形势。在新的历史方位中，我们正处于世界百年未有之大变局，正处于中华民族伟大复兴的战略大格局，正处于实现"两个一百年"奋斗目标的历史交汇期，我们的理论武装工作，必须立足并服务于这一大局。加强新时代理论武装，还必须把握新要求。实践没有止境，理论创新也没有止境，而理论创新每前进一步，理论武装就要跟进一步。中国共产党作为用马克思主义武装起来的政党，理论武装工作的首要任务就是用习近平新时代中国特色社会主义思想武装全党，重点是结合主题教育，不断加深党员干部对党的创新理论的重大意义、科学体系、丰富内涵的理解，不断加深对我们党和国家面临的形势和考验、需要实现的目标和任务的认识，从而统一思想和步调，提升党治国理政的能力。

二是立足全面系统。从延安时期至今，理论武装一直是党的思想建设的重中之重。然而也部分存在着"浅尝辄止不深学""流于形式不真学"等问题，学习不深入不全面，也是不少党员干部在自我检视时最容易找出的问题。毛泽东同志曾说，如果我们党有一百个至二百个系统地而不是零碎地、实际地而不是空洞地学会了马克思列宁主义的同志，就会大大地提高我们党的战斗力量。要解决"不深学""不真学"等问题，最重要的就是树立全面系统的学习思维，弘扬全面系统的学习方法，即以系统论原理为指导，坚持系统地而不是零散地、普遍联系地而不是单一孤立地开展理论学习，研读马克思主义经典著作，掌握马克思主义基本原理，运用马克思主义立场观点方法分析问题和解决问题，特别是要结合主题教育，深入全面系统地学习习近平新时代中国特色社会主义思想，深刻理解把握这一重要思想的时代意义、理论意义、实践意义、世界意义，深刻理解把握其科学体系、精神实质、实践要求。

三是立足持之以恒。学贵有恒。汇就理论知识的"汪洋大海"，不是一朝一夕之功，而是需要"涓涓细流"的日积月累。在理论武装工作中，要实现"理论学习有收获"，就必须要求广大党员干部切实树立起终身学习的观念，发扬钉钉子的狠劲和韧劲，把学习作为一种追求、一种爱好，在全党形成好学乐学的学习风气。在学习态度上，广大党员干部要把理论学习作为一种政治责任，自觉发挥共产党人的先锋模范作用，自觉学在前面、学在日常、学在长久；在学习保障上，要把学习作为一种习惯，少一些觥筹交错，多一些安静独处，做到见缝插针学、日积月累学，日复一日、年复一年坚持下去，必定会积少成多、积沙成塔；在学习内容上要做到多元化，不仅要学马克思主义理论，还要学党章党规党纪和党的基本知识，党的大政方针，党史、国史、世界史以及推进中国特色社会主义事业所需要的经济、政治、法治、科技、文化、教育等各方面的知识和工作所需的专业知识；在学习对象上要做到多样化，不仅要向书本学，还要向人民群众学、向专家学者学，更要从实践中学、从国内外历史经验中学，以持之以恒的学习练好"看家本领"。

四是立足学用结合。学须崇实。中华传统文化向来强调经世致用、知行合一；马克思主义也要求理论要联系实际；而坚持理论创新和实践探索良性互动，正是我国改革开放取得巨大成功的一条宝贵经验。古人云，"不深思则不能造于道，不深思而得者，其得易失"。理论要发挥其强大的思想指引作用，就必须广泛应用于实践中。理论武装工作的立足点之一，就是须大力发扬理论联系实际的马克思主义学风，引导广大党员干部在学深悟透的基础上，通过思考做到融会贯通，通过实践做到知行合一，从而实现学以致用、用以促学、学用相长的良性循环。当前推动学用结合最重要的任务，就是用习近平新时代中国特色社会主义思想武装全党，为全面推进新时代党的建设、着力推进党的十九大确定的目标任务、如期实现中华民族伟大复兴提供有力的思想指引。

（作者单位：重庆市中国特色社会主义理论体系研究中心重庆邮电大学分中心；本文刊载于《重庆日报》2019年9月26日第17版）

开展"两讲"活动要把握四个关键问题

张亚丹

习近平总书记指出,要讲好党的故事、革命的故事、根据地的故事、英雄和烈士的故事,加强革命传统教育、爱国主义教育、青少年思想道德教育,把红色基因传承好,确保红色江山永不变色。重庆作为英雄之城,无数革命志士用鲜血和生命书写了不朽的红色故事,近百年的历史变迁积淀出以红岩精神为代表的革命精神。深入开展"讲红色故事、讲革命精神"活动,要解决好"为什么讲""讲什么""谁来讲""怎么讲"这四个关键问题,让活动真正落到实处。

要传承红色基因,提升重庆文化底蕴。以红色故事传承红色基因,以革命精神坚定理想信念,红色故事和革命精神为主题教育提供了鲜活的素材。重庆拥有丰富的红色教育资源,如革命志士为了坚守初心和使命不畏敌人的屠刀酷刑,"狱中八条"告诉我们找问题要从党内着手等。红色故事和革命精神能够激发全市人民爱党爱国和投身中国特色社会主义建设事业的热情。深入开展"两讲"活动,能够让更多市民懂得珍惜幸福生活,以主人翁的责任感做好本职工作,挖掘重庆文化的脉络和精髓。重庆作为一座历史文化名城,文化底蕴深厚,革命文化是重庆文化的重要组成内容。"两讲"活动既是在传承红色基因,也是在挖掘重庆文化的脉络和精髓,并通过口口相传和媒体推广,让重庆文化能够为更多市民所了解,切实提升重庆的文化底蕴和城市影响力。

要讲清楚红色故事和革命精神的时代价值,将革命精神转化为实践动力。"两讲"活动的主题是红色故事和革命精神,应该讲清楚三个基本问题。一是讲清楚红色故事和革命精神之间的内在联系。红色故事和革命精神属于一个整体,红色故事诠释的是革命精神,革命精神需要依托红色故事才能得以彰显。在宣讲中不能只讲故事,或者空谈精神,要将讲红色故事和讲革命精神相结合,不仅要还原红色故事的真实情节,还要讲清楚红色故事所蕴含的革命精神。二是讲清楚革命精神的时代价值。"两讲"活动的主要目的是传承红色基因,传承并不只是铭记历史,更要激发精神动力,只有充分挖掘革命精神中的坚持真理、无私奉献、乐观主义等时代价值,才能将革命精神转化为精神动力。三是讲清楚在建设中国特色社会主义事业中要发扬革命精神。革命精神作为中国精神的重要组成部分,诠释着创造、奋斗、团结和梦想的伟大民族精神,为中华民族迎来从站起来、富起来到强起来的伟大飞跃提供了强大的精神动力。革命精神要在新时代焕发生机与活力,就要把革命精神与各行各业的具体工作相结合,让更多人能够用实际行动传承革命精神。

要培育专兼结合的宣讲员队伍,调动全民参与热情。讲红色故事和革命精神的宣讲员不仅可以是专业人士,还可以吸收社会公众人物和普通市民参与。发挥领导干部和专家学者的专业特长,通过专题党课、讲座等方式从党和国家建设实践和理论的高度阐释红色故事和革命精神;大中小学的教师和学生是重点人群,将红色故事和革命精神融入课堂教学之中,并通过校园文化建设、主题班团活动等,调动学生参与的积极性,以一封家书和分享朋友圈等形式在同辈群体、社交网络、家庭成员中主动开展宣讲活动;纪念馆专业讲解员要利用好所在纪念馆的红色资源,开展现场宣讲活动,为人们生动、直观和形象地讲解红色故事;基层文化馆和文艺团体应将红色故事和革命精神作为创作的主题,以话剧、舞蹈、曲艺等深受广大群众喜欢的表演形式来展现英雄人物,重现峥嵘岁月;吸引有号召力的知名人士通过多种方式参与到讲红色故事和革命精神的宣讲活动中,提高"两讲"活动的社会影响力。

要创新宣讲的内容和形式,用市民喜闻乐见的方式讲好故事。"两讲"活动面向的是广大市民,只有用市民喜闻乐见的方式,才能把故事讲好、讲好故事,真正实现以红色故事和革命精神激发广大干部群众爱党爱国热情和干事创业激情。组织精兵强将整理和打磨能够传承红色基因和革命精神的精品故事,让这些故事进教材、进课堂、进网络、进社区,使"两讲"活动辐射各类人群;开展以"两讲"为主题的征文、演讲、微视频创作等比赛,通过比赛增进市民对红色故事和革命精神的理解,挖掘出优秀作品以丰富"两讲"活动的资源;创作识别度高和故事性强的主旋律电影或者动漫形象,让红色故事和革命精神更加立体和生动。通过户外宣传招贴、主题雕塑、移动电视屏幕滚动播出、主流媒体开设专栏等方式,营造"两讲"活动的社会氛围。领导干部、专家学者、优秀教师、专业解说员、英雄后代等是宣讲的主要群体,纪念馆、学校、社区、新媒体等是重要的宣讲平台。要加强不同宣讲群体和平台的交流合作、共同发力，如利用博物馆丰富资源走入街道和商圈等进行巡展，组织学校与纪念馆合作开展现场教学活动等形式，促进宣讲群体和平台的相互学习和交流。

（作者单位：重庆市中国特色社会主义理论体系研究中心重庆邮电大学分中心；本文刊载于《重庆日报》2019年12月17日第07版）

乡村治理要在"情理德法"上做文章

刘景刚

乡村治理是国家治理体系的重要组成部分,治理有效是乡村振兴的重要保障。乡村治理是一项系统工程,"人"是关键因素。穴沱村在乡村治理中,积极发扬我们党善于开展思想政治工作的优良传统,尊重村情民意,融通"情理德法",稳步提升乡村治理水平,切实改变村民精神面貌,实现全村脱贫摘帽。

以情动人,构建感恩包容氛围。在乡村治理中,"情"是融洽邻里的润滑剂。穴沱村在工作中坚持"动之以情"原则,围绕"情"字做文章。一是今昔对比看乡情。在宣传中让新旧照片上墙;在群众会上让老人说村内变化,让青年谈外界变迁,在今昔对比中思当年苦知今日福,通过讲透乡情,增强脱贫信心,感恩伟大祖国。二是推动工作重感情。实施网格管理,村内细分10个网格小组,网格员与帮扶人深入百姓家开家庭会、干农家活、购农家物。设立爱心救助基金,为困境村民伸援手;组建志愿服务队,为困难家庭献爱心。注重亲情、友情、人情的回归与再造。三是化解矛盾找实情。在问题解决、矛盾化解中注重就事论事、实事求是,坚持让"当事人发言"、让"身边人见证"、让"调解人判定",通过足够信息、充分沟通寻找真相,维护公平。

以理服人,建设知性文明乡村。新观念、新事物、新经验不断涌现,很多老观念、老经验、老办法明显不合时宜。如果仍然凭经验办事、按惯例行事,势必跟不上形势的发展。穴沱村在工作中尊重人的"理性"特质,恪守"晓之以理"原则,围绕"理"字做文章。一是依托学习懂原理。坚持开展实用技术培训,讲解政策理论,让村民掌握科学种植技术,拥有一技之长。邀请专家为村民上课,用大白话讲透大道理:从"病从口入"讲环境卫生,从"马太效应"讲勤劳致富等。依托原理,治理源头,形成群众新观念。二是通过引导明事理。从"三个和尚"故事推动饮水收费制度,成立管水协会,落实"以水养水";从"枫桥经验"说村民自治,推动形成"村民自解,村内调解"一线矛盾处理机制,落实"小事不出村,大事不出乡,难事不出县"。三是依托教育知道理。组建自治理事会，开设乡村大讲堂，打造村内图书角，让村民上课，让学生读书，开阔眼界，增进信任。落实干部走村入户，通过交心谈心、宣讲报告，用大白话、大实话把道理讲明白，让群众知其然也知其所以然。

以德化人，培育厚重纯善民风。道德对民众言行具有更广泛、更深层的约束力。穴沱村在工作中推动"以德化人"，坚持"破立结合"，围绕"德"字做文章。一是涵养个人品德。弘扬和践行社会主义核心价值观，高扬"爱国敬业诚信友善"的鲜亮旗帜；开设新时代文明实践积分超市，对个人、家庭日常行为、集体观念等实施积分，年底根据积分兑换物资；设置"脱贫奋进基金"，推动精神文明建设。二是传播社会公德。组建道德理事会、村民议事会、红白理事会等，开展以评好事、议陋习为主要内容的评议活动。培养劳务经纪人，推选致富能手，落实产业到户补助，形成"勤者荣，懒者耻"的社会共识。三是弘扬家庭美德。凝练"家风家训"。实施家庭卫生大比武，推行"五干净六整洁"，设置清洁卫生红黑榜。设立"教育帮扶基金"，对村内好学生进行表彰，引导重视家庭教育。开展文明家庭、脱贫光荣户、巴山巧媳妇评选，倡导婆媳互敬、夫妻互助、长幼互爱的家庭关系。

以法育人，打造遵规守法环境。法是契约精神的集中体现，是乡村治理的有效手段。穴沱村在工作中坚持法治建设为了人民、依靠人民，坚持"以法育人"原则，围绕"法"字做文章。一是学法创氛围。法治教育成为村民必修课。村内以问题为导向，邀请基层专家、联村片警到村开展普法教育。以案例为依托，在矛盾化解现场开展法治教育，用身边案例宣讲法治精神，教育群众明白"法"是行为底线。二是守法靠规则。在法治框架下，细化村内规章制度，修订村规民约，制定文明积分细则，拟定村内集体议事办法，落实公共设施管理责任，实施微信群专人管理，拓宽群众反映意见建议渠道，推进基层民主制度化、规范化、程序化。三是执法去情面。对于违法者，摒弃"情有可原"的柔性情怀，回归"法不可恕"的法治精神。开展赌博专项治理行动，整治子女不赡养老人等行动。通过恰当惩戒，维护法律权威，教育身边群众，为乡村治理创造更好的法治环境。

（作者系重庆市中国特色社会主义理论体系研究中心重庆邮电大学分中心助理研究员，城口县蓼子乡穴沱村驻村第一书记；本文刊载于《重庆日报》2020年9月18日第15版）

年轻干部要切实提高群众工作能力

谢 俊 石杨娜

习近平总书记在2020年秋季学期中央党校（国家行政学院）中青年干部培训班开班式上发表重要讲话强调，提高解决实际问题能力是应对当前复杂形势、完成艰巨任务的迫切需要，也是年轻干部成长的必然要求。提高解决实际问题的能力，必须切实提高群众工作能力。年轻干部应始终坚持"从群众中来，到群众中去"的工作方法，不断提高群众工作能力，真正成为群众的贴心人。

年轻干部要将扎根基层、深入群众作为工作的立足点。"知屋漏者在宇下，知政失者在草野。"做好群众工作，必须扎根基层，深入群众。基层是锤炼年轻干部的"练兵场"，群众是年轻干部最好的老师。一是扎根基层，把握变化。新时代我国社会主要矛盾已经发生变化，在全面建设社会主义现代化国家的新征程上，基层的矛盾与需求也发生了许多新变化。年轻干部必须扎根基层，走入田间地头，走进街头巷尾，全面透彻且深入细致地了解和掌握基层情况，不仅要做到"身入"基层，更要做到"心入"基层，真正做到想群众之所想，急群众之所急，做好调查研究，善于在变化中把握规律。二是深入群众，访民意，察民情。深入群众，就是坚持从群众中来，充分了解群众意愿，了解群众的需要与期盼，然后再到群众中去，解决群众面临的实际困难。年轻干部一方面要亲自揭锅盖，摸炕头，看粮仓，深入人民群众的生活，体察民情，虚心倾听群众的意见，与群众同呼吸、共命运、心连心，真正做到放下架子，俯下身子。另一方面要善于听取群众的意见建议，善于接受群众的检验和批评，鼓励群众讲实情、道实话，从这些带有泥土气息的意见之中，听到真正的呼声，做到实事求是，坚持理论联系实际。

年轻干部要将贴近民生、服务群众作为工作的出发点。党的根本宗旨是全心全意为人民服务，党的全部工作都要以人民利益为出发点，始终把群众的安危冷暖作为工作的重中之重。一是贴近民生，解民忧，纾民困。年轻干部要有敏锐的洞察力，要有感同身受的群众立场，善于了解不同群体的疾苦与愿望，将解民忧、纾民困作为一种责任、一种担当、一种精神追求。善于聚焦群众反映强烈的社会热点和难点问题，特别是围绕扩大就业、提高群众收入、建立健全社会保障体系和医疗体系等民生问题，弄懂群众忧什么、困什么、怨什么。二是服务群众，聚民心，暖人心。在实现中华民族伟大复兴的历史进程中，年轻干部要心系人民，做人民的贴心人，准确了解和掌握群众的思想动态变化、生产生活需求。工作入情入理，坚决制止和纠正损害群众利益的做法，绝不说空话、讲排场、走过场，耐心细致地落实党中央的各种惠民政策，努力赢得人民群众的信任。

年轻干部要将为民谋福祉、动员群众作为工作的关键点。群众路线是我们党的生命线和根本工作路线。做好群众工作，最根本的是保持与人民群众的血肉联系，贯彻落实党中央关于逐步实现全体人民共同富裕的要求。一是为民谋福祉，惠民生、达民意。实现好、维护好、发展好最广大人民群众的根本利益，牢固树立执政为民的理念，坚持以人民为中心的发展思想，是年轻干部工作事业的最高追求。年轻干部要守初心担使命，始终坚持以为人民服务为宗旨，倾尽惠民之力，努力践行群众利益无小事，民生问题是大事。要坚持问题导向，主动发现不同利益诉求，研判不同群体矛盾，多渠道多层面汇集群众意见，积极主动解决群众的"急难愁盼"。二是动员群众，汇民智，聚民力。年轻干部要充分认识到人民群众是社会发展的主力军，要尊重群众的创造力，团结和组织好群众，汇集群众智慧，汇聚群众力量，共同为增加人民群众的福祉而不懈奋斗。年轻干部要善于组织群众、动员群众，带领群众艰苦奋斗、勤劳致富，充分发挥人民群众的主体作用，在生动的群众实践活动中激发群众创新创造活动，将鲜活的工作经验和成效有效推广。

年轻干部要将化解矛盾、宣传教育群众作为工作的落脚点。做好群众工作必须着眼大局，坚持依法治理，提升化解矛盾的工作能力，也要着眼长远，坚持宣传教育，提升沟通群众的工作水平。一是坚持依法治理，调解群众矛盾。年轻干部要树立依法办事理念，运用法治思维和法治方式化解社会矛盾，积极引导群众在法治框架内正确行使权利，要增强工作中的预见性，善于从全局上观察和处理问题，对于关系人民群众切身利益的问题，要做好预警与研判。年轻干部提高解决复杂矛盾的能力，必须正视人民群众最关切的利益问题，不推诿、不躲闪、不扯皮、不刁难，深入实地调查研究，坚持依法治理，公平正义，寻找协调各方利益诉求的突破口，提升化解矛盾的实效性与主动性。二是开展宣传教育，疏导群众情绪。宣传教育群众是我们党的优良作风和传统，年轻干部要善于运用先进的理论宣传教育群众，达成群众共识。新时代宣传教育群众要转变话语方式，不打官腔、不讲官话，善于用群众喜闻乐见的话语方式，把深奥的道理说浅显，把晦涩的理论讲通俗，拉近宣传教育群众的距离，让宣传更具有感染力、传播力、影响力。要充分利用新媒体回应群众关切，正确认识网络在哪里、民意就在哪里，善于利用新媒体开展群众工作，善于利用网络平台构建良好沟通协调机制，善于运用网络问政于民、问需于民、问计于民。

（作者单位：重庆市中国特色社会主义理论体系研究中心重庆邮电大学分中心；本文刊载于《重庆日报》2020年11月19日第14版）

要下大气力全方位培养引进用好人才

仰义方

人才是实现民族振兴、赢得国际竞争主动的战略资源。习近平总书记在中央人才工作会议上强调,要下大气力全方位培养、引进、用好人才。当今世界,创新引领的科技革命日新月异,综合国力竞争说到底是人才竞争。加快建设世界重要人才中心和创新高地,要全面聚集人才,着力夯实创新发展人才基础,加快建立人才资源竞争优势。通过广开进贤之路、广纳天下英才,以识才的慧眼、爱才的诚意、用才的胆识、容才的雅量、聚才的良方,打好人才工作"组合拳",把各方面优秀人才吸引过来、凝聚起来,聚天下英才而用之,为2035年基本实现社会主义现代化提供人才支撑、为2050年全面建成社会主义现代化强国打好人才基础。

强化重才意识,增强人才工作"向心力"。国家发展靠人才,民族振兴靠人才。人才工作是一项聚合力、暖人心的系统工作,既要有聚才的力度,又有暖心的温度。只有从心底尊重知识、尊重人才,才能广开进贤之路、广纳天下英才。一方面,要坚持党对人才工作的领导,贯彻落实新时代党的组织路线,善于把党的组织优势转化为人才工作优势,始终做到从组织上关心、关爱人才。加强对人才的政治引领和政治吸纳,把各类人才有效集聚到党和人民的伟大奋斗中来,形成人才汇聚"强磁场"。另一方面,各级部门要绘好"人才地图",始终把人才工作放在心上、抓在手上、扛在肩上。成立人才工作领导小组,完善党管人才工作格局,坚持五湖四海广揽人才,做到慧眼识才、爱才惜才,把发展是第一要务、人才是第一资源、创新是第一动力落到实处,推动形成人人成才、人尽其才的良好局面。

坚持引培并举,筑牢人才储备"蓄水池"。人才的培养、引进和使用是一个完整循环。其中,培养是基础,引进是关键,用好是重点。要以更加开放的视野和胸怀精准选才育才,汇聚天下英才,释放人才"蓄水池"新动能。首先,要打好育才"先手棋"。面对全球新兴产业发展和我国人才队伍现状,要重视人才自主培养能力建设,培养具有全球视野和世界眼光的高层次国际化人才,壮大我国人才方队,加快建立人才资源竞争优势。其次,要下好引才"关键棋"。要瞄准世界科技创新和产业变革,遵循市场经济规律和国际人才流动规律,在全球范围挖掘、配置、使用人才资源,广泛吸引各类创新人才特别是我国经济社会发展紧缺的高端人才,让优秀人才脱颖而出、发挥才干。最后,要下好用才"决胜棋"。要尊重人才成长规律,充分信任人才、用好人才,注重从"招才"转向"留才""用才"。提升人岗匹配度,让专业的人干专业的事,既要重视成功,更要宽容失败,激发各类人才干事创业、施展才华的激情热情。

优化服务环境,塑造人才发展"最优区"。环境好,则人才聚、事业兴。要全面提升人才服务水平,增强服务力度、拓展服务深度、升华服务温度,打造全方位、立体化人才服务保障体系,为人才发展提供"最优区",营造"近悦远来"的良好人才生态。搭好人才联系"连心桥"。要建立领导干部联系优秀人才工作制度,定期开展点对点、面对面联络服务,直面人才发展痛点难点,解决人才生活问题,打通人才服务"最后一公里"。建好人才成长"加油站"。要积极发挥人才市场的配置作用,大力打造高层次人才聚集平台,实现人才、项目、技术、资金的全面对接;打通人才服务绿色通道,发挥专家人才建言献策的智力优势,让各类平台成为高层次人才成长发展的"加速器"。供好人才需求"关爱餐"。广泛听取和吸纳专家人才意见建议,厚植人才发展优势,设立人才服务专线,做好人才管理的"减法"和人才支持的"加法",让人才"少跑路",为科研人才备好"暖板凳",全面解决专家人才的后顾之忧。

完善制度体系,打造人才成长"强引擎"。体制顺、机制活,则人才聚、事业兴。吸引人才、留住人才、用好人才,关键在于建立健全良好的体制机制。坚持问题导向,在构建形成有利于人才成长发展的培养机制、使用机制、激励机制、竞争机制基础上,着力建立适应时代发展的人才发展制度体系,使各方面人才各得其所、尽展其长。发挥用人主体作用。人才怎样用好,用人单位最有发言权。要充分发挥用人主体在人才培养、引进、使用中的积极作用,建立自我约束和外部监督机制,切实履行主体责任,健全高效发现人才、选拔人才、优化人才配置的制度体系,实现用当适任、用当其才。完善人才管理制度。赋予科学家更大技术路线决定权、更大经费支配权、更大资源调度权,建立健全责任制和军令状制度,深化科研经费管理改革,积极为人才松绑,让人才创新创造活力充分迸发。完善人才评价体系。要用好人才评价"指挥棒",突出人才评价的专业性、创新性、实用性,建立以创新价值、能力、贡献为导向的人才评价体系,让人才潜心研究和创新蔚然成风,用源源不断的人才资源汇聚起实现中华民族伟大复兴的磅礴力量。

(作者单位:重庆市中国特色社会主义理论体系研究中心重庆邮电大学分中心;本文刊载于《重庆日报》2021年10月26日第11版)

互联网扩张背景下的权力监督

龙 钰

党的十九大报告明确要求健全党和国家监督体系,强调"加强对权力运行的制约和监督,让人民监督权力,让权力在阳光下运行,把权力关进制度的笼子。强化自上而下的组织监督,改进自下而上的民主监督……把党内监督同国家机关监督、民主监督、司法监督、群众监督、舆论监督贯通起来,增强监督合力。"① 随着互联网的扩张,权力监督模式从单向管理转向双向互动,从线下转向线上线下融合。新形势下权力监督既面临难得机遇,又遭遇突出挑战,亟待补齐监督短板,提高监督效能,形成监督合力。

一、权力监督的理论逻辑

中国特色社会主义进入新时代,更加强调运用法治思维、法律制度等治国理政,力求实现国家治理体系制度化、科学化、民主化、法治化,提高将中国特色社会主义制度优势转化为治理国家的效能。有效监督权力运行是推进国家治理现代化、实现党的长期执政、保障人民主体地位的核心要义。

第一,加强权力监督是推进国家治理现代化的内在主线。恩格斯在《家庭、私有制和国家的起源》中明确指出:"国家是承认:这个社会陷入了不可解决的自我矛盾,分裂为不可调和的对立面而又无力摆脱这些对立面。而为了使这些对立面,这些经济利益互相冲突的阶级,不致在无谓的斗争中把自己和社会消灭,就需要有一种表面上凌驾于社会之上的力量,这种力量应当缓和冲突,把冲突保持在'秩序'的范围以内;这种从社会中产生但又自居于社会之上并且日益同社会相异化的力量,就是国家。"② 由此派生出国家的两大职能,即政治

---

① 习近平. 决胜全面建成小康社会 夺取新时代中国特色社会主义伟大胜利:在中国共产党第十九次全国代表大会上的报告[N]. 人民日报,2017-10-28(1).
② 中共中央马克思恩格斯列宁斯大林著作编译局. 马克思恩格斯选集:第四卷[M]. 北京:人民出版社,2012:186-187.

统治和社会管理，二者应当保持动态协调。"政治统治到处都是以执行某种社会职能为基础，而且政治统治只有在它执行了它的这种社会职能时才能持续下去。"① 以往关于马克思主义国家职能的诠释和实践，往往侧重于政治统治，而忽略后者。在阶级矛盾已经不是社会主要矛盾的情况下，应将二者统一起来更有效地发挥国家职能。如何将二者统一？如何治理社会主义国家？这些都是需要不断探索的新课题。马克思恩格斯没有机会参加社会主义国家治理；列宁在十月革命后不久就去世，来不及探索这个问题；列宁去世后，苏联在这个问题的探索上取得了一些经验，但没有解决这个问题。我们党在全国执政后，不断探索这个问题，取得了重大成果，但国际竞争日趋激烈，经济社会发展任务日益艰巨，对国家治理提出了更高要求。党的十八届三中全会正式将国家治理纳入体制话语，把"完善和发展中国特色社会主义制度，推进国家治理体系和治理能力现代化"作为全面深化改革的总目标。"国家治理体系和治理能力现代化"是一个全新的政治理念，"是中国共产党从革命党转向执政党的重要理论标志"②。这对于中国的政治发展，乃至整个中国特色社会主义事业，都具有重大而深远的意义。如何才能实现国家治理现代化？加强权力监督制约，保障权力有序运行，是国家治理现代化的题中之义。国家治理现代化是党领导人民对国家进行依法有效管理的过程，意味着权力结构的调整和再造，其首要标准为国家权力运行制度化、规范化，使其在阳光下运行，把国家治理引入一个更为制度化和良性的运行轨道中。权力监督机制为国家治理提供一个整体性约束框架，依法规范国家社会生活，各种权力在此框架中受到监督和制约，用法律的客观性、确定性克制权力的随意性和不确定性。

第二，加强权力监督是关系中国共产党长期执政的重要问题。一些西方人士认为，在制度层面中国无法破解权力监督问题，也难以根除腐败毒瘤。因为中国是一个一党长期执政的国家，不是两党制，不是多党制，也不是两院制，谁来对一党长期执政的中国共产党进行监督？如何规制权力的有效运行？这是他们否定中国特色社会主义、抨击中国共产党的一个关键点。权力监督的核心是制约权力，确保权力正确行使，也就是掌好权用好权以增进人民福祉，保证权为民所用。苏联和东欧社会主义国家之所以改旗易帜，一批大党老党之所以丧失政权，关键原因就是没有实现有效的权力监督，以致腐败泛滥，权力沦为

---

① 中共中央马克思恩格斯列宁斯大林著作编译局. 马克思恩格斯全集：第二十六卷[M]. 北京：人民出版社，2014：188.

② 俞可平. 走向国家治理现代化：论中国改革开放后的国家、市场与社会关系[J]. 当代世界，2014（10）：24-25.

少数人谋取私利的工具，掌握权力者背离人民甚至走向人民的对立面。习近平总书记指出："没有监督的权力必然导致腐败，这是一条铁律。"① 经济社会大变局中，中国共产党既面临着复杂多样的外部挑战，也存在着新老交替、年轻党员党性锻炼不足、党员干部面临多重诱惑等内部问题。中国共产党要实现长期执政，必须坚持自我革命，加强自我监督，实现自我净化、自我完善、自我革新、自我提高，永葆旺盛生命力和强大战斗力。同时，必须健全党外监督机制并充分发挥其作用。包括群众监督、舆论监督、网络监督、民主党派监督等。中国共产党来自人民，是全心全意为人民服务的党，其性质和宗旨决定了党要接受群众监督。因此，党的十九大报告指出："增强党自我净化能力，根本靠强化党的自我监督和群众监督。""勇于直面问题，敢于刮骨疗毒，消除一切损害党的先进性和纯洁性的因素，清除一切侵蚀党的健康肌体的病毒。"②

第三，加强权力监督是尊重人民主体地位的必然要求。《中华人民共和国宪法》规定："中华人民共和国的一切权力属于人民。人民行使国家权力的机关是全国人民代表大会和地方各级人民代表大会。人民依照法律规定，通过各种途径和形式，管理国家事务，管理经济和文化事业，管理社会事务。"人民是权力的来源，也是权力运行的受益人。社会主义国家权力来自人民、植根于人民、服务于人民，理应受到人民的监督。随着经济社会的发展，人民的权力监督意识日益增强，对社会公平正义的冀求越加强烈。公平正义是人类社会发展进步永恒的价值取向。一部人类文明史，就是不断追求公平正义的历史。正是对公平正义的不懈追求推动着人类社会不断进步发展。进入阶级社会以来，由于阶级剥削、阶级压迫，人与人之间产生了极大的不平等。公平正义的社会就成为人们梦寐以求的理想社会。在古代，孔子曾指出："有国有家者，不患寡而患不均，不患贫而患不安。盖均无贫，和无寡，安无倾。"柏拉图则明确地将"公平"与"正义"联系起来，强调公平即和谐，正义是个人和国家的"善德"。到了近代，康有为所构想的理想社会就是一个"人人相亲，人人平等，天下为公"的社会。西方的伏尔泰、孟德斯鸠、卢梭等启蒙思想家也高度关注社会公平正义。对马克思主义有重要影响的空想社会主义者们也把公平正义作为理想社会的重要尺度。莫尔的《乌托邦》、康帕内拉的《太阳城》所描绘的未来社会就是公平正义的社会。圣西门、傅立叶、欧文则提出了"实业制度""和谐制

---

① 习近平. 习近平谈治国理政 [M]. 北京：外文出版社，2014：418.
② 习近平. 决胜全面建成小康社会 夺取新时代中国特色社会主义伟大胜利：在中国共产党第十九次全国代表大会上的报告 [N]. 人民日报，2017-10-28 (1).

度""共产主义公社"等设想来体现对社会公平正义的追求。公平正义不仅是一个价值问题,更是一个制度问题。制度是要求人们共同遵守的规则体系,具有根本性、全局性、稳定性和长期性特征。科学合理的权力监督制度是维护社会公平正义的根本保证。只有通过科学的制度安排,以民之需为需,以民之好为好,对有限的社会资源进行合理分配,才能有效调节利益关系,化解矛盾冲突,才能维护社会公平正义。尊重人民主体地位,就是把实现、维护、发展好最广大人民的根本利益作为权力运行的旨归,维护社会公平正义,以此保障人民的权利和自由。

二、互联网扩张下的权力监督机遇

自1994年成为真正拥有全功能Internet的国家以来,互联网在中国的发展异常迅猛,已渗透入人们生活的方方面面。

第一,互联网急剧发展。信息网络技术的发展促使互联网服务趋于精细化和普惠化,不仅降低了上网设备价格、丰富了上网设备种类、提高了网络接入的便利性,使更多人可以使用网络,使上网场景更加丰富多元;而且大大提高了信息传输速度,尤其是Wi-Fi覆盖面迅速扩大和新兴技术的启用,为网民提供了更优质的上网体验。截至2018年6月,中国网民规模达到8.02亿,互联网普及率为57.7%。这些数字是惊人的。1997年,中国互联网络信息中心第一次统计我国互联网络状况时,我国上网计算机共计29.9万台,上网用户62万,大部分为拨号上网用户,CN域名4066个,网站约1500个。而今,仅2018年上半年新增网民就达2968万人,较2017年末增长3.8%。截至2018年6月,手机网民在总体网民中占98.3%,规模已达7.88亿,网民互联网使用行为向手机端转换,手机上网已成为中国网民增长的主要动力。移动互联网的发展突破了时间和空间的限制,促进了网络应用和服务的丰富,不断融合社交、信息服务、交通出行及民生服务等功能,推动我们从PC时代进入移动互联时代,从"人随网走"转变为"网随人走",无时不网络、无地不网络成为现实。互联网深刻改变着人们的生活方式、工作方式和思维方式,赋予人们更多的交互性和自主性。

第二,网络社交媒体影响政治生活。网络社交媒体不仅加强了人们之间的联系,成为政府、企业、社会公众信息发布的重要平台,而且推动着社会变革,促进社会资源与权力的合理分配,深刻影响着政治议程的设置、外交路径的拓展等方面。政府、公众、社会组织等通过社交媒体积极互动,多元社会群体在网络社交平台上集体发声,构成一种全新的政治生态。网络社交媒体在公众问政、政府行政、党的执政方面发挥着重要作用,是政治文明建设不可忽视的重要阵地。其中,微博和微信对政治生活的影响尤为突出。政府网站与政务微博、微信、客户端融合,不断优化政务服务的用户体验。微信发展至2016年已成为排名第一的社交应用平台,富有鲜明地区特色、职能特征、个人特点的政务微信公众号井喷式发展。截至2018年6月,全国政府网站数量达到19868个,在线政务用户规模4.70亿,政务机构微博数量137677个,政务头条号账号74934个;政府微信公众号使用率23.6%,政府微博使用率9.4%,政府网站、政府手机端使用率分别为19.0%和11.6%。

第三,权力部门更加重视网络监督。为了有效遏制腐败,中国共产党在长期的发展过程中,形成了党内监督为主,人大监督、政协监督、群众监督和新闻监督为辅的监督体制。这种监督体制的弊端在于同级监督形同虚设,下级监督、社会监督难以实现。随着信息网络技术的迅速发展和普及应用,互联网为人们认识和改造世界提供了新的"阿基米德点"。网络监督向世人展示出无比强大的政治社会影响力,成为权力监督不可小觑的重要力量。网络监督的兴起,弥补了传统监督方式局限,拓宽了监督渠道,加大了监督力度,遏制了腐败高发态势。随着网络监督的深入发展,权力部门对网络举报的态度从消极应对转变为积极补救,回应速度越来越快,处理周期越来越短。信息网络技术的飞速发展催生大数据、云计算、移动互联网、社交网络、网络社区等为规模巨大、类型多样的数据提供持续生成空间。权力部门通过对海量数据的深入分析,了解社情民意,不断改进工作,解决群众关心的实际问题,增进群众对权力机关的认同和信任,巩固党执政的社会基础。

第四,电子政务为新型党群关系的建立开辟道路。电子政务提升公共服务的便捷性,满足不同层次服务对象的心理诉求,增强党汇聚民意、凝聚民心的能力,为密切党群关系创造了机会,为提高权力监督工作实效性带来新契机。政党的生命来源于群众的信任和支持,群众是政党的力量之源。作为马克思主义政党,中国共产党最大的政治优势是密切联系群众,最大的危险是脱离群众。中国共产党要长期执政,就必须坚持群众路线,贴近群众、了解群众,始终保持同人民群众的血肉联系,并主动让群众参与重大决策,确保决策的科学性、民主性,确保党的决策符合群众的根本利益,提升公众意愿与权力运行实效的契合度。群众可以通过网络表达意愿、反映诉求,为党的科学决策及其有效实施打牢群众基础。这不仅可以在一定程度上克服因层级关系导致的信息迟滞,而且可以使基层的信息得以更为有效的传播。网络的同时在线功能可以克服空间限制,消除人与人之间的时空距离,做到天涯咫尺,使远隔千里的人能够面对面地交流,使在现实生活中无法见面的人实现"零距离接触"。网络的资源共享优势，可以缩小数字鸿沟，使沟通双方地位更加平等，互动性显著增强，提高公众政治参与的积极性。

三、互联网扩张为权力监督带来新挑战

对等网络技术将位于不同地理空间的计算机集结成一张网，参与其中的计算机即一个个互联互通的节点，每个节点都拥有同等的权利和义务，同时具备信息接收、提供和传播三大功能，赋予网络信息传播"去中心化"特质。网络监督作为公众政治参与的重要形式，不仅能降低监督成本，而且能拓展监督渠道，释放巨大效能。然而，网络监督是把"双刃剑"，在监督权力、扼制腐败的同时也具有不少"副作用"。

第一，网民情绪化监督冲击程序正义。政治学者波普尔指出，"公众舆论作为趣味的仲裁者是危险的，作为真理的仲裁者则是不可接受的"①。网络监督由民间立场借助虚拟平台而展开，公众的感性思维和道德判断主导着网络舆论的走向，理性与非理性因素交杂。网民情绪化心理严重，打着监督权力的旗号滥用"人肉搜索""报复性起底"现象屡见不鲜，信息不对称滋生的不满情绪在网络空间弥漫，夹杂着混乱情绪的"群体极化"现象引发网络场域中的"多数人暴政"。情绪性、偏向性充斥着网络监督的整个过程，使公众偏离理性的轨道，从而导致网络监督背离基本的法治精神，极易出现以讹传讹、民意干预司法等问题。在一些网络监督案件中，强大的网络舆论倒逼体制内监督机构迅速调查并公布结果。这种强大的舆论压力要挟司法审判，不断冲击着程序正义，迫使司法部门不得不在短时间内结案陈词，以迎合网民的心理需求。司法独立才能保护公众的合法权益，才能形成社会的最大公约数。司法不仅要独立于其他机关，也要超脱于网络舆论，以避免不必要的干扰。例如，轰动一时的"于欢刺死辱母者"事件，案件脉络由碎片化的信息所拼凑，吸人眼球的种种网络起底使案情不断"反转"。公众对于欢命运正当关切的同时，也产生一些偏离案件本身的情绪，这些非理性因素对司法不断施加压力，试图左右法官对案件的判断。若依据所谓的民意作出司法审判，虽然能在短时间内满足民众网络狂欢的快感，但实则会损害法律的权威性，阻碍网络监督的法治化进程，无异于饮鸩止渴。舆论变身为终极审判者，社会恐将陷入无法状态。

第二，当事人权益保护缺乏制度性安排。网络监督通常以"网络披露—引

---

① 卡尔·波普尔. 猜想与反驳：科学知识的增长 [M]. 傅季重, 纪树立, 周昌忠, 等译. 上海：上海译文出版社, 1986：505.

起关注—网络爆料更多信息—传统媒体热点追踪—形成强大舆论—官方查处"环环相扣的理路推进,任何一环的脱轨都会导致网络监督事件的流产。而在"网络爆料更多信息"环节,人们不再满足于事件的表象,而是"剥洋葱"般深挖事件背后的隐秘,大量相关信息被曝光。然而,人们往往无法厘定合理信息披露和"人肉搜索"的界限,极易演变为网络暴力,夸大、歪曲、捏造等现象时有发生,当事人的私密信息迅速通过网络汇集,大量无关权力监督的信息也广泛扩散。网络监督在发挥积极效应的同时,也存在侵犯当事人隐私权的嫌疑。全民狂欢的喧嚣背后,隐藏着深层的困局——网络监督侵权与网络言论自由的界限在哪里?同时,某些涉事官员借助权力进行"技术删帖",试图掩盖事实真相,甚至对举报人进行打击、报复,消解民众对公职人员的信任感,致使党的公信力不断流失。网络监督陷入"过度监督知情"与"躲避打击监督"的恶性循环,严重影响了社会整体心态的稳定。① 长此以往,权力将陷入"塔西佗陷阱",面临严重的合法性危机。之所以出现此种情况,最根本的原因就在于网络监督中各方当事人权益保护制度的缺失,各类主体的行为无法在法律框架内得以规制。亨廷顿认为:"一个政治制度能否对那些提出新要求的集团所使用的新的政治手段加以吸收、缓和并使之合法化,实际上是对这个制度的适应性的一种考验。"② 只有将网络监督进行制度化吸纳,才能推动其向理性化、规范化的方向发展,获得持久的动力,最大限度释放正效能。

第三,网络监督与体制内监督衔接难。相对于传统监督方式而言,网络监督信息来源更广,群众参与度更高,监督过程更清晰,监督成本大大降低,监督效率大幅提升。网络监督将作为公众表达诉求的常态化形式存在,对形成良好的政治生态产生深远影响。党的十九大以来,公众通过互联网频频揭发党员干部"四风"问题,一批贪官污吏在网络监督下被"秒杀"。我们看到,在诸多网络监督典型案件中,真相得到澄清,正义得以伸张,贪污腐败遭受惩处,尸位素餐饱受谴责。同时,我们也看到,公众热衷于网络监督实际上折射出对体制内监督的不信任,既有权力监督制度已不能完全满足反腐败斗争的需要。由于缺乏明确的制度性保障和法律规范,尤其是网络监督举报制度、网络监督沟通协调制度、网络监督回应制度的不健全,致使网络监督与体制内监督的耦合度较差。网络监督是来自国家权力之外,不能直接产生法律效应的社会监督。

---

① 张新宝,任彦. 网络反腐中的隐私权保护[J]. 法学研究,2013,35(6):104-118.
② 塞缪尔·亨廷顿. 变化社会中的政治秩序[M]. 王冠华,刘为,等译. 北京:生活·读书·新知三联书店,1989:89.

网络监督信息载体的性质、规模及其影响力直接影响网络监督的效果。目前，我国初步建立的监督举报网络平台大多依托门户网站，实际效果值得商榷。中央纪委国家监委网站也设有网络举报入口，但明确要求举报人根据"分级负责、归口办理"原则，按照被举报人属地和级别，选择相应的举报网站进行举报。功能也比较简单，只有举报、举报查询、相关法律法规查询三种。这与举报人的期待相去甚远。很多举报人担心举报信息石沉大海，弃用这些网络平台，转而诉诸论坛、微博、微信等网络社交媒体，力图引发广泛关注，进而推动体制内监督机构介入，这实际上是把网络监督等同于网络发帖举报。大量零散的举报信息充斥网络，真伪难辨，增加了体制内监督机构的工作难度。从制度设计和实践探索层面正确引导网络监督，使之与体制内监督兼容互动，持续健康发展，破解权力监督难题，可谓任重而道远。

四、破解权力监督瓶颈的路径

信息技术的发展为公民政治参与创造了新的场域，网络空间为公民意识的萌发提供了沃土，但由于缺乏制度的支撑，网络监督的合法性受到质疑，呈现短期化和非理性趋势。因此，只有把网络监督纳入制度化轨道，将其包容、吸纳入法律制度框架体系，实现网络监督与体制内监督优势互补，才能保障网络监督健康发展。为此，必须完善政府信息公开制度、健全网络监督当事人保护机制、建立官方网络监督平台，使官方监督机构成为网络监督的主导者、协调者、促进者，以形成监督合力。

第一，完善政府信息公开制度。公众在网络空间做出非理性行为，除去个人媒介素养因素外，信息不对称是重要因素。政府是最大的信息持有者，信息的垄断为权力寻租提供了操作空间。因此，信息公开与否直接关系权力能否受到有效监督。监督本身意味着政府及其工作人员恣意妄为的空间被大大压缩。政府通过信息公开与公众在公共领域理性沟通，最终就某些问题达成共识，这种共识将成为决策合法性的重要来源。《中华人民共和国政府信息公开条例》对各级政府应予主动公开的事项进行了明确界定，并对"涉及国家秘密、商业秘密、个人隐私的政府信息"作出了排他性规定。但该条例施行于2008年，随着情势变化，具体操作中存在诸多亟待完善的地方。比如，政府官员财产状况公开制度缺失，信息公开形式单一，信息公开监督机构权责规定模糊，等等。为了树立官方信息源的权威性，切实保护公众知情权、监督权，我们应在以下三个方面做出努力。一是建立官员家庭财产申报公示制度。明确规定官员家庭财产的申报范围、申报程序、主管机构、法律权责等内容，将局部试点成果逐步通过制度化的顶层设计上升为法律规范，使之具有普遍约束力。二是丰富信息公开形式。目前，我国主要以出版发行政府公报、政报来公布各种政府信息。应当充分利用新媒体，借助微信公众号、官方微博等发布最新政务信息，充分发挥网络新闻发言人的作用，实时掌握网络舆情，及时回应民众诉求，打通官民话语系统的壁垒，彰显政府主动接受监督的决心。三是完善信息公开监督机制。应当明确行政机关内部监督主体的责任，坚决杜绝有权无责现象，促进权力监督制约机制良性运行，提高权力运行透明度。

第二，健全网络监督当事人保护机制。网络监督的当事人包括举报人、涉事官员及其相关人员，双方的合法权益都应该受到保护。一是完善举报人的权益保障救济机制。当前，针对举报人的报复陷害案件频发，究其原因，还是在于法律法规对举报人的保护性规定过于笼统。网络监督的长效化有赖于网民参与热情的持续性，主体的积极参与需要相应激励保障机制作为支撑。因此，必须不断细化举报人保护、奖励措施，加大报复陷害案件查处力度，切实保护举报人的合法权益。积极探索全过程保护举报人模式，使举报人知晓权责、明晰救济保护渠道。加强制度的可操作性，增强举报人的安全感。科学借鉴国外成功经验，可适时成立独立于公、检、法机关的举报人、证人保护机构，对举报人和证人实施特别保护。二是合理界定涉事官员隐私权的外延。一些官员自感名誉受损，动用权力阻隔这些信息的传播，追究发表言论者的刑事责任，甚至出现"跨省追捕案"，极大侵害了公众的言论自由权。同时，一些权力部门对隐私权保护范围划分不清，对网络谣言不作为，任由涉事官员的隐私权遭受侵害、党政机关的形象遭受损害。在网络监督中对涉事官员及其相关人隐私权的保护，需要廓清网络言论自由与隐私权保护的界限，破解二者相冲突的困局。隐私权是自然人享有的，对与公共利益无关的个人信息、私人活动和私有领域进行支配的一种人格权。与公共利益的无关性，是隐私权的一大特征。① 政府官员的部分私密信息因关涉公共利益领域，理应排除在隐私权保护范围之外。同时，不能简单依靠国家强制力管治网络言论来保护官员隐私权，否则将产生"寒蝉效应"，而应在侵犯官员隐私权的诉讼中做出适当的利益平衡，起到示范作用。

第三，建立官方网络监督平台。网络监督本质上是一种"信息监督"，只有信息真实可靠才能发挥网络监督的有效性。因此，应当构建全国联网的网络监督平台，建立官方的网络监督信息搜集平台，由专门的官方监督机构进行统一

---

① 徐祖澜. 网络反腐的谣言困局与法治出路 [J]. 法制与社会发展, 2015, 21 (6): 149-161.

管理，畅通监督信息渠道，实现自发的网络监督与专门的官方监督的无缝对接。促使官方网络监督平台成为权力监督的"第一窗口"，改变舆论倒逼官方权力监督机构介入的被动局面。网络监督平台可设置"网络举报""举报信息跟踪处理""工作动态""曝光台""网络监督数据库""监督知识普及""网络交流论坛"等二级平台。"网络举报"平台的举报信息不对外公开，以防信息泄露，打草惊蛇，增加监督案件查处难度。举报人可通过个人专属账号在"举报信息跟踪处理"平台登录查询举报信息的处理进度。"工作动态"定期公布网络举报受理情况，以及网站举报受理工作检查情况。"曝光台"对具有典型意义的网络监督案件进行分析，总结经验教训。"网络监督数据库"中的数据则是经过筛查、甄别后永久保留的数据。海量有效数据有助于提高信息研判能力，提高介入速度，从而争得主动。"监督知识普及"为公众提供学习法律法规、了解监督工作的渠道，提高公众的网络素养，增强公众的网络信息甄别能力，做到不偏听、不偏信、不传谣、不信谣，不断推进网络监督的规范化。"网络交流论坛"是为吸引广大民众积极参与监督工作而设置的互动平台，鼓励公众对监督工作提出建议、意见。

（作者系重庆市中国特色社会主义理论体系研究中心重庆邮电大学分中心教授；本文刊载于《理论月刊》2018年10月10日第10期）

全力提升基层党组织组织力
建设新时代坚强战斗堡垒

谈 娅

习近平总书记强调,基层党组织是贯彻落实党中央决策部署的"最后一公里",要坚持大抓基层的鲜明导向,抓紧补齐基层党组织领导基层治理的各种短板,把各领域基层党组织建设成为实现党的领导的坚强战斗堡垒。落地才能生根,根深才能叶茂,提升新时代基层党组织组织力,对于提升党的凝聚力、影响力、战斗力至关重要。充分发挥基层党组织战斗堡垒作用,必须以提升组织力为重点,聚焦主要任务和突出矛盾,细化措施、明确责任、狠抓落实,不断推动基层党组织全面进步、全面过硬。

一、在强化政治功能中提升组织力

政治属性是党组织的根本属性,政治功能是体现党组织组织力的重要方面。一是注重思想理论武装。坚持用习近平新时代中国特色社会主义思想武装全党,推动基层党组织和广大党员增强"四个意识"、坚定"四个自信"、做到"两个维护",是基层党组织的重要职责。基层党组织要主动承担理论学习的领导责任,下硬功夫、真功夫提高思想政治工作本领,深入抓好习近平新时代中国特色社会主义思想学习贯彻,分年度做出计划安排,分批次抓好学习教育。要充分运用主题党日、党小组学习等,做到理论学习融入日常、抓在经常,不断深耕基层思想理论武装,使理论学习入脑入心,使广大党员干部真学真懂真信。二是把全面从严治党要求落实到基层。习近平总书记多次强调,要把全面从严治党落实到每个支部、每名党员。基层党组织要把维护党中央权威和集中统一领导作为最高政治原则,在政治立场、政治方向、政治原则、政治道路上同党中央保持高度一致,认真解决党的领导落实到基层存在的"中梗阻"问题。始终把纪律建设摆在更加突出位置,教育引导广大党员干部严守党的政治纪律和政治规矩，推动全面从严治党要求不断向基层延伸。三是夯实基层党组织建设基础。基层党组织是党执政大厦的地基，基层党组织提升组织力，要把抓好党支部建设作为党的组织建设的重要内容，着力解决一些基层党组织弱化、虚化、边缘化问题。各级党委要重视党支部、善抓党支部，切实加强领导指导，建立班子成员党支部工作联系点，重点做好后进党支部联系工作，扎实推进党支部标准化规范化建设，把党支部打造成为基层党组织组织力的集合点、发力点。要推动各级党组织书记抓党建述职评议，引导基层党组织强化党建主业意识，确保基层党组织书记当好第一责任人。切实履行好党支部教育、管理、监督党员的重要职责，充分发挥党支部和党小组的战斗堡垒作用。

二、在严肃党内政治生活中提升组织力

严肃党内政治生活是我们党加强组织力建设的优良传统和宝贵经验，是马克思主义政党区别于其他政党的重要特征，也是提升基层党组织组织力的重要抓手。一是抓好严肃党内政治生活相关制度落实。习近平总书记强调，制度优势是一个政党、一个国家的最大优势。要坚决执行严肃党内政治生活相关制度规定，按照贵在经常、重在认真、严在细节的要求，不断加强和规范党内政治生活内容。要严肃党的组织生活，严格执行"三会一课"制度、民主生活会和组织生活会制度、谈心谈话制度、党员民主评议等，努力提高党内政治生活的质量，不断营造风清气正的政治生态。要按照严肃党内政治生活各项规定，扎实抓好对照检查，聚焦组织是否健全、制度是否落实、活动是否经常、保障是否到位等关键问题，坚决杜绝党内政治生活随意化、平淡化、娱乐化、庸俗化倾向。二是严肃认真开展批评与自我批评。开展批评与自我批评，进行积极健康的思想斗争，是加强和规范党内政治生活的重要手段，有利于改进工作、增进团结。要坚持实事求是，从关心爱护同志的角度出发，认真开展批评，虚心接受批评，不搞无原则的"一团和气"，不当不明是非的"好好先生"，真正克服私心杂念，真刀真枪揭丑、红脸出汗排毒，确保党内政治生活有交流理解、有思想共鸣、有共同提高。三是完善落实监督检查机制。不明确责任、不落实责任、不追究责任，基层党组织组织力就难以保证。加强和规范党内政治生活是全党的共同任务，必须全党一起动手。必须把压实和规范党内政治生活责任作为关键举措，着力解决突出问题。各级党委和基层党组织要上下同心、共同发力，把责任压实、任务落实。基层党组织要明确职责分工，确保有人抓、有人管、有人负责。要健全完善对党内政治生活准则落实情况督促检查机制，坚

持年初安排部署、年中督查通报、年度检查考核，做好日常管理与指导，切实以党内政治生活的有效开展，推动基层党组织组织力稳步提升。

三、在把握规律开拓创新中提升组织力

善于创新、勇于创新，是提升基层党组织组织力的内在要求。一是更新思想观念。唯改革创新才有出路，不断推动全面从严治党向纵深发展，对新时代基层党组织建设提出了新的更高要求。要以有力的组织工作应对新时代新要求，就必须坚持以改革创新精神和一往无前的奋斗姿态，不断解放思想、更新观念，在明导向、补短板、强功能中提升基层党组织组织力，在革故鼎新、守正出新中永葆基层党组织生机活力。二是创新方法载体。要紧密结合基层党组织实际，立足现实、拓宽思路，深入开展形式多样、内容丰富的主题活动。坚持以品牌化、特色化为引领，定期开展主题党日活动，打造基层党建亮点，使基层党建活力迸发。充分整合各类资源优势，深入挖掘和运用中华优秀传统文化、革命文化、社会主义先进文化，灵活开展基层微讲堂、群众性文化活动等，进一步探索"大学习、微教育、小交流"的模式，让党员干部上台当"演员"、唱"主角"。认真履行基层党组织组织群众、宣传群众、凝聚群众、服务群众职责，充分发挥互联网优势，建立起党群"连心桥"网络互动平台，抓好党务公开和群众监督，让群众"话有人听、事有人管、难有人帮"，使基层党组织更好融入中心工作、融入党员需求、融入群众关切。

四、在锻造过硬队伍中提升组织力

党员是党的肌体的细胞和党的活动的主体，党员队伍建设是党的建设基础工程。基层党组织组织力强弱，直接反映在党员队伍整体素质上。一是坚持抓班子带队伍。组织强不强，关键看"头羊"。锻造过硬队伍，首先要建强党支部班子。要全面提高政治能力，时刻牢记"在干部干好工作所需的各种能力中，政治能力是第一位的"。要通过思想淬炼、政治历练、实践锻炼，不断提升把方向、做决策、抓落实的能力。要狠抓民主集中制贯彻落实，不断增强贯彻落实民主集中制的自觉性和坚定性，不断提升基层党组织贯彻民主集中制质量，做到发扬民主、善于集中、敢于担责，更好发挥战斗堡垒作用。要在关键时刻冲得上去、危难关头豁得出来，勇当先锋，敢打头阵，勇于承担急难险重任务，做广大党员群众的"主心骨"，以实际行动为党旗增辉。二是坚持正确选人用人导向。习近平总书记强调，各级党组织要严格把好政治关、廉洁关，严把素质

能力关,及时把那些愿干事、真干事、干成事的干部发现出来、任用起来。要坚持好干部"五条标准",注重考察干部"七种能力",坚定不移把政治标准放在首位,细化政治考察内容,优化政治考察路径,强化政治考察运用。要坚持事业为上、精准识人,不断提高选人用人科学化精准化水平。要充分遵循干部成长规律,优化干部成长路径,注重在基层一线和艰苦的地方培养锻炼年轻干部,培养造就一批具有铁一般信仰、铁一般信念、铁一般纪律、铁一般担当的党员干部队伍。要把公道正派作为干部工作核心理念贯穿选人用人全过程,自觉防范和纠正用人上的不正之风,坚决杜绝任人唯亲、跑风漏气等问题,严肃查处违规违纪行为,不留"暗门"、不开"天窗",以正确用人导向引领基层风清气正。

五、在激发干事创业中提升组织力

伟大梦想不是等出来、喊出来的,而是拼出来、干出来的。加强基层党组织组织力建设的关键还在于激励引导广大党员干部干事创业。一是激励广大党员干部担当尽责、大胆作为。党员干部要强化"为官避事平生耻"的意识,坚决克服多干事多担责、少干事少担责、不干事不担责的错误思想,主动作为、攻坚克难。习近平总书记指出,干部干部,干是当头的,既要想干愿干积极干,又要能干会干善于干,其中积极性又是首要的。各级党组织要坚持严管和厚爱相结合,激励和约束并重,在政治上、思想上、工作上、生活上真诚关爱干部。对那些在关键时刻、重大任务面前扛得起、冲得上的同志予以支持和肯定,真正让那些想干事、能干事、敢担当、善作为的干部有机会、有平台、有发展。二是发挥模范典型榜样示范作用。一个典型就是一面旗帜,一名党员就是一根标杆。要以激发广大党员干部干事创业热情为着眼点,深入开展创先争优活动,挖掘和培养一批先进典型,充分发挥其模范带头作用。把在脱贫攻坚一线、疫情防控一线、重大任务一线中涌现出的优秀共产党员作为"活教材",深入开展学习活动。号召广大党员亮身份、比素质、当先锋、争奉献,勇于冲锋在前面、奉献在一线,使基层党组织真正成为坚强有力的战斗堡垒。三是狠抓落实见实效。崇尚实干、狠抓落实,是我们党的优良传统。习近平总书记高度重视崇尚实干、狠抓落实,强调要把抓落实作为开展工作的主要方式。激发干事创业热情,提升基层党组织组织力,关键在于把党的各项工作任务落实落细落到位。要切实把存在的矛盾和问题搞清搞透,紧紧扭住既定工作目标,针对存在问题,拿出精准有效举措,一项一项抓好落实。特别是要狠刹形式主义、官僚主义之风，杜绝作风漂浮、工作不实、脱离实际、脱离群众、消极应付等问题。对所部署的重点任务，要盯住不放、锲而不舍，密切跟进，掌握工作进程和落实情况，真正做到工作不落到实处不放松、不看到成效不撒手，以扎实务实的作风让各项工作落地见效。

（作者系重庆市中国特色社会主义理论体系研究中心重庆邮电大学分中心副教授；本文刊载于《党建》2021年1月1日第1期）